都市調査報告⑰

東日本大震災からの復興と自治
―自治体再建・再生のための総合的研究―

公益財団法人　後藤・安田記念東京都市研究所

目次

序章　本研究の目的と方法 1

第1章　復興推進の制度構造とその特質 5
　第1節　復興基本法と復興基本方針の射程 5
　第2節　復興庁の設置とその組織 13
　第3節　復興特区制度と自治体 29
　第4節　まとめ 41

第2章　復興体制の全体像 43
　第1節　自治体復興計画の分析 43
　第2節　復興交付金事業 55

第3章　東日本大震災からの自治体復興 81
　第1節　宮古市の復興 83
　第2節　岩沼市における「玉浦西」への集団移転と住まいの再建 115
　第3節　山元町復興計画の策定と実施 149
　第4節　大船渡市における防災集団移転促進事業と地域住民 177

第4章　昭和三陸津波からの復興とその教訓 191
　第1節　岩手県の復旧・復興対応と中央政府 193
　第2節　住宅再建における県・町村関係 203

第5章　福島における被災者の生活実態―富岡町を中心として 231
　第1節　富岡町に関する基礎的な情報 231
　第2節　富岡町住民の生活実態調査 245

終章　各章の結論と本報告書の課題 271

図表目次

図表 1-1-1	復興関連予算（主に復興特会）の執行状況および今後の事業規模
図表 1-2-1	復興庁の定員の変遷
図表 1-2-2	復興庁の職員数の変遷
図表 1-2-3	復興庁の特別職職員
図表 1-2-4	復興庁組織図（2015 年 4 月 1 日現在）
図表 1-2-5	復興庁（本庁）幹部職員の出身省庁別人員数
図表 1-2-6	復興庁出先機関幹部の出身省庁
図表 1-3-1	認定された復興推進計画が利用する特例の種類と利用数
図表 1-3-2	復興整備計画の策定状況
図表 1-3-3	復興交付金基幹事業
図表 1-3-4	復興交付金の配分額（第 10 回まで）
図表 2-1-1	岩手県内自治体の復興計画策定状況
図表 2-1-2	宮城県内自治体の復興計画策定状況
図表 2-1-3	福島県内自治体の復興計画策定状況
図表 2-1-4	被災自治体への地方公務員の派遣状況等
図表 2-1-5	宮城県沿岸部被災市町の復興計画検討委員会等の委員属性
図表 2-2-1	岩手県・宮城県・福島県津波被災自治体の復興交付金交付額（2014 年度末時点）
図表 2-2-2	岩手県・宮城県津波被災自治体別の復興交付金額・契約済額と決算総額、人的被害率の対比
図表 2-2-3	生活基盤再建事業と総交付額
図表 2-2-4	自治体別当初予算・決算・一般行政部門定員
図表 2-2-5	自治体別公務員一人あたり執行額の推移
図表 2-2-6	被災 3 県の決算額と一般行政部門定員数・公務員一人あたり決算額
図表 2-2-7	自治体別生活基盤再建事業（漁業集落防災強化事業、道路事業、災害公営住宅整備事業）
図表 2-2-8	自治体別生活基盤再建事業（津波復興拠点整備事業、市街地再開発事業、都市再生区画整理事業）
図表 2-2-9	自治体別生活基盤再建事業（防災集団移転事業、合計）
図表 2-2-10	生活基盤再建事業における執行区分別事業件費平均・事業件数
図表 2-2-11	県別民間住宅等宅地・災害公営住宅戸数・達成率・想定整備年数
図表 2-2-12	岩手県・宮城県・福島県の自治体別想定整備年数（2012 年 12 月、2016 年 3 月）
図表 2-2-13	達成率、計画戸数、想定整備年数、民間住宅等比率らの単相関行

列

図表 2 - 2 - 14	達成率、想定整備年数を従属変数とする重回帰分析結果（ステップワイズ法）
図表 3 - 1 - 1	旧田老町の建物被害状況（棟数）
図表 3 - 1 - 2	田老町の津波防災対策概要
図表 3 - 1 - 3	宮古市「復興に向けた計画づくりに関するアンケート調査」結果【田老地域版】
図表 3 - 1 - 4	宮古市「復興計画」策定体制
図表 3 - 1 - 5	田老地区復興まちづくり計画図
図表 3 - 1 - 6	復興まちづくり事業計画図
図表 3 - 2 - 1	明治の町村合併以前の旧村
図表 3 - 2 - 2	昭和の町村合併前後の岩沼町
図表 3 - 2 - 3	昭和の町村合併以前の 3 町村
図表 3 - 2 - 4	東日本大震災被災直前の岩沼市の地区ごとの人口（2011 年 2 月 28 日）
図表 3 - 2 - 5	岩沼市の産業（大分類）別 15 歳以上就業者の割合
図表 3 - 2 - 6	岩沼市における被害の状況（2015 年 1 月 31 日現在）
図表 3 - 2 - 7	東日本大震災時の浸水域と昭和の合併以前の旧町村
図表 3 - 2 - 8	東日本大震災時の浸水深と行政区界
図表 3 - 2 - 9	東日本大震災による建物被災エリアと行政区界
図表 3 - 2 - 10	岩沼市の組織新設・変更（2012 年 4 月 1 日）
図表 3 - 2 - 11	岩沼市震災復興会議　委員一覧
図表 3 - 2 - 12	『岩沼市震災復興計画グランドデザイン』エコ・コンパクトシティのイメージ図
図表 3 - 2 - 13	仮設住宅位置図
図表 3 - 2 - 14	土地利用構想図
図表 3 - 2 - 15	復興整備事業総括図
図表 3 - 2 - 16	移転促進区域内における宅地および農地の買取り計画（「岩沼市防災集団移転促進事業計画書」2012 年 3 月 30 日公表）
図表 3 - 2 - 17	移転促進区域内の宅地及び介在農地の買取標準価格
図表 3 - 2 - 18	移転区分と移転方法等に関する質問項目
図表 3 - 2 - 19	防集により整備する住宅団地の面積・区画数等の変化
図表 3 - 2 - 20	移転促進区域内における宅地および農地の買取り計画（「岩沼市防災集団移転促進事業計画書（第 1 回変更）」2012 年 11 月 2 日公表）
図表 3 - 2 - 21	移転促進区域内における宅地および農地の買取り計画（「岩沼市防災集団移転促進事業計画書（第 1 回変更の第 1 回軽微な変更）」2014 年 2 月 27 日公表）

図表 3－2－22	災害公営住宅整備計画図（2013 年 3 月 24 日説明会）
図表 3－2－23	地区ごとの移転住居数・世帯数・住民数の変化
図表 3－3－1	防災集団移転促進事業で整備する住宅団地の規模・集約度
図表 3－3－2	住宅団地の戸数分布
図表 3－3－3	行政区区分図
図表 3－3－4	浸水深と建物被災状況
図表 3－3－5	居住地の希望（2011 年 6 月）
図表 3－3－6	開発候補抽出図
図表 3－3－7	開発候補地の検討①（震災復興基本方針と土地利用構想案）
図表 3－3－8	居住地の希望（2011 年 8 月）
図表 3－3－9	復興計画案に対する議会の修正点
図表 3－3－10	開発候補地の検討②（震災復興基本計画基本構想案と震災復興計画）
図表 3－3－11	職員数の変化（概要）
図表 3－3－12	課・室別職員数の変化
図表 3－3－13	復興関連部署の職員構成
図表 3－3－14	居住地の希望（2012 年 1 月～2 月と 7 月）
図表 3－3－15	防災集団移転促進事業と津波復興拠点整備事業の重複適用
図表 3－3－16	現地再建に対する支援
図表 3－3－17	住宅再建に対する支援策の変遷
図表 3－4－1	大船渡市略図
図表 3－4－2	東日本大震災による大船渡市の被害
図表 3－4－3	被災住宅再建に対する地区別住民意向（％）
図表 3－4－4	末崎地区事業計画位置図（部分）
図表 3－4－5	越喜来地区事業計画位置図
図表 3－4－6	平地区住宅団地土地利用計画図
図表 3－4－7	大船渡地区事業計画位置図（部分・平地区防集事業変更後）
図表 3－4－8	大船渡市における防集事業と移転戸数の推移
図表 4－1－1	昭和三陸地震における岩手県・宮城県の被害状況
図表 4－1－2	昭和三陸地震における岩手県の被害額内訳
図表 4－1－3	岩手県復興局職制及び事務分担（1933 年 3 月 7 日～4 月 5 日）
図表 4－1－4	昭和八年度震災費歳入予算
図表 4－1－5	昭和八年度震災費歳出予算
図表 4－1－6	震災復旧事業資金一覧
図表 4－1－7	住宅復旧における事業主体と建設戸数
図表 4－1－8	災害土木復旧工事進捗状況（1934 年 3 月現在）
図表 4－2－1	釜石町罹災現場見取図 昭和 8 年 3 月 3 日調
図表 4－2－2	住宅適地造成資金配当（4/14）

図表 4-2-3　　　住宅適地造成資金追加配当（5/31）
図表 4-2-4　　　『震災復旧事業進捗状況』の「住宅適地造成」に関する記述
図表 4-2-5　　　「住宅移転計画進捗状況」で高台移転以外の計画が記された集落
図表 4-2-6　　　震災地住宅復旧資金町村貸付予定調
図表 4-2-7　　　田老村被害地区見取平面図
図表 4-2-8　　　田老村の道路配置と避難方向
図表 4-2-9　　　『津波災害予防に関する注意書』の田老に関する予防法
図表 4-2-10　　街路復旧工事による街路の幅員と延長
図表 4-2-11　　田老村市街復興計画略図（8 月 21 日頃）
図表 5-1-1　　　富岡町の避難指示区域の区分図
図表 5-1-2　　　富岡町の避難指示区域の区域別面積・人口
図表 5-1-3　　　原発事故にかかる損害賠償額の試算
図表 5-1-4　　　富岡町災害復興計画（第二次）における重点プロジェクト
図表 5-1-5　　　富岡町災害復興計画（第二次）におけるゾーン区分
図表 5-2-1　　　これまでの主なアンケート調査
図表 5-2-2　　　世帯の離散状況
図表 5-2-3　　　家族形態別に見た世帯の離散状況
図表 5-2-4　　　地域に復帰する意志の変化
図表 5-2-5　　　地域に復帰する意志の変化（福島県内）
図表 5-2-6　　　地域に復帰する意志の変化（福島県外）
図表 5-2-7　　　今後の住まいのみとおし
図表 5-2-8　　　3 区域別に見た今後の住まいの見通し
図表 5-2-9　　　3 区域別に見た地域復帰への意志
図表 5-2-10　　3 区域別に見た地域別に戻れる時期の見込み
図表 5-2-11　　就労状況（20 歳以上 65 歳未満）
図表 5-2-12　　調査回答者と同居する世帯全員の就労状況（20 歳以上 65 歳未満）
図表 5-2-13　　調査回答者と別に暮らす世帯全員の就労状況（20 歳以上 65 歳未満）
図表 5-2-14　　今後の不安について
別表　　　　　　単純集計結果

・出典を記載していない図表は、すべて後藤・安田記念東京都市研究所作成。

序章　本研究の目的と方法

（1）問題の所在

　2011 年 3 月 11 日に発生した東北地方太平洋沖地震は、岩手・宮城・福島 3 県を中心とした太平洋沿岸地域に甚大な津波被害をもたらした。また、地震・津波により全電源を喪失した東京電力福島第一原子力発電所は炉心溶融という重大事故を起こし、大量の放射性物質が外界に飛散した。この複合的な震災である東日本大震災の発生以降、被害の状況、政府の取り組み、自治体における復旧・復興の状況、さらには原発事故について、既におびただしい数の報道や調査研究がなされている。このうち、最も包括的なものは、独立行政法人日本学術振興会の東日本大震災学術調査委員会が、人文学・社会科学の視点から 8 つの調査研究班を設置し、3 年間の調査研究を行った成果をまとめた『大震災に学ぶ社会科学（全8 巻）』であろう。

　しかし、住民生活の基盤である基礎自治体に焦点をあてて、復旧・復興の実態を、行政活動から住民の生活状況まで含めて総合的に明らかにし、将来課題を提起しようとする研究はきわめて限られている。複合的大震災のもとで、自治体・地域の復旧・復興をいかに成し遂げるかは、政治・行政にとっての課題であるのみならず、重要な学問的課題でもある。本研究は、基礎自治体である市町村を主たる研究対象として、東日本大震災における被災自治体再生・再建の方策を総合的に追究するものである。

（2）研究の対象
①　研究対象領域

　本研究においては、過去の津波災害からの復興についての歴史研究、復興庁の設置に至る政治過程研究、被災自治体が策定した復興計画の実態調査研究、および、被災者の生活実態調査研究の 4 つを主要な研究領域とした。

　歴史研究においては、岩手県公文書館、宮古市役所などの協力を得て、昭和三陸津波における被災状況についての一次資料や、岩手県および県内町村の昭和三陸津波からの復興計画についての一次資料を収集した。

　政治過程研究においては、主に復興庁の成立過程について、その経過を跡づける作業を進めるとともに、与野党政治家、省庁担当者、報道関係者に対するヒアリングを行った。

　復興計画の実態調査研究においては、岩手県内・宮城県内市町村および県の復興計画・実施計画および関連資料を収集し、復興計画の基本的特性を解析するとともに、震災後、太平洋沿岸に再建されることとなった防潮堤について、その高さが設定されるまでの過程を分析した。さらに、復興交付金事業のうち、生活復興に係る 7 事業について、個票データをもとに一覧性のあるデータベースを構築

した。

　被災者の生活実態調査研究においては、津波被災者の生活実態を明らかにするため、岩手県宮古市より、仮設住宅に居住する住民の属性データの提供を受け、分析を行った[1]。また、福島第一原発事故被災者の生活実態を明らかにするため、福島県富岡町からの避難住民へのアンケート調査を実施し、回答結果の分析を行った。

② 研究対象地域

　本研究においては、復興計画等の収集・分析作業を基礎としつつ、東日本大震災からの自治体復興、なかんずく住まいの再建についての詳細な事例研究も行った。調査研究対象とした自治体は、市内田老地区において高台移転と現地再建の両方を進め、市街地が二分して再建されることとなった岩手県宮古市、いち早く市内玉浦西地区において大規模造成工事を行い、被災 6 地区からの集団移転を進めた宮城県岩沼市、コンパクトシティ構想を掲げ、3 か所の新市街地への集約を図った宮城県山元町、従前の市街地への「差し込み」型の集団移転を進めた岩手県大船渡市の 4 つである。

　2013 年度は、宮古市役所の協力を得て宮古市内に 9 月から 11 月にかけて約 80 日間、2014 年度は、岩沼市役所の協力を得て岩沼市内に 9 月から 10 月にかけて約 50 日間、現地事務所を開設し、研究参加者である後藤・安田記念東京都市研究所研究員が交代で常駐した。この現地事務所を拠点として、2013 年度は宮古市を中心に、2014 年度は岩沼市および山元町を中心に、周辺市町村も含め調査を行った。2015 年度は、宮古市において追加現地調査を行うとともに、大船渡市においても現地調査を行った。これらの調査においては、多数の被災住民に話を聞くとともに、各種地縁団体、NPO、有識者、自治体関係者等にもヒアリングを行った。

（3）本報告書の構成

　本報告書の構成は、以下の通りである。

　第 1 章では、2011 年 6 月に公布された東日本大震災復興基本法、同年 7 月に政府の東日本大震災復興対策本部が決定した「東日本大震災からの復興の基本方針」、時限官庁として設置された復興庁、さらには復興特区制度を取り上げ、国の復興推進の制度構造とその特質について論じる。

　第 2 章では、被災自治体の復興計画について、その策定状況、策定方法および内容を分析するとともに、復興交付金事業について、その全体像および自治体別の執行状況を分析する。これにより、復興体制の全体像を明らかにする。

　第 3 章は、東日本大震災からの自治体復興についての事例研究である。前項で

---

[1] 分析結果については、五石敬路（2014）を参照されたい。

研究対象地域として挙げた岩手県宮古市、宮城県岩沼市、宮城県山元町、岩手県大船渡市の4自治体について、どのような復興計画がいかにして策定され、住まいの再建がいかに進められたかを、現地調査の成果を生かしつつ、詳述する。

　第4章では、1933年の昭和三陸津波からの復興について、特に被害の大きかった岩手県の対応を検討するとともに、被災町村による復興計画の策定・実施について、県・町村関係に注目しながら明らかにし、現代への教訓を読み解く。

　第5章では、東京電力福島第一原発事故により2016年現在も全域が避難指示区域に指定されている福島県富岡町について、町外に避難している町民に対して実施したアンケート調査の結果を分析し、避難住民の生活実態を明らかにする。

　終章では、以上の各章の内容を受け、本報告書の結論を述べるとともに、提言を行う。

　なお、本研究は、独立行政法人日本学術振興会の科学研究費（基盤研究（B）／課題番号25285048）の助成を受け、2013年度から2015年度にかけて実施したものである。

参考文献

辻中豊編　2016　『大震災に学ぶ社会科学　第1巻　政治過程と政策』東洋経済新報社

小原隆治・稲継裕昭編　2015　『大震災に学ぶ社会科学　第2巻　震災後の自治体ガバナンス』東洋経済新報社

城山英明編　2015　『大震災に学ぶ社会科学　第3巻　福島原発事故と複合リスク・ガバナンス』東洋経済新報社

齊藤誠編　2015　『大震災に学ぶ社会科学　第4巻　震災と経済』東洋経済新報社

植田和弘編　2016　『大震災に学ぶ社会科学　第5巻　被害・費用の包括的把握』東洋経済新報社

青木栄一編　2015　『大震災に学ぶ社会科学　第6巻　復旧・復興へ向かう地域と学校』東洋経済新報社

恒川惠市編　2015　『大震災に学ぶ社会科学　第7巻　大震災・原発危機下の国際関係』東洋経済新報社

池田謙一編　2015　『大震災に学ぶ社会科学　第8巻　震災から見える情報メディアとネットワーク』東洋経済新報社

五石敬路　2014　「生活困窮者を地域で支える仕組みをつくる」『まちと暮らし研究』19号

第1章　復興推進の制度構造とその特質

第1節　復興基本法と復興基本方針の射程

（1）復興基本法

　東日本大震災からの復興に関する中央政府の政策を最も大きく枠づけているのが、2011年6月24日に公布された東日本大震災復興基本法（平23法76、以下基本法）である。そこでまず、この法律に何が規定されているのかを概観した上で、そこからの法制度の広がりをフォローすることで、復興推進にかかる法制度の構造とその特徴を明らかにする入口としたい。

　基本法は、全24条という、さほど大きくない法律である。しかも、そのうち13条は後述する東日本大震災復興対策本部の設置や組織にかかる規定であり、これは復興庁の設置にともなってすべて削除された。したがって2016年12月現在で生きているのは全部で11条ということになる。以下、逐条的に解説する。

　第1条は法律の目的、第2条は復興の基本理念を定める。そこに、「現在及び将来の国民が安心して豊かな生活を営むことができる経済社会の実現」、「東日本大震災からの復興の円滑かつ迅速な推進と活力ある日本の再生を図ることを目的とする」、「単なる災害復旧にとどまらない活力ある日本の再生を視野に入れた抜本的な対策」〔いずれも圏点筆者〕などといった、復興関連以外、被災地以外への際限ない政策展開を可能にするような文言が盛り込まれ、それが復興予算の「流用」につながっていったという批判もある[1]。

　第3条は、国に対して「東日本大震災からの復興のための施策に関する基本的な方針」の策定と、それに基づく立法その他の措置を行う責務を課す。この規定に基づいて、基本法公布からおよそ一ヶ月後の7月29日に「東日本大震災からの復興の基本方針」が閣議決定された。その内容については、次の（2）で詳しく検討する。

　続く第4条は、地方公共団体の責務についての規定であるが、「計画的かつ総合的に、東日本大震災からの復興に必要な措置を講ずる責務を有する」とするのみであり、国の「基本方針」にあたるような、なんらかの政策文書の策定は求められていない。しかし現実には、「計画的かつ総合的に」「必要な措置を講ずる」ため、多くの被災自治体が復興計画を策定した。その内容の分析は第2章で行う。また、後述する復興特区制度の下では、自治体は各種の「計画」の策定を要求される（詳細は第3節で紹介）。

　第5条は、前二条が国、自治体の責務を定めていたのに対して、「国民の努力」を定める。曰く、「国民は第二条の基本理念にのっとり、相互扶助と連帯の精神に

---

[1] たとえば、福場ひとみ（2013）、塩崎賢明（2014）。

基づいて、被災者への支援その他の助け合いに努める」。このような内容が法律に盛り込まれることにいかなる意味があるのか不明であるが、近年の各種「基本法」には、国民その他各種団体など私人の「努力」や「責務」、「役割」を定める規定を持つものが散見され[2]、この規定もその流れにあるものだろう。続く第6条も、「国は、東日本大震災からの復興に関する施策を迅速に実施するため、第三条の規定により講ずる措置について、その円滑かつ弾力的な執行に努めなければならない」といういわば精神規定である。

　続く第7条から9条までは、復興にかかる財源に関する規定が並ぶ。7条は、歳出削減と財政投融資・民間資金の活用による資金の確保を謳い、8条は復興債の発行にレールを敷いている（発行は「別に法律で定めるところによ」る）。9条は、「復興に係る国の資金の流れについては、国の財政と地方公共団体の財政との関係を含めてその透明化を図るものとする」と定めている。これらの規定を踏まえて制定されたのが、2011年12月2日公布の「東日本大震災からの復興のための施策を実施するために必要な財源の確保に関する特別措置法」（平23法117、以下復興財源法）である。この法律により復興債が発行され、また、いわゆる「復興増税」も本法に基づいて実施されることとなった。

　第10条は、「被災地域の地方公共団体の申出により、区域を限って、規制の特例措置その他の特別措置を適用する制度」の導入を検討し、法制上の措置を講ずることを規定する。本条に基づき、12月14日に東日本大震災復興特別区域法（平23法122、以下復興特区法）が制定された。その内容については第3節で紹介する。

　第11条から23条までの第三章は、東日本大震災復興対策本部の設置と組織に関わる規定である。本部は内閣に置かれ、首相を本部長、内閣官房長官及び東日本大震災復興対策担当大臣を副本部長、閣僚を本部員とした。幹事には各省の次官級が充てられている。本部には地方機関として現地対策本部が置かれる。業務を担う実働隊としての事務局も置かれている。また、すでに4月に閣議決定により設置されていた東日本大震災復興構想会議を本部の下に位置付け直した。復興対策本部は、すぐ後で述べる第24条の4項に基づいて2012年2月に復興庁が設置されると、同庁に機能を引き継ぎ、廃止された。

　第24条は、復興庁の設置に関する基本方針を定めるものである。ここには、「別に法律で定めるところにより、内閣に、復興庁……を設置する」こと、復興庁は

---

[2] たとえば、サイバーセキュリティ基本法（平26法104）第9条「国民は、基本理念にのっとり、サイバーセキュリティの重要性に関する関心と理解を深め、サイバーセキュリティの確保に必要な注意を払うよう努めるものとする」、観光立国推進基本法（平18法117）第5条「住民は、観光立国の意義に対する理解を深め、魅力ある観光地の形成に積極的な役割を果たすよう努めるものとする」、少子化社会対策基本法（平15法133号）第6条「国民は、家庭や子育てに夢を持ち、かつ、安心して子どもを生み、育てることができる社会の実現に資するよう努めるものとする」など。

時限組織とし「できるだけ早期に設置する」こと、「東日本大震災からの復興に関する施策の企画及び立案並びに総合調整に関する事務」「東日本大震災からの復興に関する施策の実施に係る事務」「その他東日本大震災からの復興に関し必要な事務」を担うことなどが定められた。これを受けて制定されたのが、復興庁設置法（平23法125）である。復興庁の設置に至る政治過程や、組織・人事については第2節で詳しく取り上げる。

　以上まとめると、復興基本法はわずか24条の法律であり、そこから直接に導かれた法制は、復興財源法、復興特区法、復興庁設置法である。これだけだと、同法の射程はさほど広くないようにも見える。だがもう一つ、基本法が国に定めることを要求していたものに、「基本方針」がある。そしてこれこそが、復興に関する中央政府の活動範囲を極めて広く取るような内容となったのである。項をあらためて検討を続けよう。

（2）復興構想会議提言と復興基本方針

　復興基本法第4条は、国に、復興に関する「基本方針」の策定を求めていた。それを受けて7月29日、復興対策本部は「東日本大震災からの復興の基本方針」を決定した。復興基本法の公布からおよそ1ヶ月という短期間での策定が可能だったのは、それが白紙から作られたものではなかったためである。基本方針に先立って、6月25日に東日本大震災復興構想会議が出した「復興への提言──悲惨のなかの希望」という文書（以下、「提言」）があり、これが基本方針の基調をなしている。そこでまず、「提言」の内容を概観しよう。

　「提言」は4つの章に分かれる。第1章は「新しい地域のかたち」と題し、主に「減災」のための市街地再建に関する方策を論じる。そこでは被災地域を、①平地に都市機能が存在し、ほとんどが被災した地域、②平地の市街地が被災し、高台の市街地は被災を免れた地域、③斜面が海岸に迫り、平地の少ない市街地および集落、④海岸平野部、⑤内陸部や、液状化による被害が生じた地域という5つの類型（⑤は津波被災地ではない）に分け、類型ごとに再建イメージや方策が示されている。①〜④に共通しているのは、防潮堤を再建し、浸水した低地に産業機能や農地を、盛土による嵩上げ地や山を切り崩して造成した土地あるいは内陸部に住宅地をそれぞれ移転するという方向性である。現実に被災した各地で多く利用されることとなる「防災集団移転促進事業」が選択肢としてすでに示され、これを「より適切な地域づくりが実現できる制度に発展させる必要がある」と述べられている。また、土地利用規制に関する手続（都市計画法、農振法、港湾法、海岸法、森林法など）の一本化の必要を説き、そのために「特区」手法を用いるのが有効であるとする。この提言は、復興特区法の復興整備計画制度につながっていく。

　第2章は「くらしとしごとの再生」である。挙げられている論点を並列してみよう。地域包括ケアと学校（施設）の機能拡大。伝統文化・文化財の再生。「日本

はひとつ」しごと協議会を中心とした雇用対策と、産業振興による雇用創出。地域経済活動の再生（企業支援・誘致、イノベーション拠点形成、農林業、水産業、観光）。経済活動の基盤強化（交通・物流の復旧や高度化、再生可能エネルギーの利用促進、スマートコミュニティ）。要するに、「復旧復興」の名の下に、各省庁がそれぞれの所管する政策・施策の展開を主張しているのである。

　また本章でも、あらためて「地方分権的な規制・権限の特例、手続きの簡素化、経済的支援など、必要な各種の支援措置」の導入のための「特区」手法が提言されている。こちらは、復興特区法の復興推進計画制度につながるものである。また、財源確保のために「臨時増税措置として、基幹税を中心に多角的な検討をすみやかに行い、具体的な措置を講ずるべきである」という文言が差し込まれ、「復興増税」への道筋がつけられた。

　第3章は「原子力災害からの復興に向けて」である。「フクシマの復興は、「希望」を抱く人々の心のなかに、すでに芽吹き始めているに違いない」というポエチックな文章で締めくくられる散文調の「序」が1ページ、さらに福島第一原発を中心にして 20km、30km の同心円（計画的避難区域・緊急時避難準備区域の範囲）が描かれた地図が1ページ。これらを入れて、全体でわずか4ページである（比較のために言うと、第2章は19ページにわたっている）。よって、実質2ページに「一刻も早い事態の収束と国の責務」「被災者や被災自治体への支援」「放射線量の測定と公開」「土壌汚染等への対応」「健康管理」「復興に向けて」という項目が詰め込まれている。

　第4章は「開かれた復興」という表題だが、その曖昧な言葉どおり、ここまでに盛り込みそびれたものを投げ込んでいるかのような章である。「開かれた復興のイメージは、復興が被災地に止まらず、むしろ被災地における様々な創造的営みが日本全国に、ひいては世界各国に広がっていくことにある」という文章で始まる「序」に続く項目が、「電力安定供給の確保とエネルギー戦略の見直し」に始まる「経済社会の再生」という項目である、というちぐはぐさを挙げるのみにとどめよう。

　「提言」策定過程では、「霞ヶ関」が動き回っていた。片山善博総務相は、2011年4月26日の記者会見で「お役人の人たちが復興構想会議のメンバーとか、専門委員会ですか、委員の皆さんのところに丁寧に懇切に税をこうすべきだ、こういう議論すべきだということで、根回しをしているという。……お役人が勝手に走り回っているという……苦言が〔復興構想会議の委員から〕あっ」た旨述べている[3]。

　これは（実際に第2章に文言が盛り込まれることになった）復興増税に関する財務省周辺の「進言」だったと見て取れるが、最終的に提言をまとめる段階では、

3　「片山総務大臣閣議後記者会見の概要（平成23年4月26日）」
　　http://www.soumu.go.jp/menu_news/kaiken/44224.html

公然と中央各省の「助力」があった。ある新聞記事[4]によれば、復興構想会議自体が、「首相や枝野幸男官房長官が選んだ 16 人による親会議に対し、下部組織の検討部会は仙谷由人官房副長官が人選を主導。検討部会が復興財源などの議論を前倒しで始めると、親会議の委員から猛烈な抗議が入」るなど迷走しており、提言をまとめる段になって「五百旗頭氏らが切ったカードが、実務を知り尽くした官僚の活用だった。拡散気味の議論の集約を急ぐ一方、本格復興の具体策リストを各省庁からも提示させ、五百旗頭氏や御厨貴・東大教授らが提言の作成作業を進めた」〔圏点筆者〕という。

　次に、2011 年 7 月 29 日に閣議決定された「東日本大震災からの復興の基本方針」を見ていこう。基本方針は、7 つのパートから成る、32 ページ 27000 字ほどの文書であるが、「提言」（のとりわけ前文、各章の序、結び）に散見されたポエチックな部分を削ぎ落とし、それ以外の部分についても、要点を取り出して並べたともものと見える。

　文書は、復興政策の理念や中央政府・自治体間の役割分担などについて論じた「1　基本的考え方」に始まり、つづく「2　復興期間」は復興期間を 10 年、前半 5 年を「集中復興期間」と定める。「3　実施する施策」は「被災地域の復旧・復興及び被災者の暮らしの再生のための施策」の他に、「被災地域と密接に関連する地域において、被災地域の復旧・復興のために一体不可分のものとして緊急に実施すべき施策」や「東日本大震災を教訓として、全国的に緊急に実施する必要性が高く、即効性のある防災、減災等のための施策」までをも「復興施策」と定義付け、その範囲を押し広げている。「4　あらゆる力を合わせた復興支援」は、「国の総力を挙げた取組み」という項目で復興特区制度と復興交付金制度の導入を謳い、また「事業規模と財源確保」という項目では、「集中復興期間」における事業規模を「少なくとも 19 兆円」と見込んで、「基幹税などを多角的に検討する」「時限的な税制措置」などによって「13 兆円程度を確保する」としている。

　基本方針の大きな部分を占めているのは、「5　復興施策」である。約 18800 字（すなわち全体の 3 分の 2 以上）を費やし、（1）災害に強い地域づくり、（2）地域における暮らしの再生、（3）地域経済活動の再生、（4）大震災の教訓を踏まえた国づくりという 4 つの項目の下に、合計 28 の小項目が並ぶ。あらゆる行政分野を網羅した、ハード・ソフト両面にわたる施策のオンパレードである。復興対策本部が各省庁に項目の提出を求め、各省庁は「ここに盛り込まれなければ活動の根拠を失う」という発想の下、考えられる限りのメニューを（こじつけてでも）案出し、それが並べられて「ホチキス止め」されたものに違いない。仮にこの推測が外れていたとしても、この箇所の内容がいわゆる「総花式」の典型と言えることは間違いがない。さらに注意を促しておきたいのは、（4）は東日本大

---

[4]　「多彩な人選、議論百出　集約手間取り官僚活用　復興構想会議の提言要旨」『朝日新聞』2011 年 6 月 26 日朝刊、5 面。

震災の復興に直接かかるものではなく、むしろ、それを「教訓」にした全国各地での施策展開について書かれた項目であり、しかもこの項に 3400 字が割かれていることである。

　この「5　復興施策」によって、基本方針は各省に対して、施策レベルで言えば（「復興」というフレーズにかこつけて）ほとんど「何でもできる」お墨付きを与える文書になっている。各省がこの「お墨付き」を存分に活かしたことは、復興庁がまとめている「各府省の復興施策の取組状況の取りまとめ」なる文書が、実に 500 ページもの大部に及んでいることによく表れていると言えるだろう（しかもこの文書に掲載されている事業は、公共インフラ整備を除いたものである）。

　「6　原子力災害からの復興」は、（1）応急対策、復旧対策、（2）復興対策、（3）政府系研究機関の関連部門等の福島県への設置等の促進という三つの項に分かれているが、全体で 2200 字にすぎない。（1）は「国は、原子力災害の応急対策、復旧対策、復興について責任を持って対応する」という文章で始まっているが、具体的な施策の冒頭に「我が国に対する内外の信認を回復させるような取組みを推進する」という、おおよそ原子力災害の被災地の復興と関係のない文言が上っているあたりに、この文書の策定に関わった人々の姿勢がうかがえるようである（むろん、当時は原子力発電所事故の状況が現在とは比べものにならないほど切迫しており、原子力災害被災地の「復興」を構想するような段階になかったのだとも言えるかもしれないが）。最後の「7　復興支援の体制等」は、復興対策本部・現地対策本部の役割を定め、「復興庁（仮称）についての検討を集中的に行うため……復興庁準備室（仮称）を速やかに立ち上げる」としている。

　この基本方針の策定をめぐって争点化していたのは、主に増税を中心とする復興財源の確保の手段であった。また当時、菅直人首相を辞任させようとする動きが与野党横断的に表面化しており、政局は混乱していた。そんな状況下で準備されていた基本方針に、（あまつさえ、すでに「提言」によって敷かれた「総花的」道筋に沿って）各省がそれぞれの政策をとりあえず押し込むのは、いともたやすいことだっただろう。

　加えて、基本方針が 5 年間の復興予算を 19 兆円という―一時にその過大さが指摘される―規模に設定したことも大きかった。この予算は復興財源法によって手当され、しかも、自民党・公明党が政権に復帰した後、2013 年 1 月には 25 兆円に上方修正される。かくして、各省が被災地において（否、被災地以外においても）、心置きなく各省の施策を展開する素地が整えられたのである。

　なお、2011〜2014 年度末までの復興関連予算総額は 29 兆 3946 億円にのぼる[5]。

---

[5] 復興特会以外にも、被災地向けに予算措置されている事業があるが、2012 年度〜2016 年度までの 5 年間で 1600 億円に留まっている。復興庁「「一般会計等で対応する事業」及び「27 年度限りで終了する事業」の主な取扱いについて」（平成 27 年 8 月）を確認すると、原子力損害賠償・廃炉等支援機構交付金 1050 億円を筆頭に、原子力災害関連支出が大宗である。

このうち、中央政府から見て「執行済」(地方交付税交付金では復興特別会計から交付税特別会計に繰入、復興交付金では特定被災自治体[6]における基金の設置造成のために特定被災自治体に復興交付金を交付)の復興予算は23兆9132億円となっている。

執行済額の経年推移を確認すると、まず、震災初年度である2011年(平成23年)に、12兆5622億円が執行済額となっており、復興関連予算総額の42.7%を初年度に使い切った計算になる。このうち、東日本大震災復興交付金は1兆5611億円と、全体の12.4%に留まる。一方、震災復興交付金以外の「まちの復旧・復興」を見ると、公共事業等の追加で7595億円、災害廃棄物処理に6755億円、災害対応公共事業関係費に6675億円、施設費災害復旧等に2126億円となる。足し合わせると2兆3151億円に達し、震災復興交付金額を上回る。最も額が大きいのは「その他東日本大震災関係経費」2兆9755億円(23.6%)である。

---

[6] 「東日本大震災に対処するための特別の財政援助及び助成に関する法律」(平成23年法律第40号)第2条第2項に規定する地方公共団体(以下「特定被災地方公共団体」という。)である青森、岩手、宮城、福島、茨城、栃木、千葉、新潟、長野各県並びに特定被災地方公共団体である市町村及びその区域が特定被災区域(同条第3項に規定する区域をいう。以下同じ。)内にある特定被災地方公共団体以外の市町村に、特定被災区域をその区域とする市町が所在する北海道及び埼玉県を加えた11道県及び227市町村(会計検査院法第30条の3の規定に基づく報告書「東日本大震災からの復興等に対する事業の実施状況等に関する会計検査の結果について」(平成28年4月会計検査院)191-192頁の別図表1参照)

単位：億円

区分No.	事業区分	経費項目	予算現額	執行済額					執行済額全体に対する割合	H27当初予算	今後の事業規模（H28～32）
				H23	H24	H25	H26	合計			
1	被災者支援	災害救助等関係経費	9,231	6,045	1,256	648	535	8,486	3.5%	1,287	4,000
1	被災者支援	被災者支援関係経費	3,773	2,318	–	–	–	2,318	1.0%		
2	まちの復旧・復興	災害廃棄物処理事業費	12,323	6,755	3,162	940	67	10,925	4.6%	13,487	34,000
2	まちの復旧・復興	災害対応公共事業関係費	12,019	6,675	–	–	–	6,675	2.8%		
2	まちの復旧・復興	施設費災害復旧費等	3,884	2,126	–	–	–	2,126	0.9%		
2	まちの復旧・復興	公共事業等の追加	20,228	7,595	4,110	–	–	11,705	4.9%		
2	まちの復旧・復興	復興関係公共事業等	20,016	–	–	7,337	3,515	10,853	4.5%		
2	まちの復旧・復興	東日本大震災復興交付金	28,645	15,611	2,867	6,521	642	25,642	10.7%		
3	産業振興・雇用の確保	災害関連融資関係経費	15,946	12,992	1,322	1,252	99	15,667	6.6%	1,675	4,000
4	原子力災害からの復興・再生	原子力損害賠償法等関係経費	2,754	2,595	–	–	–	2,595	1.1%	7,807	5,000
4	原子力災害からの復興・再生	原子力災害復興関係経費	26,119	1,840	4,055	6,313	5,010	17,220	7.2%		
5	その他	地方交付税交付金	39,889	21,408	6,704	5,771	4,116	38,000	15.9%	14,821	17,000
5	その他	全国防災対策費	11,705	5,186	5,426	–	–	10,612	4.4%		
5	その他	東日本大震災復興対策本部運営経費	5	3	–	–	–	3	0.0%		
5	その他	国債整理基金特別会計への繰入	26,775	–	10,259	8,650	7,437	26,347	11.0%		
5	その他	予備費	10,512	4,691	1,251	–	–	5,943	2.5%		
		その他東日本大震災関係経費【主な事業】・被災者生活再建支援金補助金・市町村行政機能応急復旧補助金・教育研究設備等災害復旧費・被災児童生徒等支援関係経費・雇用対策費・中小企業対策費・森林・林業の復興・水産業の復旧・復興・震災関係資料収集、デジタル化促進、被災実態調査等	50,116	29,775	4,835	7,240	2,155	44,006	18.4%		
		合計	293,946	125,622	45,251	44,679	23,579	239,132	100.0%	39,078	65,000

参考：会計検査院法第30条の3の規定に基づく報告書「東日本大震災からの復興等に対する事業の実施状況等に関する会計検査の結果について」（平成28年4月　会計検査院）

図表1－1－1　復興関連予算（主に復興特会）の執行状況および今後の事業規模

参考文献

塩崎賢明　2014　『復興〈災害〉』岩波書店

福場ひとみ　2013　『国家のシロアリ―復興予算流用の真相』小学館

第 2 節　復興庁の設置とその組織

（1）復興庁の設置過程

　本節ではまず、発災から復興庁設置法の成立に至る 9 か月間のうちに、どのような主体がどのような主張をなし、それらの主体間でどのような議論・調整がなされて、（現在のような形の）復興庁が設置されるに至ったのか、その過程を解明していきたい。

①　発災から復興基本法素案の決定まで（2011 年 3 月 11 日～4 月 20 日）

　東日本大震災からの復興にかかる事務・事業を専担する官庁の設置構想は、3 月 20 日ごろから表面化した[1]。22 日には民主党の安住淳国会対策委員長（衆院議員、宮城県選出）が菅直人首相に[2]、公明党の井上義久幹事長と石井啓一政調会長が仙谷由人内閣官房副長官に[3]復興庁の創設を提案した。同日には枝野幸男内閣官房長官も、「名称や組織の具体論は別にして、一つのまとまったシステム、組織は当然考えなければならない」と述べている[4]。23 日に開かれた、民主党の東日本大震災復旧・復興委員会の特別立法検討チーム（党政策調査会と衆参両院の筆頭理事らで構成[5]）の会合では、復興のための基本法を制定するとともに、「復興庁」を創設する方針が確認された。

　しかし、24 日には岡田克也民主党幹事長が[6]、25 日には野田佳彦財務相が[7]、それぞれ復興庁の創設に対して慎重なコメントを出す。同日、菅首相は石原信雄元官房副長官と会い、「対策本部で決めた方針に基づいて各省の現場が動く体制の方がいい」との助言を受けている[8]。

　29 日、民主党特別立法チームの提言原案の内容が報じられる[9]。そこには、復興支援事業を統括し、被災自治体との窓口も一本化する「復旧・復興庁」の創設が盛り込まれていた。さらに 31 日から 4 月 2 日にかけて、特別立法チームが策定した「東日本大震災復旧復興対策基本法」素案の内容が相次いで報道された。

1　「「復興庁」の創設検討　統括組織で迅速化図る」『読売新聞』2011 年 3 月 21 日、朝刊、2 面。
2　「震災「復興庁」創設を＝民主・安住氏」『時事通信』2011 年 3 月 22 日。
3　「「復興庁」創設を検討　枝野長官「統括組織が必要」　「尚早」慎重論も　東日本大震災」『朝日新聞』2011 年 3 月 23 日、4 面。
4　「東日本大震災　政府・被災支援、「復興庁」創設検討」『毎日新聞』2011 年 3 月 23 日、朝刊、5 面。
5　「民主、震災復興委設置へ」『時事通信』2011 年 3 月 18 日。
6　記者会見における発言。http://www.dpj.or.jp/article/62047
7　記者会見における発言。
http://www.mof.go.jp/public_relations/conference/my20110325.htm
8　「「復興庁」必要ない＝石原元副長官、首相に助言」『時事通信』2011 年 3 月 25 日。
9　「住宅再建支援を増額　全壊、最大 500 万円検討　民主提言原案」『毎日新聞』2011 年 3 月 30 日、朝刊、1 面。

その復興庁に関する内容は、各社でかなり異なり、複数の版の存在を推測させる。時事通信によれば、首相を本部長、復旧復興担当相を副本部長とする「復旧復興本部」を設置し、それを事務局として支える機関として「復旧復興庁」を創設する[10]。日本経済新聞では、「復旧復興戦略本部」の事務を補佐する組織として「復興庁」を置くところまではほぼ同じだが、復興庁長官を復興相が兼務すること、そして、各省庁から政策実行に必要な権限を一時的に移して復旧・復興対策の一元的な執行機関とすることが付け加わる[11]。朝日新聞では、省庁の一部再編を念頭に「防災復興府」なる新官庁を内閣に置くとし、「首相を長として防災復興大臣と副大臣、政務官、事務次官を置き、復興対策を一元化する構想。……東日本大震災以外の災害にも対応する恒久的な機関の位置づけで、霞が関の権限を集中させて迅速に震災復興を進める」[12]と、強力な恒久機関の設置構想になっている。

　一連の報道について岡田幹事長は1日の午後、自民党の石原伸晃幹事長を訪ね、「記事に出ているのは個人の創作活動だ。……惑わされないで下さい」と伝えた[13]。同じ頃、特別立法検討チームのメンバーは党幹部に活動中止を指示され、素案は「中川私案」として封印される[14]。ある新聞記事は「補正予算案の共同編成や「大連立」も視野に自公両党に協力を呼びかけている」岡田にとっては、「復興メニューが早々に固まったと受け止められると、官邸や野党との調整や交渉がしにくくなる」ため、「神経をとがらせてい」たと見立てている[15]。

　13日には仙谷が[16]、18日には菅が[17]それぞれ国会で、〈復興庁の設置は省庁の縄張り争いを招き、無駄なエネルギーを使うおそれがある〉という共通の趣旨の答弁を行う。また19日の国会では、片山総務相が「新しい組織をつくって、そこに職員を調達して集めてということになりますと、……内部の調整、内部の秩序が形成されるまでに相当骨が折れます」[18]と述べた。その他にも、「〔各省庁との権限の調整などで〕混乱しかねない」（政府筋）[19]、「屋上屋を架すだけであま

---

[10] 「「復興税」創設を検討＝国債の日銀引き受けも―震災基本法原案が判明・民主チーム」『時事通信』2011年4月1日。

[11] 「首相をトップに戦略本部　復興庁長官は担当相兼務」『日本経済新聞』2011年4月1日。

[12] 「「復興府」構想が浮上　異論多く実現に壁　東日本大震災、民主原案」『朝日新聞』2011年4月12日、朝刊、5面。

[13] 「（東日本大震災1年：9）政治の動き　検証、遅れた支援策」『朝日新聞』2012年3月9日、朝刊、34面。

[14] 同上。

[15] 「司令塔なき復興の道　菅首相・仙谷ラインに溝…　会議乱立、主導権争い」『朝日新聞』2011年4月2日、朝刊、5面。

[16] 第177国会衆議院法務委員会（2011年4月13日、会議録5号）における発言。

[17] 第177国会参議院予算委員会（2011年4月18日、会議録11号）における発言。

[18] 第177国会衆議院総務委員会（2011年4月19日、会議録11号）における発言。

[19] 「復興会議、11日に発足＝計画を提言、「本部」で実行―政府」『時事通信』2011年4月10日。一般的な政治報道の用語法では、「政府筋」は内閣官房副長官を意味する。

り意味がない」（政府筋）[20]、「各省から権限を奪うより、それぞれの省が責任を持つべきだ」（政調幹部）など、政府・与党からは復興庁の設置に後ろ向きな発言が複数出ていた。このような空気を反映して、検討チームの素案が報じられてからおよそ2週間後の4月16日に報じられた「復興基本法案」の政府素案からは、復興庁設置の規定は消え去ったのである[21]。

②　復興基本法案の国会提出まで（4月18日～5月13日）

4月18日、自民党の石破茂政調会長が民主党の玄葉光一郎政調会長に、復興基本法案の議員立法による共同提案を持ちかけた[22]。民主党はこの案に飛びついたが、石破の足元の自民党内では反対論が一気に広がり、話はすぐに立ち消えとなる[23]。20日には石破と石井啓一公明党政調会長が玄葉と個別に会談して「復興庁」の設置を求め[24]、これに対して玄葉は22日の記者会見で、「ある段階から復興庁あるいは復興院のような一元化された体制、組織が立ち上がっていくということは、私は十二分にあっていい話だと思います」[25]と、設置に前向きな姿勢を示した。

だが、復興庁を設置する方向で与党・政府内がまとまっていたわけではない。26日の記者会見で玄葉は「企画立案・総合調整型……と、いわゆる実施部門、執行部門すべてを含む復興院、復興庁という場合と、二つあり得るのだろうと思います。恐らく官邸は、そういった実施機関、つまりは権限の切り分けが生じるようなことについては、極めて否定的な見解を現時点で持っている」[26]と述べている。

28日に明らかになった「東日本大震災復興の基本方針及び組織に関する法律」の政府案は、復興庁について、附則第2条に「政府は……復興庁（東日本大震災により被害を受けた特定の地域の復興のための行政各部の施策の統一を図るため必要となる事項の企画及び立案並びに総合調整を行う行政組織をいう。以下同じ。）を設置すること……について総合的に検討を加え、その結果に基づいて、この法

---

[20] 「「復興庁」設置見送りへ　「屋上屋」批判受け、基本法案に盛らず」『毎日新聞』2011年4月16日、朝刊、2面。次の政調幹部の発言も同じ。

[21] 「「福島復興会議」を設置＝原発周辺は別枠―震災担当相を検討・基本法素案」『時事通信』2011年4月16日。

[22] 「復興法制定、進まず　民・自協議に亀井氏絡み　首相両にらみ、混迷拍車」『毎日新聞』2011年4月22日、朝刊、2面。なお、石破は発災後早くから民主党との連携に積極的な考えであったとされ、3月下旬には玄葉と復興財源などについて協議を行っている。「民自、東日本大震災の復興財源を協議」『朝日新聞』2011年3月23日、夕刊、3面。

[23] 「石破構想、1日で失速　復興基本法、3党で作ろう　自民から反対論」『朝日新聞』2011年4月20日、朝刊、4面。

[24] 「復興基本法案、月内見送り　民主　自公主張「新官庁」に慎重」『読売新聞』2011年4月21日、朝刊、4面。

[25] http://www.cao.go.jp/minister/1101_k_genba/kaiken/2011/0422kaiken.html

[26] http://www.cao.go.jp/minister/1101_k_genba/kaiken/2011/0426kaiken.html

律の施行後一年以内を目途として必要な法制上の措置を講ずるものとする」〔圏点筆者〕との規定が盛り込まれた。読売新聞は、「各府省との「二重行政」への懸念から、菅首相は新官庁創設に否定的で、玄葉氏は法案付則に設置の検討を盛り込むことで与野党連携への望みを託した」[27]と見立てている。5月13日、復興基本法案は閣議決定され、同日に国会に提出された。

③ 復興基本法案の三党修正協議から可決まで（5月13日～6月20日）

政府提出の復興基本法案が復興庁の設置を「検討」するにとどめる内容であったのに対し、自民党は5月18日、「東日本大震災からの復興再生に関する企画及び立案並びに総合調整」と「復興再生に関する施策の実施」〔圏点筆者〕を担う「復興再生院」を設置すると明記した東日本大震災復興再生基本法案を衆議院に提出した。翌19日には公明党も、「復興庁」と復興担当相の設置を明記した「東日本大震災復興基本法案」の骨子を発表する[28]。

政府提出の復興基本法案は、19日に衆議院で審議入りしたが、民主党は、23日晩に自民党へ、そして24日午前に公明党へ、それぞれ法案の修正協議の申し入れを行った[29]。その責任者であった玄葉政調会長は24日の記者会見[30]で、「官邸と調整……意思疎通をした上で」、「復興庁の権限につきましては、企画・立案、調整に加えて、実施も含めてもよい」という考えを石破政調会長に伝えたことを明らかにする。加えて、設置に関する規定の置き場所は「附則ではなく、本則で結構」とし、復興庁に与える事業実施権限の切り分けについて「問題は直轄事業ではないかと思っていまして……いわゆる復興事業と通常の事業とをどう切り分けるのか。仮に切り分けたとしても、復興事業と一般の事業、通常の事業の地域間調整が必要になると思われます」との認識を示した。

なお玄葉は、27日の記者会見で「内容についてはあらかじめ大きな方向は私の方で内閣官房副長官補室と、あるいは官房長官とやりとりをしながら決めております」[31]と述べている。復興基本法に関する「官邸」との「調整……意思疎通」の相手方は、「内閣としての政策形成に実質的に関わっている部署という意味において、内閣官房の主役」[32]である、副長官補室だったことがわかる。

25日、岩手・宮城・福島選出の民主党議員で作る「被災県復興実施協議会」の今野東参院議員らが枝野官房長官を訪ね、被災3県のいずれかに「復興院」を設

---

[27] 「復興基本法案　与野党の溝埋まらず　新官庁の設置不透明で」『読売新聞』2011年4月29日、朝刊、4面。

[28] 「公明、復興基本法案骨子を発表」『時事通信』2011年5月19日。骨子の内容は https://www.komei.or.jp/news/detail/20110520_5267 を参照。

[29] 5月24日の玄葉国家戦略相の記者会見における発言。
http://www.cao.go.jp/minister/1101_k_genba/kaiken/2011/0524kaiken.html

[30] http://www.cao.go.jp/minister/1101_k_genba/kaiken/2011/0524kaiken.html

[31] http://www.cao.go.jp/minister/1101_k_genba/kaiken/2011/0527kaiken.html

[32] 井上能宏「内閣官房副長官補室に出向して」『特技懇』264号、2012年、72頁。

置するよう求める要望書を提出した[33]。23日の国会では、民主党の藤村修衆院議員が「実は民主党の中では、復興庁のことを相当議論して、相当権限を持たせてやれという声も非常に多い」[34]と述べている。すなわち、与党のいわゆるバックベンチャーの間には、復興庁の設置を求める声が強かったのである。

　民主党は30日、復興基本法案の修正案を自民党に示した。この案は復興庁について、政府案の附則にある「検討」という文言を削って「設置する」と明記し、企画立案・総合調整に加えて、予算執行などの実施権限を持たせるものであったが、これを受けた自公両党は「この修正案では合意できない」との認識で一致した[35]。そこで民主党側は翌31日、実務者協議の場で、別に定める法律で復興庁を設置すると本則に明記し、「1年以内」としていた法整備の期限を削除する案を提示[36]。これをもって6月1日に復興基本法案の修正は大筋合意に至った[37]。復興庁の設置時期についても、6日に、「可能な限り早い時期に法制上の措置を講じる」と法案に明記し、発災から1年となる2012年3月11日までの設置を目指すことで一致した[38]。9日、この合意をもとにした復興基本法案修正案を復興特別委員会の特別委員長提案として本会議に提出する動議が可決され、復興基本法案は10日の衆院本会議で可決、20日には参院も通過し、成立した。

④　復興対策本部における検討と復興庁設置法案の策定（6月28日～10月17日）

　6月28日、東日本大震災復興対策本部が初会合を開いた。事務局は内閣官房に置かれ、事務局長には峰久幸義元国土交通事務次官が就任する。対策本部の喫緊の課題は復興基本方針の策定であり、7月11日の国会で、平野達男復興担当相（7月5日に、前任の松本龍の「失言」による更迭を受けて就任）は、「今国会での復興庁の〔設置〕法案提出……は難しい」と述べている[39]。

　そもそも平野復興担当相は、7月15日付読売新聞に掲載されたインタビューにおいてすでに、「復興庁は……国の出先機関との役割分担を考えていかないといけない。権限を一元化する考え方もあるかも知れないが、検討が必要だ。復興庁に

---

[33]　「「復興院」を被災地に＝民主有志」『時事通信』2011年5月25日。

[34]　第177国会衆議院東日本大震災復興特別委員会（2011年5月23日、会議録2号）における発言。

[35]　「復興基本法の民主修正案、自公が拒否　財源明記なく」『日本経済新聞』2011年5月30日。
http://www.nikkei.com/article/DGXNASFS3002I_Q1A530C1MM8000/

[36]　「「復興債」を提示、民主が再修正案　基本法案、自公と協議」『日本経済新聞』2011年6月1日。
http://www.nikkei.com/article/DGXNASFS3104E_R30C11A5PE8000/

[37]　「復興基本法修正協議　民自公が大筋合意」『東京新聞』2011年6月2日、朝刊、2面。

[38]　「震災1年までに復興庁　民自公合意　基本法17日成立へ」『東京新聞』2011年6月7日、朝刊、2面。

[39]　第177国会衆議院東日本大震災復興特別委員会（2011年7月11日、会議録10号）における発言。

事業官庁として予算執行権限まで与えることが果たして本当に効率的なのか」[40]と述べているように、復興庁に事業の実施権限を与えることに消極的だった。平野はここまで、被災者生活支援特別対策本部の副本部長として第一線の現場対応を担っていた。同じく同本部にあった片山総務相や仙谷官房副長官が、復興庁の設置に後ろ向きだったことはすでに見たが、平野も当時から、「スーパー官庁」の設置には否定的だったという。目の前の課題を次々にこなすべく苦闘していた内閣中枢の実働隊にとって、現に作動している態勢・体制を大きく変更する新組織の設置は、いたずらに手間と時間を費やし、本来業務に習熟した事業官庁による事業実施の効率性を削ぐものにしか映らなかったのである。

　ようやく 8 月 25 日、内閣官房に復興庁設置準備室が設置される。室長は元総務事務次官の瀧野欣彌官房副長官（9 月頭に竹歳誠元国交事務次官に交代）、室長代理は佐々木豊成官房副長官補と峰久幸義復興対策本部事務局長の 2 名で、その他次長 1 名、審議官 2 名、参事官 11 名、その他参事官の下に 17 名の体制であった。

　復興庁設置法案の概要が明らかになったのは、10 月初頭である。この案について朝日新聞は、「〔政府は〕復興庁の権限を復興施策の企画、調整などに限る方向で制度化を進めた。「既存の省庁との二重行政に陥る」というのが表向きの理由だが、権限縮小を懸念する各省庁の意向をくんだ面は否めない」と評し、「各省庁に配慮するあまり、与野党協議の経緯を無視したと受け取られかねない。政権内には「法案は骨抜きと批判される」（国交省幹部）との懸念が早くも出ている」と伝えている[41]。関連して、自民党の齋藤健は 9 月末の衆院予算委員会で、「権限を奪われたくない各省が、静かに、しかし徹底的に抵抗をいたします。総理、今、この復興庁を骨抜きにしようという試みがどんどん進んでいるんです」と述べている[42]し、10 月 24 日付の東京新聞も、「各省庁は……権限を復興庁に譲ることに抵抗した」[43]と記している。

　確かに、11 月 7 日付の時事通信は、国交省の幹部連は「被災地では、国交省の東北地方整備局をはじめ、各府省の出先機関が既に復旧、復興作業をそれぞれ進めている。そういう状況で復興庁に実施機能を持たせるといっても、「屋上屋になるだけ」」との共通認識を持っており、ある幹部は「仮に整備局の業務を復興庁と分けても、市町村に何のメリットもない」と語ったと伝えている[44]。

　しかし、そもそも政府案の復興庁は、各省庁の事業の実施権限を吸い上げる「ス

---

40 「新閣僚に聞く　平野達男復興相」『読売新聞』2011 年 7 月 15 日、朝刊、4 面。
41 「「復興庁」法案作ったけれど　権限移譲は小幅　公共事業は各省任せ・閣僚増員も火種」『朝日新聞』2011 年 10 月 5 日、朝刊、4 面。
42 第 178 国会衆議院予算委員会（2011 年 9 月 27 日、会議録 2 号）における発言。
43 「復興庁骨抜き　「スーパー官庁」掛け声倒れ」『東京新聞』2011 年 10 月 24 日、朝刊、2 面。
44 「【中央官庁だより】「屋上屋」を懸念＝国土交通省(1)」『時事通信』2011 年 11 月 7 日。

ーパー官庁」として構想されてはいなかった。そこには政府の、「関係省庁の権限を移譲、集中させる事業官庁型にすると、各省庁との権限調整が難航し、発足が遅れると〔いう〕懸念」[45]や、「例えば被災した高速道路や主要国道でみると、9路線41か所のうち約6割で既に事業が始まっており、復興庁に実施権限が移れば、担当省庁や自治体の間で混乱を招きかねない」という判断があった[46]。

　平野復興担当相は、10月1日に「復興庁の役割は、地域から上がってきた意見を調整して、各省に割り振ること〔であり、〕……絶大な権限を持って采配を振る形は考えていない」[47]と述べている。また、設置法案づくりに携わったスタッフの一人は、「〔9月2日に就任した野田〕首相から指示はほとんどなかった」と話している[48]。政権周辺からの「政治力」は、少なくとも復興庁を強大な実施機関とする方向では働かなかった。おそらく、各省庁は端から「抵抗」する必要もなかっただろう。

　復興基本法において復興庁は、「復興に関する施策の企画及び立案並びに総合調整に関する事務」とともに「復興に関する施策の実施に係る事務」を担うものとされていた。しかるに政府案における復興庁の所掌事務は「復興に関する国の施策の企画、調整」と「地方公共団体への一元的な窓口と支援」となっていた。10月24日の国会[49]では、公明党の石田祝稔がこの点を捉えて、「復興基本法の趣旨と違う」と追及したが、これに対する平野復興担当相の答弁は、復興交付金制度や復興特区制度の運用、被災自治体による復興計画の作成に対する支援をもって「実施」事務とみなす理屈であった。だが、野党側がこの説明に納得するはずはない。今にも発火せんとする火種を含んだまま、復興庁設置法案は11月1日に閣議決定され、同日に衆議院に提出された。

⑤　復興庁設置法案の国会提出から可決まで（11月1日〜12月9日）

　11月1日の衆院本会議で、公明党の斉藤鉄夫は、同法案を「復興基本法に定める復興庁の立法趣旨と大きな相違がある」と断じた[50]。「復興に関する予算と権限を一元化し」、「復興に関する施策の企画及び立案並びに総合調整、実施までを一貫して行うスーパー官庁」[51]の設置を目指す野党側の異論を無視することは、ね

---

[45] 「復興庁　自公「権限弱い」事業一元化要求　修正協議に焦点」『読売新聞』2011年10月27日、朝刊、4面。

[46] 「復興庁法案、支援か権限集約か　民自公が修正協議開始」『毎日新聞』2011年11月26日、朝刊、5面。

[47] 「読売国際会議2011　復興への道　東北で作る「先進社会」」『読売新聞』2011年10月13日、朝刊、13面。

[48] 「野田首相、政策ころころ　低姿勢、閣僚の意見丸のみ」『朝日新聞』2011年10月16日、朝刊、4面。

[49] 第179国会衆議院東日本大震災復興特別委員会（2011年10月24日、会議録3号）。

[50] 第179国会衆議院本会議（2011年11月1日、会議録5号）。

[51] それぞれ第179国会衆議院本会議（2011年11月24日、会議録11号）における

じれ国会の環境下では不可能であった。

　法案は 24 日に衆院で審議入りし、民自公 3 党の実務者協議は 25 日から本格化する[52]。自公両党の幹事長は事前に、今国会での成立をめざす方針を確認・共有していた[53]。法案を全面的に潰して復興庁の設置を遅滞させれば、「復興の遅れ」の批判の矛先が自分たちにも向けられるようになると意識したのだろう。30 日には、復興予算の特別会計を復興庁が管理すること、復興予算の要求・配分の権限を復興庁に一元化することを法案に明記することで一致[54]。さらに 12 月 5 日、自公両党の主張を受けて、政府案では大臣 1 人、副大臣 1 人、政務官 3 人を置くと規定していたところ、副大臣を 2 人増員とし、政務官の増員は見送ることで合意した[55]。本庁の所在地については、「東京」とする政府の方針に対して、自公両党が「被災地に置くべきだ」と主張して譲らず、結局、問題を修正協議から切り離すことで合意し、結論を先送りした[56]（最終的に本庁は東京に置かれる）。

　以上の修正を受けた復興庁設置法案は、6 日に衆院を通過、9 日には参院で可決され、成立した。ここまで東日本大震災の発災からおよそ 9 か月の時が経過していた。

⑥　小括

　議論をまとめよう。復興庁という新組織の設置について、政府・官邸内には消極的な意見が強かった。対して与党・民主党には、推進の動きにブレーキをかける幹部層と、設置を求めるバックベンチャーが混在していた。有力野党の自民党・公明党からは、強力な権限を持つ組織の創設が声高に求められていた。基本的には、復旧・復興の実際の対応にあたる政権中枢から距離が離れるほど、強い権限を持つ復興庁の設置を求める声が大きくなる、という同心円的構図になっていたと言える。

　政府に入っていない与党議員による特別立法チームは、当初、強い復興担当官庁を設立する案を構想したが、与党幹部や官邸筋によって退けられる。同心円の中心に位置する政府は、復興庁の設置を含まない復興基本法の素案を作成した。だが、野党対応に当たっていた玄葉政調会長（兼国家戦略相）は、同心円の構図の例外に属しており、彼を軸にした対野党・対官邸の調整の結果として、復興庁

　　加藤勝信（自民党）、石田祝稔（公明党）の発言。
[52]　「復興庁設置で修正協議」『読売新聞』2011 年 11 月 26 日、朝刊、4 面。
[53]　「復興特区、国会の関与拡大　修正法案、衆院を通過　民主、野党に譲歩」『朝日新聞』2011 年 11 月 30 日、朝刊、4 面。
[54]　「東日本大震災　復興庁に予算権限一元化」『毎日新聞』2011 年 12 月 1 日、朝刊、5 面。
[55]　「復興庁　他省庁より各上　副大臣 2 人に　1 人は福島専従」『読売新聞』2011 年 12 月 6 日、朝刊、4 面。
[56]　「【中央官庁だより】本庁は「東京」しかない？＝永田町(1)」『時事通信』2011 年 12 月 12 日。

の設置を検討することを附則に盛り込んだ復興基本法案が生まれる。

「検討」が法文化されたことで、同心円の外縁に属する野党は、強力な復興庁の設置という要求を続けることが可能となった。そして、ねじれ国会という政治状況は、政府にその要求を無視することを許さなかった。こうして作られたのが、「復興に関する施策の実施に係る事務」まで所掌する復興庁の設置を本則において定める復興基本法であった。

同法の成立によって、焦点は復興庁の具体的な姿を決める設置法の策定に移り、作業はふたたび同心円の中心に持ち込まれた。責任者である平野復興担当相は、発災直後から復旧・復興の第一線対応に携わっており、その経験から新設の組織の必要性に疑問を持っていた。このような環境から、「スーパー官庁」的な復興庁のあり方を定める設置法が出てくるはずはない。果たして、復興交付金制度・復興特区制度の運用や、被災自治体による復興計画の作成に対する支援をもって「実施」事務とする論理に支えられた、「弱い」復興庁を規定する設置法案が完成した。

「復興に関する施策の実施に係る事務」という復興基本法の文言に「スーパー官庁」の夢を見ていた野党は、当然ながらこの設置法案に強く反発する。しかし、「復興を遅らせている」という批判の矛先が自分たちに向かう危険性を考えれば、それを全面的に潰すという選択肢は採り得なかった。かくして、野党も全面的に与党案を棄却することはできず、企画・調整を主たる所掌事務とし、強力な実施権限を与えない復興庁設置法が成立を見たのであった。

（２）復興庁の組織と人事

復興庁は、2012年2月11日に設置された。2021年3月31日までに廃止される時限組織である（復興庁設置法21条）。その長は内閣総理大臣であり、加えて、国務大臣をもって充てる復興大臣が置かれる。復興大臣は、「復興のための施策に関する基本的な方針に関する企画及び立案並びに総合調整」、「関係地方公共団体が行う復興事業への国の支援その他関係行政機関が講ずる東日本大震災からの復興のための施策の実施の推進及びこれに関する総合調整」および、その他「東日本大震災からの復興に関する施策の企画及び立案並びに総合調整」（復興庁設置法第4条1項に定められる復興庁の所掌事務）を行うため、関係行政機関の長に対し、資料の提出及び説明を求め、また、勧告することができるとされた。これをもって復興庁は、他省庁よりも一段上に位置付けられた（と見なされている）。

復興庁が担う具体的な業務は、復興事業に関する予算の一括要求・確保と関係省庁への配分、復興事業（公共事業等）の実施計画の策定と関係省庁への通知、復興事業に関する関係自治体からの要望の一元的受理とそれに対する対応方針の策定、関係自治体への情報提供や助言、東日本大震災復興特別区域法に定められた諸業務（復興推進計画の認定、復興交付金事業など）の実施、福島復興再生特別措置法に定められた諸業務の実施などである（いずれも復興庁設置法第4条2項）。

はじめに、復興庁の定員数の推移を図表1－2－1に示した。その数が年々増加を続けていることがわかるだろう。

2012年度末	118
2013年度末	169
2014年度末	183
2015年度末	191
2016年度末	197

（単位：人）

図表1－2－1　復興庁の定員の変遷

出典）各年度版機構・定員等審査結果（内閣人事局ウェブサイト）

ただしここで注意すべきは、定数を見るだけでは復興庁の「実員数」は分からないということである。復興庁には、他の省庁に籍を残しながら、併任という形で常駐・勤務している職員や、同じように併任を発令され、しかし復興庁には常駐していない職員、そして非常勤職員が数多く存在するのである。そこで次に、復興庁がまとめ、逐次的に更新している「復興の取組と関連諸制度」（平成25年11月29日版以前は「復興の現状と取組」）という文書[57]に記載されている復興庁の職員数を抜き出し、その変遷を図表1－2－2にまとめた。

時点	全	本庁	岩手	宮城	福島	非常駐併任
2012年4月19日	300		30	50	30	
2012年6月5日	320	190	30強	50弱	30強	300
2012年10月4日	330	200	30強	50弱	40弱	320
2012年12月28日	330	200	30強	50弱	40弱	320
2013年2月7日	330	200	30強	50弱	40弱	380
2013年4月16日	420	210	60弱	80弱	70弱	370
2013年5月1日	430	210	60強	80強	70	370
2013年6月1日	450	210強	70弱	80強	70	380
2013年9月30日	500	210強	80弱	100弱	100弱	380
2013年12月31日	520	210強	100弱	100弱	100弱	380
2014年4月1日	580	230	100	120	120	420
2014年8月1日	620	240	110	130	130	410
2014年10月3日	700	280	120	140	140	400
2014年12月1日	700	290	120	140	140	400
2015年2月1日	690	290	110	140	140	400
2015年4月1日	650	300	80	130	140	400
2015年10月9日	600	240	80	130	140	400
2016年2月1日	600	240	80	130	140	

（単位：人。いずれも約数）

図表1－2－2　復興庁の職員数の変遷

出典）復興庁「復興の取組と関連諸制度」／「復興の現状と取組」

全（常駐）職員数は、設置2ヶ月時点では300人であったが、2014年12月時点で700人にまで膨らんでいる。最新の2016年2月時点では600人まで減少しているが、これでも、4年前の2倍の職員を抱えていることになる。先ほど見たとおり、2015年度末の定員は191人なので、400人ほどの併任常駐職員や非常勤職員が勤務していることになろう。

より細かく増減の傾向を見ると、2013年2月と4月の間に各復興局30人、本

---

[57] http://www.reconstruction.go.jp/topics/main-cat1/sub-cat1-1/20130618174925.html

庁 10 人の増員があり、さらに 2014 年は 10 月に至るまでに本庁 70 人、岩手復興局 20 人、宮城・福島両復興局 40 人ほどの増員がみられる。しかし、2015 年 2 月に岩手復興局で 10 人が減員されたのを皮切りに、本庁・岩手復興局・宮城復興局では人員減が始まっている。とりわけ岩手復興局はピーク時より 40 人減っており、2012 年 4 月時点で 30・50・30 人だった三復興局の人員は、2016 年 2 月現在で 80・130・140 とその比率を大きく変えている。福島復興局の人員が一貫して伸び続け、現在も高止まりしているのは、原子力災害の被災地を多く抱える福島県内の復興事業が少しずつ緒に就き始めたことの反映と見ることもできそうである。

　続いて、復興庁の組織について見ていきたい。前述の通り、復興庁の長は内閣総理大臣で、それ以外に復興大臣が置かれる。また、復興副大臣と復興大臣政務官、さらに復興大臣補佐官（2014 年 10 月設置、以来現在まで谷公一が務めている）が置かれており、以上が特別職（現在はそのすべてが国会議員）である。歴代の特別職の名簿は図表 1－2－3 の通りである。被災地選出議員でなければ被災地や被災者のことがよく分からない、ということはもちろんない[58]。そのことは承知した上でなお敢えて、いわゆる被災三県（岩手・宮城・福島）から選出された議員については網掛けで示している。時間の経過とともに、各ポストとも被災三県以外の選出議員が増加していることがわかるだろう。とりわけ 2015 年 10 月以降は、大臣・副大臣・政務官のいずれも、被災三県選出議員はゼロとなっている。

---

[58] 付言すれば、現副大臣の長島忠美は新潟県中越地震発生時の山古志村長。元副大臣で現大臣補佐官の谷公一は阪神・淡路大震災発生時に兵庫県庁職員で、後に防災局長などを歴任している。

復興大臣

2012年2月10日	平野達男	参院岩手
2012年12月26日	根本匠	福島2区
2014年9月3日	竹下亘	島根2区
2015年10月7日	高木毅	福井2区

復興副大臣

2012年2月10日	末松義規	東京19区	
	中塚一宏	神奈川12区	
	松下忠洋	鹿児島3区	
2012年6月4日	末松義規	東京19区	
	中塚一宏	神奈川12区	
	吉田泉	福島5区	
2012年10月1日	黄川田徹	岩手3区	
	今野東	参院比例	※旧宮城1区
	前川清成	参院奈良	
2012年12月26日	谷公一	兵庫5区	
	浜田昌良	参院比例	
	寺田稔	広島5区	
	秋葉賢也	宮城2区	
2013年9月30日	谷公一	兵庫5区	
	浜田昌良	参院比例	
	岡田広	参院茨城	
	愛知治郎	参院宮城	
2014年9月4日	長島忠美	新潟5区	
	浜田昌良	参院比例	
	西村明宏	宮城3区	
2014年12月25日	長島忠美	新潟5区	
	浜田昌良	参院比例	
	西村明宏	宮城3区	
2015年10月9日	長島忠美	新潟5区	
	若松謙維	参院比例	
	山本順三	参院愛知	

復興大臣政務官

2012年2月10日	吉田泉	福島5区	財務大臣政務官兼任
	津川祥吾	静岡2区	国土交通大臣政務官兼任
	大串博志	佐賀2区	内閣府大臣政務官兼任
	郡和子	宮城1区	内閣府大臣政務官兼任
2012年6月5日	若泉征三	比例北陸信越	財務大臣政務官兼任
	津川祥吾	静岡2区	国土交通大臣政務官兼任
	大串博志	佐賀2区	内閣府大臣政務官兼任
	郡和子	宮城1区	内閣府大臣政務官兼任
2012年10月2日	金子恵美	参院福島	内閣府大臣政務官兼任
	加賀谷健	参院千葉	内閣府大臣政務官兼任
	橋本清仁	宮城3区	国土交通大臣政務官兼任
	郡和子	宮城1区	内閣府大臣政務官兼任
2012年12月27日	徳田毅	鹿児島2区	国土交通大臣政務官兼任
	島尻安伊子	参院沖縄	内閣府大臣政務官兼任
	長島忠美	新潟5区	農林水産大臣政務官兼任
	亀岡偉民	福島1区	内閣府大臣政務官兼任
2013年2月6日	坂井学	神奈川5区	国土交通大臣政務官兼任
	島尻安伊子	参院沖縄	内閣府大臣政務官兼任
	長島忠美	新潟5区	農林水産大臣政務官兼任
	亀岡偉民	福島1区	内閣府大臣政務官兼任
2013年9月30日	坂井学	神奈川5区	国土交通大臣政務官兼任
	福岡資麿	参院佐賀	内閣府大臣政務官兼任
	小泉進次郎	神奈川11区	内閣府大臣政務官兼任
	山本朋広	比例南関東	文部科学大臣政務官、内閣府大臣政務官兼任
	岩井茂樹	参院静岡	経済産業大臣政務官、内閣府大臣政務官兼任
2014年9月4日	小泉進次郎	神奈川11区	内閣府大臣政務官兼任
	山本朋広	比例南関東	文部科学大臣政務官、内閣府大臣政務官兼任
	岩井茂樹	参院静岡	経済産業大臣政務官、内閣府大臣政務官兼任
2015年10月9日	高木宏壽	北海道3区	内閣府大臣政務官兼任
	星野剛士	神奈川12区	経済産業大臣政務官、内閣府大臣政務官兼任
	豊田真由子	埼玉4区	文部科学大臣政務官、内閣府大臣政務官兼任

※網掛けは被災三県選出議員。特記なき場合は衆院議員。

図表1－2－3　復興庁の特別職職員

　一般職＝事務方のトップは事務次官で、その下に局長級の統括官が置かれる（発足当初は2人、現在は3人）。さらにその下に、局次長級の審議官（2人）、課長級の参事官（定員は9人だが、併任者が務めることもあり、実数はもっと多い）が置かれている。局長・次長・課長など、ライン系統の「長」の官職は存在しない。というのも、復興庁の内部組織が局・課単位に編成されていないためである。

　試みに、現時点で最新となる2015年4月1日現在の復興庁組織図を図表1－2－4に示した。組織の基本単位は「班」であり、それが、「総括・企画」「被災者支援・健康・くらし」「地震・津波被害からの復旧・復興」「福島・原子力災害復興」というカテゴリにゆるく括られている（「総括・企画」以外の各カテゴリを囲む枠が交錯しているのが象徴的である）。

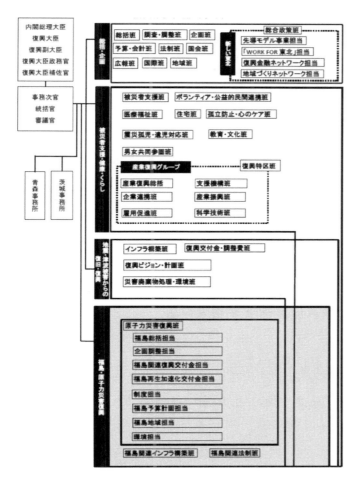

図表1－2－4　復興庁組織図（2015年4月1日現在）

　このような組織構造は、地方支分部局である復興局にも共通している。復興局には長の復興局長と次長が置かれ、その下には参事官が置かれるが、やはり組織の基本単位は班である。さらに興味深いのは、岩手・宮城・福島の各復興局で、班の構成や所掌にそれぞれの独自性が見られることである。本庁・復興局を通して、復興庁の組織構造は（少なくとも一般的な中央省庁のそれに比して）非常に柔軟なものになっていると言えるだろう。

　最後に、復興庁職員の人事の特徴を、幹部職員（課長補佐級の企画官も含む）の出身省庁から読み解きたい（図表1－2－5）。

			国土交通省				総務省			財務省	農林水産省	経済産業省	文部科学省	内閣府		外務省	環境省	厚生労働省		
			建設省	運輸省	国土庁	北海道開発庁	自治省	総務庁	郵政省					総理府	経企庁			厚生省	労働省	
2015年5月末	次官・統括官	旧省庁	2	0	0	0	1	0	0					0	0			0	0	
		現省庁	2				1			0	0	1	0	0		0	0	0		4
	審議官	旧省庁	0	0	0	0	0	0	0					0	0			0	0	
		現省庁	0				0			2	0	0	0	0		0	0	0		2
	参事官	旧省庁	7	2	1	0	2	1	0					1	1			1	1	
		現省庁	10				3			2	3	4	1	2		1	1	2		29
	企画官	旧省庁	2	1	0	1	1	0	1					0	0			0	0	
		現省庁	4				2			2	3	1	1	0		0	0	0		13
	総計	旧省庁	11	3	1	1	4	1	1					1	1			1	1	
		現省庁	16				6			6	6	6	2	2		1	1	2		48
2012年5月末	次官・統括官	旧省庁	2	0	0	0	1	0	0					0	0			0	0	
		現省庁	2				1			0	0	0	0	0		0	0	0		3
	審議官	旧省庁	0	0	0	0	0	0	0					0	0			0	0	
		現省庁	0				0			2	0	0	0	0		0	0	0		2
	参事官	旧省庁	5	2	1	0	2	1	0					1	0			1	1	
		現省庁	8				3			2	3	1	1	1		0	0	2		25
	企画官	旧省庁	1	1	1	0	2	1	0					0	0			0	0	
		現省庁	3				2			3	3	1	1	0		0	0	0		13
	総計	旧省庁	8	3	2	0	4	1	1					1	0			1	1	
		現省庁	13				6			7	6	4	2	1		1	1	2		43

図表 1−2−5　復興庁（本庁）幹部職員の出身省庁別人員数

出典）『復興庁名鑑』時評社をもとに筆者作成

　目立つのは、国交省、とりわけ建設省出身者の多さである。2015 年 5 月末時点の 48 ポスト中、国交省出身者は 16 人でちょうど 3 分の 1 を占め、そのうち 11 人が建設省出身である。それ以外では、総務省・財務省・農水省・経産省がそれぞれ 6 人ずつを出している。

　事務次官・統括官は、旧建設省 2 人、旧自治省 1 人、経産省 1 人で固定されており、歴代次官 5 人のうち 4 人が建設、1 人が自治である。現次官は旧建設省出身で、統括官 3 名が自治・建設・経産である。次官が自治省出身者の場合、統括官は建設 2 名・経産 1 名となっていた。審議官は、財務省が 2 席を独占しており、これは発足時から不変である。

　課長級の参事官は、2015 年 5 月末時点の 29 人中 10 人が国交省出身ということで、全体数に対する比率と同様、ほぼ 3 人に 1 人となる。「第二勢力」は経産省の 4 人で、それに総務省と農水省の 3 人が続いている。課長補佐級の企画官では、国交省の占有率が下がるものの、やはり最大勢力ではあり（4 人）、以下農水省（3 人）、自治省・財務省（2 人）と続いている。

　ところで図表 1−2−5 中、2015 年 5 月末の表にあるグレーの網掛けは、2012 年 5 月末に対して人員が増加していることを示す。一方、黒地に白字になっているのは、逆に人員が減少していることを示す。一見してわかるように、この間ポスト減となったのは国土庁と財務省（いずれも企画官）のみである。あとは基本的に、増加したポスト（43→48）を国交省・経産省・内閣府（旧経企庁）がそれぞれ獲得するという構図になっている。国交省は総数で 3 人増（参事官＋2、企画官＋1）、これを旧省庁で細分化すると建設省 2 人（参事官＋2、企画官＋1）と北海道開発庁 1 人（企画官＋1）である（4 増に対して、前述の通り国土庁が 1

減のため、国交省全体で3増）。また、経産省は、統括官1人と参事官1人を得て、2増となっている。その他、内閣府（経済企画庁）が参事官1人を得ている。これら以外は、3年間の内に「配分」が変わっていないということになり、基本的に、幹部ポストについては固定的な「住み分け」が行われていると言ってよいだろう。

　次に、出先機関の幹部職員について見ていく（図表1-2-6）。

			国土交通省				総務省			農林水産省	経済産業省	文部科学省	警察庁
			建設省	運輸省	国土庁	北海道開発庁	自治省	総務庁	郵政省				
2015年5月末													
1	青森事務所	所長				○							
2	岩手復興局	局長								○			
3	岩手復興局	次長	○										
4	岩手復興局	宮古支所長								○			
5	岩手復興局	釜石支所長											不明
6	宮城復興局	局長		○									
7	宮城復興局	次長								○			
8	宮城復興局	気仙沼支所長	○										
9	宮城復興局	石巻支所長										○	
10	福島復興局	局長					○						
11	福島復興局	次長									○		
12	福島復興局	次長（インフラ担当）	○										
13	福島復興局	次長								○			
14	福島復興局	次長									○		
15	福島復興局	次長									○		
16	福島復興局	南相馬支所長									○		
17	福島復興局	いわき支所長					○						
18	茨城事務所	所長								○			
	旧省庁計		3	1	0	1	2	0	0	5	4	1	0　17
	現省庁計		5				2						
2012年5月末													
1	青森事務所	所長		○									
2	岩手復興局	復興推進官	○										
3	岩手復興局	局長								○			
4	岩手復興局	次長		○									
5	岩手復興局	宮古支所長								○			
6	岩手復興局	釜石支所長									○		
7	宮城復興局	復興推進官	○										
8	宮城復興局	局長	○										
9	宮城復興局	次長								○			
10	宮城復興局	気仙沼支所長	○										
11	宮城復興局	石巻支所長										○	
12	福島復興局	局長					○						
13	福島復興局	次長									○		
14	福島復興局	南相馬支所長									○		
15	福島復興局	いわき支所長											不明
16	茨城事務所	所長								○			
	旧省庁計		4	2	0	0	1	0	0	4	2	1	1　15
	現省庁計		6				1						

図表1-2-6　復興庁出先機関幹部の出身省庁

出典）『復興庁名鑑』時評社より筆者作成

　本庁と異なり、財務省、内閣府、外務省、環境省、厚労省の出身は1人もいないため、図表から落とした。その上で見ると、出先機関においても最大勢力が国交省であることに変わりはないのだが、農水省がそれと並ぶポスト数を得ていることがわかる。

　ポスト別に見ると、やはり出身省庁の固定化傾向が見て取れる。2012年と2015年を比べて、出身省庁の異なる職員が就任しているポストは、青森事務所長、岩手復興局次長、宮城復興局長（大きく増員された福島復興局次長と、出身省庁不明の就任者がある釜石支所長、いわき支所長を除く）であるが、これらはいずれも、国交省内での異動であり（青森事務所長は運輸省→北海道開発庁、岩手復興局次長は運輸省→建設省、宮城復興局長は建設省→運輸省）、現省庁の枠組で言え

27

ば、ポスト配分は完全に固定化されている。

　また、岩手復興局長は農水省、宮城復興局長は国交省の出身者が就いているが、それぞれの次長は、たすきがけのように国交省、農水省が取っている。福島復興局はそれと異なり、局長は自治省、そして次長のほとんどを経産省出身者が占めている。福島復興局に経産省出身が多いのは、インフラ整備よりも原発関連の対応が業務の中心となっているためであろうか。ちなみに次長ポストは 2012 年時点に対して 4 増となっているが、増分は経産省が 2、国交省（建設）が 1、農水省が 1 を取っている。

第 3 節　復興特区制度と自治体

（1）復興特区法と三つの計画

　第 1 節で言及したとおり、復興基本法第 10 条に基づいて、2011 年 12 月 14 日に復興特区法が制定された。本法は、復興推進計画・復興整備計画・復興交付金事業計画という三つの制度を創設するものである。いずれの計画も、被災自治体（市町村／県の単独、あるいは市町村・県の共同）が定めるものであり、所定の手続きを経ると、被災自治体（の全部あるいは一部の区域）において、個別法の規制・手続に関する特例、税制の特例、特別の交付金の交付などを受けることができるようになるというしくみである。以下、各制度の概要と利用状況、復興政策へのインパクトなどについて論じていきたい。

①　復興推進計画

　復興推進計画は、被災自治体が策定して内閣総理大臣の認定を受けることによって、計画中に書き込まれた、住宅・産業・まちづくり・医療・福祉等の各分野における規制・手続の特例、主に被災地域の法人を支援するための税制上の特例や利子補給金制度の適用、地方税の課税免除・不均一課税に伴う減収分を補填する交付税（震災復興特別交付税）措置、補助金の交付を受けて取得した財産の転用手続の特例を受けることができる。

　2016 年 2 月 26 日現在で、181 の計画が認定されている（うち 9 計画が 2 つの特例を含むため、特例利用数は 190）。県別に見ると、福島の 70 計画が最多で、次に宮城の 60 計画、さらに岩手が 22、茨城が 19、青森が 7、千葉が 2、栃木が 1 となっている。

　利用されている特例とその利用数を示したのが図表 1 − 3 − 1 である。利子補給金の支給が 124 と圧倒的に多く、これが全体の 65% を占めている。次に多いのが税制上の特例で 22、これに応急仮設建築物の存続期間の延長の特例が 12 で続いている。

特例の種類	利用数
金融上の特例（利子補給金の支給）	124
産業集積関係の税制上の特例（国税、地方税）	22
応急仮設建築物の存続期間の延長に係る特例	12
用途規制の緩和に係る特例（建築基準法の特例）	7
公営住宅の入居者要件の特例	6
確定拠出年金に係る中途脱退要件の緩和	4
医療機関に対する医療従事者の配置基準の特例等	3
医療機器製造販売業等の許可基準の緩和	3
工場立地法等に基づく緑地等規制の特例	3
指定会社に対する出資に係る税制上の特例（国税）	2
漁業法の特例（特定区画漁業権免許事業）	1
農地法の特例（農地転用許可基準の緩和）	1
被災者向け優良賃貸住宅の特別償却等	1
薬局等構造設備規則の特例等	1

図表 1 − 3 − 1　認定された復興推進計画が利用する特例の種類と利用数

出典）復興庁「認定を受けた復興推進計画の一覧（平成 28 年 2 月 26 日現在）」をもとに筆

者作成

　県別で利用されている特例の比率を見ると、福島では利子補給金制度が 61 に
のぼり、県全体の 87.1％を占める（さらに地域別に見ると、会津 7、中通り 33、
浜通り 21）。当該補給金を受けて新・増設されるのは、菓子製造工場（会津坂下
町）、通所リハビリテーション施設（須賀川市）、医療用品製造工場（白河市）、複
合商業施設（いわき市）など様々である。これに対して宮城県における利子補給
金制度の利用は 29 で、県全体の 44.6％にとどまっており、福島県と対照的であ
る。
　第 3 章第 2 節で詳述する宮城県岩沼市では、被災集落の集団移転先である玉浦
西地区に商業施設（スーパーマーケット）を誘致するために、税制上の特例を盛
り込んだ復興推進計画を策定した。同地区には実際、地場のスーパーマーケット
チェーンの店舗が立地することとなったが、これは関係者の懸命な誘致がようや
く実を結んだ結果であり、市職員は「誘致のキーになったかというと、そこまで
美味しいものではなかった」と述懐している。
　中央政府は、2011 年の 7 月から 8 月にかけて、被災自治体に対してどのよう
な規制緩和が必要か調査をかけており[1]、メニューの中にはそれに基づいて設けら
れたものもあったのだろうが、結局のところ、多くの被災自治体にニーズのある
規制の特例措置はさほど多くはなかったということであろう。ちなみに復興特区
法第 11 条には、被災自治体が内閣総理大臣に対して新たな規制の特例措置の提
案をすることができるという制度が設けられているが、これまでに提案はゼロで
ある。

② 　復興整備計画

　復興整備計画は、市町村が単独又は県と共同して作成し、必要に応じ公聴会・
公告・縦覧の手続や、市町村・県・国の機関を構成員とする復興整備協議会での
協議・同意を経て公表するものである。これによって、事業に必要な許可の特例
が適用されるとともに、手続のワンストップ処理や、被災地域の実態に即した事
業制度が適用される。
　計画に盛り込むことのできる事業（復興整備事業）は、市街地開発事業、土地
改良事業、集団移転促進事業、住宅地区改良事業、都市施設の整備に関する事業
（上下水道・道路など）、漁港漁場整備事業など、13 種類となっている。これら
のハード整備事業の円滑な実施のための特例措置の導入が、この復興整備計画制
度の主眼ということになる。主たる特例措置は、土地利用基本計画・都市計画・
農用地利用計画などの変更、保安林指定の解除といった計画類の変更手続である
とか、農地法・都市計画法・農振法・森林法・自然公園法・漁港漁場整備法など

---

[1] 礒崎初仁（2012: 10）。

土地利用規制関係の諸法が定める許認可の手続が、復興整備計画に書き込むことによってクリアされる＝個別法上の手続を踏んだものとみなされるという措置である。それ以外にたとえば、①復興整備計画に盛り込まれた土地区画整理事業については、本来ならば不可能な市街化調整区域における施行を可能とする、②復興整備計画に盛り込まれた土地改良事業については、土地改良区からの申請によらずに県の発意で事業を行うことができる、③復興整備計画の作成や復興整備事業の実施のための測量・調査のためやむを得ない必要がある場合に、他人の占有する土地への立ち入りや障害物の除去、土地の試掘などを可能とするといったような、個々の特例措置も用意されている。

復興庁によれば、2016 年 2 月 26 日現在、岩手県で 12 市町村が 186 地区について、宮城県で 14 市町が 412 地区について、福島県では 11 市町村が 204 地区について復興整備計画を策定、公表している（図表 1－3－2）。いずれの県でも、もっとも使われているのは、農地法の転用許可みなしである。

地域	対象市町村	事業施行地区	復興整備事業の内容	主な許認可等の特例
岩手	○計12市町村 （宮古市、大船渡市、久慈市、陸前高田市、釜石市、山田町、大槌町、岩泉町、田野畑村、普代村、野田村、洋野町）	計186地区	・市街地開発事業 （宮古市等の計21地区） ・集団移転促進事業 （宮古市等の計45地区） ・都市施設の整備に関する事業 （宮古市等の計76地区） ・小規模団地住宅施設整備事業 （大槌町の計7地区） ・土地改良事業 （釜石市等の計3地区） ・その他施設（災害公営住宅等）の整備に関する事業 （宮古市等の計67地区）	・農地法の転用許可みなし （宮古市等の計59地区） ・都市計画法の事業認可みなし （大船渡市等の計4地区）
宮城	○計14市町 （仙台市、石巻市、塩竈市、気仙沼市、名取市、多賀城市、岩沼市、東松島市、亘理町、山元町、七ヶ浜町、利府町、女川町、南三陸町）	計412地区	・市街地開発事業 （石巻市等の計29地区） ・集団移転促進事業 （仙台市等の計192地区） ・都市施設の整備に関する事業 （石巻市等の計66地区） ・土地改良事業 （南三陸町の計2地区） ・その他施設（災害公営住宅等）の整備に関する事業 （仙台市等の計154地区）	・農地法の転用許可みなし （仙台市等の計206地区） ・都市計画法の開発許可みなし （石巻市等の計155地区） ・自然公園法の建設許可みなし （石巻市等の計36地区）
福島	○計11市町村 （いわき市、相馬市、南相馬市、川俣町、広野町、楢葉町、富岡町、川内村、大熊町、新地町、飯舘村）	計204地区	・市街地開発事業 （いわき市等の計7地区） ・集団移転促進事業 （いわき市等の計53地区） ・都市施設の整備に関する事業 （いわき市等の計66地区） ・土地改良事業 （相馬市等の計12地区） ・造成宅地滑動崩落対策事業 （楢葉町の計1地区） ・その他施設（災害公営住宅等）の整備に関する事業 （いわき市等の計78地区）	・農地法の転用許可みなし （いわき市等の計96地区） ・都市計画法の開発許可みなし （いわき市等の計18地区）

図表 1－3－2　復興整備計画の策定状況

出典）復興庁ウェブサイト

復興整備計画の意義をどのように評価すべきか。それを考える際に大前提となるのは、この制度が設ける特例措置のうち、「みなし措置」、すなわち、復興整備計画に盛り込むことで個別法が定める計画変更や許認可の手続をクリアしたとみなす措置が、個別法の定める要件に変更を加えるものではないという点である。たとえば、個別法上大臣や知事の同意が必要とされている場合には、復興整備計画に当該事業を盛り込んだとしても、依然としてその同意が必要なのである。一つ例を挙げれば、上述した通り復興整備計画において被災自治体にもっとも利用されている農地転用の許可（農地法）のみなし特例であるが、これは（2ha 超の

転用の場合）、復興整備計画に内容を書き込んで同意・公表するだけでは足りず、農地法の定めと同様、農林水産大臣の同意が必要とされている。

　では、この制度には何の意味もないかというと、必ずしもそうではない。復興整備計画は、それぞれの被災自治体単位で設置される復興整備協議会において承認されることになっている。宮城県を例にその一般的な流れを見ると、以下の通りである[2]。①市町村による復興整備計画の素案作成、②県・市町村の担当者によるワーキンググループ会議を開催し、素案を修正、③県・宮城復興局の担当者による復興整備連絡会議を開催し、素案の概要説明や日程調整、④関係省庁（本省および出先機関）、県、市町村の担当者による対面打ち合せを開催、⑤復興整備協議会ワーキンググループ会議、⑥復興整備協議会の本会議において計画に同意。

　つまり、（行政の一般的な手続論からして当然と言えば当然だが、）復興整備協議会の本会議に至るまでには、関係者による複数回の事前協議・調整が繰り返されているのである。本会議は形式的な決定の場であり、実質的な議論は事前に済んでいる。しかし留意すべきは、「一定のペースで（通常の場合よりはやいペースで）協議会が開かれ、それに合わせて事前の準備・協議・調整も進められる」ということであろう。これによって、実務担当者の視点から見ると、「行く先の展望がもちやす」くなるのである[3]。岩沼市の担当者は、「通常であれば、国・県との調整で時間がかかるものだが、手続きにかかる期間はかなり短縮されている」と述べた。このあたりが、復興整備計画制度の「効果」と言えるのであろう。一方で、「色々できる魔法の杖というイメージだったが、実際は割引クーポン。通常100かかる手間が95で済むという程度」（戸羽太・陸前高田市長）[4]といった評価もある。

③　復興交付金事業計画

　復興交付金事業計画は、市町村が単独又は県と共同して作成し、内閣総理大臣に提出することによって、計画に含まれる事業の実施に要する経費に充てるための復興交付金の交付を受けることができるものである。

　各被災自治体における復興交付金事業の実施状況、実態については第3章で詳述するが、本章では以下、項を改めて、復興交付金制度について少し詳しく論じることとしたい。

（2）復興交付金制度
①　制度の内容

　もともと復興構想会議の提言に「今回の復興においては……地方分権的な規

---

[2] 安本典夫（2014: 88）。
[3] 安本典夫（2014: 83-84）。
[4] 「（東日本大震災2年：1）首長アンケート　我が街復興、なお壁」『朝日新聞』2013年3月1日朝刊、34面。

制・権限の特例、手続きの簡素化、経済的支援など……の措置を一元的（ワンストップ）かつ迅速に行える「特区」手法を活用することも有効である。また……復興に必要な各種施策が展開できる、使い勝手のよい自由度の高い交付金の仕組みが必要」とあり、復興基本方針では、4（1）の①に「復興特区制度」の創設、②に「使い勝手のよい交付金等」の創設が盛り込まれていた。このように「特区」と「交付金」は一応区別されていたわけだが、立法段階では復興特区法という一つの法律において規定されることとなった。

　復興交付金を受けることのできる事業は、5省庁所管の40事業である（図表1－3－3）。この40事業は「基幹事業」と呼ばれる。また、この「基幹事業と一体となってその効果を増大させるために必要な事業又は事務」や「基幹事業と関連して地域の特性に即して〔被災自治体が〕自主的かつ主体的に実施する事業又は事務」を「効果促進事業」と呼び、これについても復興交付金を手当てするしくみになっている。

文部科学省	A-1	公立学校施設整備費国庫負担事業（公立小中学校等の新増築・統合）
	A-2	学校施設環境改善事業（公立学校の耐震化等）災害公営住宅整備事業等
	A-3	幼稚園等の複合化・多機能化推進事業（災害公営住宅の整備、災害公営住宅に係る用地取得造成等）
	A-4	埋蔵文化財発掘調査事業
厚生労働省	B-1	医療施設耐震化事業
	B-2	介護基盤復興まちづくり整備事業（「定期巡回・随時対応サービス」や「訪問看護ステーション」の整備等）
	B-3	保育所等の複合化・多機能化推進事業
農林水産省	C-1	農山漁村地域復興基盤総合整備事業（集落排水等の集落基盤、農地等の生産基盤整備等）
	C-2	農山漁村活性化プロジェクト支援（復興対策）事業（被災した生産施設、生活環境施設、地域間交流拠点整備等）
	C-3	震災対策・戦略作物生産基盤整備事業（麦・大豆等の生産に必要となる水利施設整備等）
	C-4	被災地域農業復興総合支援事業（農業用施設整備等）
	C-5	漁業集落防災機能強化事業（漁業集落地盤嵩上げ、生活基盤整備等）
	C-6	漁港施設機能強化事業（漁港施設用地嵩上げ、排水対策等）
	C-7	水産業共同利用施設復興整備事業（水産業共同利用施設、漁港施設、放流用種苗生産施設整備等）
	C-8	農林水産関係試験研究機関緊急整備事業
	C-9	木質バイオマス施設等緊急整備事業
国土交通省	D-1	道路事業（市街地相互の接続道路等）
	D-2	道路事業（高台移転等に伴う道路整備（区画整理））
	D-3	道路事業（道路の防災・震災対策等）
	D-4	災害公営住宅整備事業等（災害公営住宅の整備、災害公営住宅に係る用地取得造成等）
	D-5	災害公営住宅家賃低廉化事業
	D-6	東日本大震災特別家賃低減事業
	D-7	公営住宅等ストック総合改善事業（耐震改修、エレベーター改修）
	D-8	住宅地区改良事業（不良住宅除却、改良住宅の建設等）
	D-9	小規模住宅地区改良事業（不良住宅除却、小規模改良住宅の建設等）
	D-10	住宅市街地総合整備事業（住宅市街地の再生・整備）
	D-11	優良建築物等整備事業
	D-12	住宅・建築物安全ストック形成事業（住宅・建築物耐震改修事業）
	D-13	住宅・建築物安全ストック形成事業（がけ地近接等危険住宅移転事業）
	D-14	造成宅地滑動崩落緊急対策事業
	D-15	津波復興拠点整備事業
	D-16	市街地再開発事業
	D-17	都市再生区画整理事業（被災市街地復興土地区画整理事業等）
	D-18	都市再生区画整理事業（市街地液状化対策事業）
	D-19	都市防災推進事業（市街地液状化対策事業）
	D-20	都市防災推進事業（都市防災総合推進事業）
	D-21	下水道事業
	D-22	都市公園事業
	D-23	防災集団移転促進事業
環境省	E-1	低炭素社会対応型浄化槽等集中導入事業

図表1－3－3　復興交付金基幹事業

　基幹事業のメニューを見ると、圧倒的に国交省所管のものが多いことがわかる。全40事業のうち、実に23事業が国交省所管である。また、ほとんど事業が、いわゆるハード整備に関わるものであることがわかるだろう（A-4、D-5、D-6が例外である。ただ、A-4の埋蔵文化財発掘調査事業は、他のハード事業を展開する前段階で必要となる「地均し」の事業である）。

基幹事業については、事業ごとに補助率が異なるが、地方負担分（いわゆる補助裏）の50%には国費が充当され、依然残された純負担分は地方交付税で措置（＝基準財政需要額に算入）される。効果促進事業については、事業費の80%を補助し、補助裏は地方交付税で措置される（なお、効果促進事業費の総額は、基幹事業費総額の35%を上限とする）。すなわち、被災自治体の側から見れば、復興交付金事業は基本的に全額国庫負担で実施することができるのである[5]。

　被災自治体は、基幹事業と効果促進事業をパッケージで盛り込んだ復興交付金事業計画を策定し、これを復興庁（出先の復興局・支所）に提出する。復興庁は事業所管省と協議の上、配分計画を策定し、自治体に交付可能額を通知。予算を事業所管省に移し替える。交付決定は事業所管省単位（※事業単位ではない）で自治体に対し行われるが、通知は復興庁を経由する。交付決定を受けた自治体は、事業所管省が定める交付要綱にしたがって、復興庁に対して交付申請を行う。窓口は復興庁が担当しているが、制度の根幹部分はあくまで事業を所管する各省が握っていることが分かる。だからこそ、とりわけ制度開始当初は「申請の窓口は復興庁に一本化されたものの、個別事業の審査では国土交通省など担当官庁とのやりとりが欠かせず、膨大な事務が必要」[6]という状況があったし、「復興庁とわたりあってきた各自治体の担当者」は「復興庁が「縦割り」を打破できていない……実質的な仕事は各省庁が進めている」[7]という印象を受けていた。

　なお被災自治体は、交付金の受け皿として基金を造成することができる。これによって、事業計画の計画期間内であれば、年度を超えた使用が可能となる。事業間の流用も可能であるが、同一省が所管する事業の間のみで認められる。このあたりもやはり、事業所管省の影響力が残されていることを示すものである。

　前項までに、復興庁の幹部職員に国交省出身者が多く、復興交付金の基幹事業には国交省所管が多いことを見てきた。そして、復興交付金という制度そのもののモデルも、「国交省的なもの」にあるように見受けられる。それは、社会資本整備総合交付金（社総交）である。この交付金は、国交省所管の個別補助金を一つの交付金に一括し、自由度が高く、創意工夫を生かせる総合的な交付金という謳い文句で2010年度に創設されたものである。

　そのしくみを簡単に概観すると、社総交を受けようとする自治体（市町村、都道府県、あるいは都道府県と市町村の共同）は、社会資本総合整備計画なるものを策定し、国交相に提出する。整備計画ごとに当該年度に交付可能な国費額が通知され、自治体は実施計画を策定した上で、交付申請を行う。整備計画に盛り込

---

[5] なお、2016年度からは、効果促進事業については、地方負担が発生することになった。負担割合は、補助裏（全体の2割）のうちの5%である。残り95%は引き続き震災復興特別交付税によって措置される。

[6] 「復興交付金に憤る被災地　初回3000億円、申請の6割のみ」『朝日新聞』2012年3月3日朝刊、7面。

[7] 「（2012総選挙＠福島）うまい・安い・遅い、変わるか復興庁」『朝日新聞2012年12月22日朝刊、27面。

むことができるメニューは、「基幹事業」として示されている。そして、メニュー外でも、基幹事業と一体となって、その効果を一層高めるために必要な事業・事務を「効果促進事業」として盛り込むことができる。復興交付金制度と交付までの流れや制度の枠組が似通っていることが分かるだろう[8]。

② 復興交付金「獲得」をめぐる政府間関係

さて、復興交付金は、同じ復興特区法による復興推進計画・復興整備計画の両制度に比べると、端的に「カネを配る」しくみであるため、被災自治体の「効用」につながりやすい制度である。だが、交付金を受けるために、被災自治体（の職員）が大きな労力を払っていることもまた事実である。そこで最後に、復興交付金をめぐる中央政府と被災自治体の「攻防」を見ていきたい。

復興交付金制度の導入が決まり、第 1 回の申請にあたって、平野達男復興担当相は「国費 100％となると、何でもかんでも要望が出てこないとも限らない」[9]、「不要不急の事業は延期するなど、増税して（復興交付金の）財源を確保していることも頭の中に入れてもらいたい。審査は厳しめにやるよう事務方に指示している」[10]と公言するような姿勢を見せていた。このような「政治」の指示があれば、「事務方」は忠実に動く。「当初は市事業で約 200 件、約 3 千億円の申請を検討した宮城県東松島市」は、「年明けに政府復興対策本部〔当時は復興庁設置前〕から精査を迫られ、約 30 件に縮小。その後も絞り込みを求められ、結局、集団移転など 17 件、65 億円にとどまった」[11]。また宮古市の幹部は、「毎週のように国から事業目的や申請額の根拠を記した書類の提出を求められたといい……「かなり厳しい協議だった」」と振り返っている[12]。あるいは、当初約 102 億円規模で考えていた申請を、復興庁の要求で二度修正し、63 億円にまで圧縮した気仙沼市の担当職員も、「大変だった」と語った[13]。復興庁が厳しく査定したというだけではなく、「復興庁は認めたのに、最終的に担当省庁に蹴られた事業もあった」という[14]。

---

[8] ただし、同じ 2010 年度に創設された農水省の農山漁村地域整備交付金にも、同趣旨の「効果促進事業」が存在する。しかしこの交付金制度には「基幹事業」という用語はない。また、交付金は都道府県に交付され、都道府県が市町村に配分するしくみになっているなど、復興交付金と制度の外形が近いのは、こちらよりも社総交と見た。

[9] 「（復興へ　点検、支援策）交付金、使いにくい　事業絞られ被災地不満」『朝日新聞』2012 年 1 月 22 日朝刊、4 面。

[10] 「復興交付金審査　平野氏「厳しく」」『読売新聞』2012 年 2 月 20 日朝刊、2 面。

[11] 「復興交付金、精査迫られ申請縮小も　自治体、制限に不満」『朝日新聞』2012 年 2 月 1 日朝刊、3 面。

[12] 「復興交付金　申請の 98％　県分 1.5 倍　市町村分は認定 7 割」『読売新聞』2012 年 3 月 3 日朝刊、33 面。

[13] 「申請の 57％、1162 億円　復興交付金、手続き煩雑・使途制限…不満噴出」『朝日新聞』2012 年 3 月 3 日朝刊、27 面。

[14] 「復興事業、申請絞り込み　交付金第 2 弾、被災 3 県が計画提出」『朝日新聞』2012

その結果、2012年3月に公表された第1回配分は、自治体からの申請4991億円（事業費ベース。国費ベースでは3899億円）に対して、配分額は3055億円（同。国費ベースで2510億円）となった。しかも県別に見ると、岩手県に要望額の9割超を交付する一方、宮城・福島両県には5割超にとどまったのである[15]。これに対して放たれた村井嘉浩宮城県知事の「名言」が、「復興庁ではなく査定庁」[16]であった。ひとり知事に限らず、そもそも申請件数を絞るよう「指導」され、さらに申請額のわずかしか交付を認められなかった（たとえば山元町ではイチゴのハウス整備に54億円を申請したが、認められたのは設計費の6500万円、二本松市は事業費ベースで100億円を超す申請を出したが、「1回目は、津波と地震で受けた被害のみが対象」と言われて配分は3000万円など）各自治体からは、不満が噴出した[17]。

　これに対して平野復興相は記者会見で「熟度[18]が低いというか、十分に計画が練れていないというもの」、「コンサルか何かから言われたものをそのまま持ってきて、よくよく精査してみたら、単価がかなり過大であったというようなもの」、「後のメンテナンスを全く考えてない〔ので〕……もう一回じっくり自治体と我々で議論したほうがいいといったもの」などを排除した結果だと説明し、「要するに復興交付金というのは、我々のほうで、しっかり見て、できるだけ無駄なものはつくらない、必要なものはつくる、そしていいものはつくると、そういう姿勢でいきたいと思います」と述べている[19]。

　そのような「弁明」にも一理はあったのだろうが、政権は、被災自治体からの非難の声や世論の盛り上がりを無視することはできなかった。野田佳彦首相は「「大盤振る舞い」を演出する必要」から「大幅増額にこだわり、復興庁に見直しを指示した」という[20]。さしもの平野復興相も「市町村とコミュニケーションをしっかりとる」よう、事務方に指示する[21]。このような「政治」の指示があれば、「事務方」は忠実に動く。5月下旬の第2回配分の申請額は事業費ベースで2139億円だったのに対し、配分額は事業費ベースで3165億円（国費ベースで2612億円）と、自治体の申請額を上回る配分を行うという、まさに「大盤振る舞い」と

　　　年4月5日朝刊、3面。

[15] 「復興交付金の配分公表　平野復興相」『朝日新聞』2012年3月2日夕刊、2面。

[16] 「復興交付金　厳しい査定に不満続出　宮城、認定57％　知事「話にならない」」『読売新聞』2012年3月3日朝刊、38面。

[17] 「復興交付金に憤る被災地　初回3000億円、申請の6割のみ」『朝日新聞』2012年3月3日朝刊、7面。

[18] ちなみにこの「熟度」は、復興庁職員がしばしば発する言葉のようで、筆者の自治体関係者へのヒアリングなどにおいても少なからず聞かれた。

[19] 2012年3月2日付記者会見。http://www.reconstruction.go.jp/topics/000608.html

[20] 「復興交付金、一転大盛り　2回目配分3166億円、申請の1.5倍」『朝日新聞』2012年5月26日朝刊、3面。

[21] 「復興交付金に憤る被災地　初回3000億円、申請の6割のみ」『朝日新聞』2012年3月3日朝刊、7面。

なった。この時、39億円の効果促進事業が認められた岩手県山田町の担当者は「こんなに認められ、正直びっくり……前回『使い勝手が悪い』と言われたのが効いたのか」[22]と語っている。額の面だけではない。宮城県亘理町の担当者は「頻繁にヒアリングに足を運んでくれた」[23]と振り返っているし、申請書類の削減や、計算式を入れた表計算ファイルの配布など、手続面での改善も行われたのである。

なお、この「申請額＜配分額」という流れは、管見の限り申請額が確認できる第10回配分まで一貫して継続している（図表1-3-4）。

【第1回から第10回までの合計額】

	事業費	国費
申請額	2兆6,505億円	2兆804億円
配分額	2兆9,897億円	2兆4,110億円

【第1回から10回までの各回の申請額及び配分額】

	申請額		配分額	
	事業費	国費	事業費	国費
第1回（24年3月2日）	4,991億円	3,899億円	3,055億円	2,510億円
第2回（24年5月25日）	2,139億円	1,696億円	3,165億円	2,612億円
第3回（24年8月24日）	1,423億円	1,109億円	1,806億円	1,435億円
第4回（24年11月30日）	7,222億円	5,690億円	8,803億円	7,148億円
第5回（25年3月8日）	2,139億円	1,625億円	2,540億円	1,998億円
第6回（25年6月25日）	545億円	442億円	632億円	527億円
第7回（25年11月29日）	2,254億円	1,755億円	2,338億円	1,832億円
第8回（26年3月7日）	2,020億円	1,629億円	2,617億円	2,143億円
第9回（26年6月24日）	570億円	427億円	702億円	542億円
第10回（26年11月25日）	3,201億円	2,532億円	4,242億円	3,365億円

図表1-3-4　復興交付金の配分額（第10回まで）
出典）復興庁「東日本大震災復興交付金制度概要［平成26年12月更新］」[24]

復興交付金制度の趨勢にさらに影響を与えたのは、2012年12月の政権交代であった。安倍晋三首相が3月7日の復興推進会議・原子力災害対策本部合同会議で「前政権で遅々として進まなかった復興を加速させる」[25]と、「前政権」を敢えて引き合いに出しているように、ここでも「政治」の意志が強く働いたのである。それを受けて、政権交代後初となる2013年3月の第5回配分に合わせて行われたのが、基幹事業の採択対象拡大であった。具体的には、津波復興拠点における地域交流センター、津波避難デッキ、駐車場など、あるいは防集跡地における緑地や公園、将来の営農再開に備えた農業用機械の導入、観光施設や自治会・町内会館など、大規模でなく、住民生活に密着した施設・設備にも、復興交付金を充てることが認められるようになったのである[26]。

基幹事業のみならず、効果促進事業についても（政権交代の前から）柔軟化が順次進められた。当初、基幹事業に関連する事業として、復興交付金事業計画に

---

[22] 「復興交付金、満額超え次々798億円　まちづくり加速」『朝日新聞』2012年5月26日朝刊、29面。

[23] 「復興事業、申請絞り込み　交付金第2弾、被災3県が計画提出」『朝日新聞』2012年4月5日朝刊、3面。

[24] http:// http://www.reconstruction.go.jp/topics/20141210_koufukingaiyou.pdf

[25] 「復興加速、自民色　交付金使途に防災施設も　住宅再建の進度チェック　政策出そろう」『朝日新聞』2013年3月8日朝刊、7面

[26] 復興庁「復興交付金の運用の柔軟化について（概要）」2013年3月8日。

盛り込まれた（というより、「盛り込むことを国に認められた」）ものに限って交付対象とされていたところ、第1回配分後の批判を受けての第2回配分（2012年5月）からは、防災集団移転促進事業・都市再生区画整理事業・市街地再開発事業・津波復興拠点整備事業・漁業集落防災機能強化事業の事業費の20%を（前4者について市街地復興効果促進事業費、後1者について漁業集落復興効果促進事業費として）各自治体に前渡しで交付し、国が示した「ポジティヴリスト」に掲げられた事業[27]に対して、事前の計画提出・承認なしで充当できるようにしたのである。

しかし、「効果促進事業では、合致したものは無審査に近い状態で認められる「ポジティブリスト」があるが、書かれていないものは、非常に煩雑な手続きが必要。それに費やすエネルギーは相当なもの」（山内隆文・久慈市長）[28]という声を受け、政権交代後初の第5回配分にあたり、ポジティヴリスト（この時点で事業数は市街地42、漁集45まで拡充）に示されたものでなくても、新しく示された「ネガティヴリスト」[29]に抵触しない限り、「復興地域づくり加速化事業」と位置付け、一括配分された交付金を充当できることとされたのである。この改正をもって、復興庁は「ポジティヴリストの廃止」と位置付けている。

かくして、時を経るごとに、復興交付金制度をめぐる情勢は、被災自治体にとって望ましいものに改められてきたように見える。しかし、問題を指摘する声は依然聞かれる。

まず何より、復興庁の「査定」はもちろん続いている。この面をとらえて、菅原茂・気仙沼市長は、「復興交付金では、私たちがやりたい土地のかさ上げとか、ことごとく蹴られています。かつて、知事は復興庁を『査定庁』と批判しましたが、我々は今こそ『査定庁』だと思います。ヒアリングをして、OK のものだけ申請させている状態ですから」[30]と訴える。たとえば南三陸町では2014年6月、被災跡地に防災機能を持つ「復興祈念公園」を整備する計画が、事前協議で「避難する人の数に比べて広すぎる」と規模縮小を迫られ、申請見送りとなった[31]。

---

[27] 市街地復興効果促進事業費については36、漁業集落復興効果促進事業費については38の事業が掲げられた。「東日本大震災復興交付金制度要綱（平成24年5月25日一部改正）」
http://warp.da.ndl.go.jp/info:ndljp/pid/3508940/www.reconstruction.go.jp/topics/youkou.pdf

[28] 「復興を問う　復興交付金　使いやすく」『読売新聞』2013年3月5日朝刊、30面。

[29] リストは次の通り。「（ア）事業又は事務の運営に係る事務的経費（人件費、賃借料、旅費等）が事業費の50%以上を占める事業又は事務、（イ）事業又は事務（実質的に一体で実施されるものを含む。）の一部に他の国の補助を充てている事業又は事務、（ウ）個人・法人の負担に充当する事業又は事務及び個人・法人の資産を形成するための事業又は事務、（エ）事業費が1億円を超える事業又は事務」。

[30] 「（問う　震災4年：5）気仙沼市・菅原茂市長　漁業の先行き、大丈夫ですか」『朝日新聞』2015年2月20日朝刊、25面。

[31] 「（「復興」2014）公園づくり、厳しく査定　復興交付金9回目、県内504億円」

町は、津波が来たら観光客や事業者を避難させると主張したが、復興庁は「周囲に高台があるうえ、観光客が訪れるほど店が再建されるか不透明」と難色を示したという。石巻市は避難道路の計画に対して度々コスト縮減を求められ、工期や工費などを見直し、事業費を約1億2千万円圧縮して2014年1月に申請を行った[32]。岩沼市の千年希望の丘（第3章で詳述）については、「復興庁は「避難場所」として丘が必要か、厳しい注文をつけた。海近くの畑や工場でふだん働く人は何人か。揺れから津波到達まで何分か。1割が逃げ遅れるとして、半径数百メートル内に救うべき人はいるか──。市は試算を繰り返し、丘の配置を変えるなど工夫した」。このように、自治体職員の（そして、立場を変えて見れば復興庁職員の）労苦は続いているのである。

　また、2012年の第3回配分のころまで、「福島県のある市の担当者」が復興庁職員に「この事業にストーリー性はないんでしょうか」と問われたり、「ある自治体幹部」が「基準なんてあるのか。復興庁の職員の胸三寸だ」と憤る[33]状況があり、当の「復興庁幹部」も「交付と不交付の境界は、だれにもわからない」と認めざるを得ない面があった[34]。

　これについて、井口経明・岩沼市長は2014年3月のインタビューで、千年希望の丘の整備に復興交付金を充てるための復興庁との折衝において、最後には幹部から「市長、もう終わりです。後は政治折衝で」と言われ、谷公一副大臣を訪ねると今度は「霞が関の役人を論破できないとだめ」と言われた、と振り返る[35]。復興庁幹部の言は、「政治」の「胸三寸」があり得ることを言明しており、一方の「政治」は、案件を役人の「論理」の世界に投げ返す。いずれにせよ、「交付と不交付の境界は、だれにもわからない」という状況が消えてはいないのである。

　柔軟化が進められた（と復興庁が謳う）効果促進事業についても、自治体の不満は残る。岩間隆・岩手県復興局副局長は、2014年3月に新聞への投稿で次のように訴えている。「特に見直しが必要と思われるのが……「効果促進事業」だ。……国は……一部を被災自治体に一括配分し、自治体は基金として積み立てている。自治体が基金を取り崩して事業を実施する際は、使い道を記した書類を国に提出するだけでよいことになっているが、実際は国が取り崩しの際にも等しく審査を

『朝日新聞』2014年6月25日朝刊、27面。

[32] 「復興交付金、避難道路設計に3億円　石巻市認められる」『朝日新聞』2014年3月8日朝刊、29面。

[33] 「震災の復興交付金の配分基準がわからん　熱意？理屈？「復興庁の胸三寸」」『朝日新聞』2012年8月23日朝刊、27面。

[34] 「復興交付金に憤る被災地　初回3000億円、申請の6割のみ」『朝日新聞』2012年3月3日朝刊、7面。

[35] 「（ここが聞きたい　震災3年：5）岩沼　「千年希望の丘」計画は」『朝日新聞』2014年3月4日朝刊、24面。ちなみに、当の谷副大臣は、その1年前のインタビューで、復興交付金制度の見直しの壁は「端的に言えば財務省」と述べている。「（とことんインタビュー）交付金使い勝手、年度内に改善　谷公一・復興副大臣」『朝日新聞』2013年2月10日朝刊、25面。

行っている。……審査が厳しいなどのために約 7 割の使い道が未定のままだ」[36]。首長からも、「使えない財布を持たされている感じ。……もう少し柔軟な発想に対して、対応してほしい」（碇川豊・大槌町長）[37]、「復興交付金の効果促進事業をまかせてほしい……これまでも、国は時間をかけて、最後には結局、我々の提案を認めている。それが復興の遅れにつながっているのです」（阿部秀保・東松島市長）[38]といった声が上がっているのである。

参考文献

礒崎初仁　2012　「東日本大震災復興特別区域法の意義と課題（上）」『自治総研』
　　403 号
安本典夫　2014　「複合的行政決定のあり方―東日本大震災復興特区法における
　　復興整備計画制度をめぐって」『大阪学院大学法学研究』40 巻 1・2 号

---

[36] 「（私の視点）復興交付金　地域の実情に応じ弾力的に」『朝日新聞』2014 年 3 月 15 日朝刊、13 面。
[37] 「（首長の本音　震災 3 年：4)」『朝日新聞』2014 年 3 月 8 日朝刊、29 面。
[38] 「（ここが聞きたい　震災 3 年：6）東松島　阿部秀保市長　国の対応で望むものは」『朝日新聞』2014 年 3 月 5 日朝刊、29 面。

第4節　まとめ

　以上、東日本大震災からの復興のために中央政府が用意した基本法および基本方針、復興庁という時限官庁、そして、復興特区制度（復興推進計画・復興整備計画・復興交付金）について論じてきた。それらから、東日本大震災の復興政策の三つの性格を導き出すことができるように思われる。

　第一に、各省縦割りの体制である。それは、各省庁がそれぞれ所管する政策をここぞとばかりに投げ込んだ結果として総花的になった復興基本方針に端的に現れていた。また、復興庁という特別の官庁は設けられたが、（当時の政権中枢の政治家の意向も働いて）各省庁から権限を移し、施策を統合的に実施するような組織とはならず、あくまで、各省庁が実施する復興施策の「総合調整」を主たる任務とすることになった。また、復興特区法に定められた復興整備計画制度や復興交付金制度が、個別法や個別制度の所管省庁の影響力を強く残す設計になっていたことも見た。

　第二に、ハード事業中心の思想である。復興交付金の基幹事業の過半は、国交省所管事業が占められており、他の省の所管事業を見ても、そのほとんどがハード整備事業である。むろん、地震と津波は多くの「ハード」に被害をもたらしたのであり、その復旧・再整備が「復興」の基盤として重要であることは間違いがない。また、このような事業には多額の予算を要するものがあり、その点でどうしても「目立って」しまうということもあろう。だが、復興はハードの復旧のみによって成し遂げられるわけではない。10年の復興期間の後半は、とりわけハードからソフトへの発想の転換が重要になるに違いない。組織や制度のあり方の見直しが課題となるだろう。関連して、復興庁の幹部職員の3分の1を国交省出身者が占め、歴代5人の次官のうち4人が国交省出身であることや、復興交付金制度のモデルが、国交省所管の社会資本総合整備交付金にあるのではないかという点も指摘したところである。このように国交省の存在感が強いことは、復興政策・施策がハード事業中心になっていることの反映でもあり、原因でもある。

　第三に、これは前の二点からの帰結とも言えるだろうが、「被災自治体本位」ではなく「制度本位」になっているということである。復興交付金制度を中心として、復興庁は、被災自治体の意見を吸い上げ、できる限りそれに応えようと、制度の修正に努めてはきた。だがそこには各省の既存制度の枠組が強く残っており、被災自治体側から見れば、「現場」の問題や課題に総合的に対応しようとしても、省庁縦割りの細切れになった制度をつまみあげ、時にその精度に現実の方をこじつけながら進めていかなければならない。第3節の最後に紹介した、被災自治体関係者の復興交付金制度に対する指摘は、まさにこのような実態の下から発せられているのだと言えるだろう。

第2章　復興体制の全体像

第1節　自治体復興計画の分析

（1）復興計画の策定状況

① 多様な「復興計画」

　震災後、多くの被災自治体は「復興計画」と題する計画を策定した。2011年6月に制定された東日本大震災復興基本法には、自治体の責務として、「東日本大震災復興基本方針を踏まえ、計画的かつ総合的に、東日本大震災からの復興に必要な措置を講ずる」ことが掲げられ（同法4条）、同年7月に政府の東日本大震災復興対策本部が決定した「東日本大震災からの復興の基本方針」は、「被災した地方公共団体による復興計画等の作成に資するため、国による復興のための取組みの全体像を明らかにするもの」であった。これらの法律や方針は、被災自治体に計画策定を義務づけるものではない。しかし、実際には、多くの自治体が復興計画を策定するに至った。

　これとは別に、2011年12月に制定された東日本大震災復興特別区域法（復興特区法）では、被災自治体は復興推進計画・復興整備計画・復興交付金事業計画という3種類の計画を策定できるとしている。復興推進計画は、規制・手続の特例や税制上の特例等を受けるための計画であり、復興整備計画は、土地利用の再編に係る特例許可・手続の特例等を受けるための計画であり、復興交付金事業計画は、復興地域づくりを支援する交付金（復興交付金）の交付を受けるための計画である。もちろん、これらの復興特区法に基づく諸計画は、前段落で述べた復興計画と無関係に策定されているわけではない。復興計画を震災復興に関する基本計画とするならば、復興特区法に基づく諸計画は事実上の実施計画として捉えることができるであろう[1]。

　以下、本節では、「復興計画」という概念を、特に断りのない限り、復興特区法に基づく諸計画を含まないものとして用いる。

② 復興計画策定の有無

　被害が特に甚大であった岩手県・宮城県・福島県に着目すると、太平洋沿岸部の市町村（岩手県内12・宮城県内15・福島県内10）は、すべて復興計画を策定している。これに対し、内陸部の市町村については、県ごとに傾向が異なる。岩手県内では、復興計画を策定した内陸部の市町村は1つもなく、宮城県内でも、策定市町村は6つにとどまるが、福島県内では、内陸部の24市町村が復興計画を策定しており、福島第一原発事故の影響が窺える。

---

[1] 松井望（2015: 220）。

また、県レベルに目を転じると、岩手県・宮城県・福島県の3県は、いずれも復興計画を策定している。

図表2-1-1　岩手県内自治体の復興計画策定状況

自治体名	基本方針		基本計画		実施計画	
	策定日	名称	策定日	名称	策定日	名称
【沿岸部】						
洋野町	2011/6/1	洋野町復興ビジョン	2011/7/28	洋野町震災復興計画		
久慈市	2011/5/2	久慈市復興ビジョン	2011/7/22	久慈市復興計画		
野田村	2011/5/27	野田村復興基本方針	2011/11/7	野田村東日本大震災津波復興計画		
普代村	2011/6/1	普代村災害復興計画基本方針	2011/9/29	普代村災害復興計画		
田野畑村			2011/9/29	田野畑村災害復興計画（復興基本計画）	2012/3/31	田野畑村災害復興計画（復興実施計画）
岩泉町	2011/5/20	岩泉町震災復興計画（骨子）	2011/9/16	岩泉町震災復興計画		
宮古市	2011/6/1	宮古市震災復興基本方針	2011/10/31	宮古市東日本大震災復興計画（基本計画）	2012/3/30	宮古市東日本大震災復興計画（推進計画）
山田町	2011/6/30	山田町復興ビジョン	2011/12/22	山田町復興計画		
大槌町	2011/6/9	大槌町震災復興基本方針	2011/12/26	大槌町東日本大震災津波復興計画（基本計画）	2012/5/23	大槌町東日本大震災津波復興計画（実施計画）
釜石市	2011/7/11	釜石市復興まちづくり基本計画復興プラン骨子	2011/12/22	釜石市復興まちづくり基本計画		
大船渡市	2011/4/20	大船渡市復興基本方針	2011/10/31	大船渡市復興計画		
陸前高田市	2011/5/16	陸前高田市震災復興計画策定方針	2011/12/21	陸前高田市震災復興計画		
岩手県	2011/4/11	東日本大震災津波からの復興に向けた基本方針	2011/8/11	岩手県東日本大震災津波復興計画　復興基本計画	2011/8/11	岩手県東日本大震災津波復興計画　復興実施計画

図表 2-1-2 宮城県内自治体の復興計画策定状況

自治体名	基本方針		基本計画		実施計画	
	策定日	名称	策定日	名称	策定日	名称
【沿岸部】						
気仙沼市			2011/10/7	気仙沼市震災復興計画		
南三陸町			2011/12/26	南三陸町震災復興計画		
石巻市	2011/4/27	石巻市震災復興基本方針	2011/12/22	石巻市震災復興基本計画	2012/2/20	石巻市震災復興基本計画実施計画
女川町			2011/9/15	女川町復興計画		
東松島市	2011/6/13	東松島市震災復興基本方針	2011/12/26	東松島市復興まちづくり計画		
松島町	2011/7/19	松島町震災復興基本方針	2011/12/28	松島町震災復興計画		
利府町	2011/9/22	利府町震災復興基本方針	2011/12/26	利府町震災復興計画		
塩竈市			2011/12/2	塩竈市震災復興計画		
多賀城市	2011/4/19	多賀城市震災復興基本方針	2011/12/21	多賀城市震災復興計画		
七ヶ浜町	2011/4/25	七ヶ浜町震災復興基本方針	2011/11/8	七ヶ浜町震災復興計画		
仙台市	2011/4/1	仙台市震災復興基本方針	2011/11/30	仙台市震災復興計画		
名取市			2011/10/11	名取市震災復興計画		
岩沼市	2011/4/25	岩沼市震災復興基本方針	2011/8/7	岩沼市震災復興計画グランドデザイン		
亘理町	2011/9/5	亘理町震災復興基本方針	2011/12/16	亘理町震災復興計画		
山元町	2011/8/4	山元町震災復興基本方針	2011/12/26	山元町震災復興計画		
【内陸部】						
栗原市			2011/12/20	栗原市震災復興ビジョン		
大崎市	2011/6/15	大崎市震災復興基本方針	2011/10/24	大崎市震災復興計画		
登米市			2011/12/14	登米市震災復興計画		
涌谷町			2012/3/1	復興まちづくりマスタープラン		
白石市			2011/9/30	白石市東日本大震災復興計画		
角田市	2011/5/31	角田市震災復旧・復興基本方針	2011/8/25	角田市震災復旧・復興基本計画		
宮城県	2011/4/11	宮城県震災復興基本方針（素案）	2011/10/19	宮城県震災復興計画	2012/3/26	宮城の将来ビジョン・震災復興実施計画

図表2-1-3　福島県内自治体の復興計画策定状況

自治体名	基本方針		基本計画		実施計画	
	策定日	名称	策定日	名称	策定日	名称
【沿岸部】						
新地町	2011/10/13	新地町復興構想	2012/1/24	新地町復興計画		
相馬市			2011/8/29	相馬市復興計画		
南相馬市	2011/8/17	南相馬市復興ビジョン	2011/12/21	南相馬市復興計画		
浪江町	2012/4/19	浪江町復興ビジョン	2012/10/12	浪江町復興計画		
双葉町			2013/6/25	双葉町復興まちづくり計画		
大熊町	2011/10/31	大熊町復興構想	2012/9/21	大熊町復興計画		
富岡町	2012/1/30	富岡町災害復興ビジョン	2012/9/26	富岡町災害復興計画		
楢葉町	2012/1/22	楢葉町復興ビジョン	2012/4/25	楢葉町復興計画		
広野町			2012/3/1	広野町復興計画		
いわき市	2011/9/30	いわき市復興ビジョン	2011/12/26	いわき市復興事業計画		
【内陸部】						
福島市			2012/2/2	福島市復興計画		
二本松市	2011/10/17	二本松市復興計画基本方針	2012/1/30	二本松市復興計画		
伊達市	2012/3/22	伊達市復興ビジョン	2012/3/22	伊達市復興計画		
本宮市			2012/1/10	本宮市震災・原子力災害復興計画		
国見町			2011/12/28	国見町復興計画		
川俣町			2012/3/5	川俣町復興計画		
大玉村			2012/3/30	大玉村復興計画		
郡山市			2011/12/27	郡山市復興基本方針		
須賀川市			2011/12/20	須賀川市震災復興計画	2012/11	須賀川市震災復興計画　実施計画
田村市	2012/3/30	田村市震災等復興ビジョン				
鏡石町			2012/3/15	鏡石町震災復興計画		
天栄村			2012/3/28	天栄村復興計画		
石川町			2012/3/8	石川町東日本大震災復旧復興計画		
白河市			2011/12/27	白河市震災復興計画		
西郷村			2012/2/23	西郷村原子力災害復興計画		
矢吹町	2011/12/12	矢吹町復興ビジョン	2012/3/12	矢吹町復興計画		
棚倉町	2012/1/31	棚倉町復興ビジョン				
塙町	2011/7/27	がんばろう"はなわ"ビジョン				
鮫川村			2012/3/15	鮫川村復興計画		
猪苗代町			2012/3/5	猪苗代町復興計画		
金山町			2012/9/28	金山町復興計画		
川内村	2011/9/16	川内村災害復興ビジョン	2013/3/15	川内村復興計画		
葛尾村	2012/2/13	葛尾村復興ビジョン	2012/12/14	葛尾村復興計画		
飯舘村			2011/12/16	いいたて　までいな復興計画		
福島県	2011/8/11	福島県復興ビジョン	2011/12/28	福島県復興計画		

③　復興計画の策定時期

　復興計画（基本計画）の策定時期を見ると、岩手県内では、7市町村と県が2011年9月までに策定を終えており、宮城県内・福島県内の自治体に比べて迅速に計画を策定している。人的被害率と策定時期との関係については、被害の小さかった市町村ほど計画策定が早いという傾向がある。その一方で、被害の大きかった

市町村が2011年12月に足並みを揃えて計画を策定しているという現象も見られる。

　宮城県内では、2011年10月から12月までの間に13市町村と県が計画を策定しており、そのうち11市町村の計画策定時期が2011年12月に集中している。人的被害率の高さと計画策定までの日数との間に、岩手県内のような正の相関は見られない。

　復興計画の策定が特定の時期に集中する現象が生じた理由は、複数考えられる。内閣府（防災担当）による被災自治体へのアンケート調査[2]の結果によれば、被災市町村が復興計画の策定時期を定めた理由の第2位は「県の復興方針、復興計画の策定時期」（30％）、第3位は「周辺の他市町村の策定時期」（23％）であり[3]、自治体自身が他の自治体に足並みを揃えようとしていた。2011年10月に総額9兆円程度の復興財源の追加が閣議決定され、第3次補正予算として同年11月に成立し、財源確保のめどが立った結果、同年10月から12月までの間に復興計画の策定が集中したという指摘もなされている[4]。さらに、後述する通り、国土交通省は、被災市町村の復興計画づくりを支援するため、「津波被災市街地復興手法検討調査」と呼ばれる一連の調査を実施したが、その調査日程が、市町村の計画策定時期を拘束したと考えられる。

　福島県内では、過半数の市町村が2012年以降に復興計画を策定しており、福島第一原発事故の収束が不確実な状況下で、計画策定を遅らせざるを得ない自治体が多かったものと考えられる。

④　地区別計画の策定

　被災自治体の中には、自治体全体としての復興計画にとどまらず、自治体内の地区ごとの復興計画等を策定したところもある。例えば、岩手県山田町は、2011年12月に策定した「山田町復興計画」の章の1つを地区別復興計画に充て、町内7地区それぞれの土地利用・交通体系・施設の配置の方針を示している。岩手県宮古市は、2011年10月に策定した「宮古市東日本大震災復興計画（基本計画）」の下位計画として、2012年3月に「宮古市東日本大震災地区復興まちづくり計画」を策定し、総論としての土地利用の基本方針および公共施設の配置方針を示すとともに、被災した市内33地区それぞれの復興まちづくりの基本的な方針や事業

---

[2] 東日本大震災により大きな被害を受けた特定被災地方公共団体（9県、178市町村）もしくは特定被災区域（222市町村）のいずれかに含まれる自治体（9県、227市町村）に対して政府の東日本大震災復興対策本部が実施した調査において、「復興計画を策定していないし、今後策定する予定もない」と回答した市町村を除いた109市町村、および特定被災地方公共団体である9県に対して、アンケート調査を実施した。

[3] 内閣府（防災担当）「東日本大震災における被災地方公共団体の復興計画の分析調査報告書」2012年3月、11頁。

[4] 松井望（2015: 226）。

手法の概略等について示した。

被災自治体へのアンケート調査の結果によれば、全体の54%の自治体は地区別計画については検討していない。25%の自治体は全体計画と地区別計画を同時に検討し、19%の自治体は地区別計画より全体計画を先に検討したと回答しており、地区別計画を先に検討した自治体は存在しない[5]。

（2）復興計画の策定方法
① 職員不足への対応

復興計画の策定には自治体職員の多大なる労力を要することは言を俟たないが、被災自治体へのアンケート調査の結果によれば、職員数の不足状況について、「人員は非常に不足しており、業務に多大な支障があった」とする市町村が21%、「人員は不足していたが、業務に大きな支障はなかった」とする市町村が53%であり、合計すると70%を超える市町村が職員不足を感じていたことになる。岩手県内・宮城県内の市町村は、「人員は非常に不足しており、業務に多大な支障があった」と回答した割合が、それぞれ27%・33%と全体平均より高かった。また、沿岸部の市町村と内陸部の市町村とを比較すると、「人員は非常に不足しており、業務に多大な支障があった」と回答した割合は、前者は29%、後者は9%であり、大幅な差があった[6]。

この職員不足への対応に大きな役割を果たしたのが、遠隔自治体からの職員派遣[7]である。震災以前から自治体間で締結されていた災害時相互応援協定に基づく職員派遣が、発災直後から始まった。関西広域連合はカウンターパート方式による支援の一環として応援府県から被災3県への職員派遣を進め、全国知事会は被災県からの派遣要請と他都道府県からの派遣申出とのマッチングを行うシステムを立ち上げた。さらに、総務省は全国市長会・全国町村会を調整役として被災市町村と派遣市町村とのマッチングを行うシステムを構築し、このシステムを通して多くの職員が被災市町村に派遣された。

また、被災自治体による任期付職員の採用や民間企業等による従業員の派遣など、さまざまな手法が活用され、被災自治体の人材確保が進められている。

---

[5] 内閣府（防災担当）、前掲、14頁。
[6] 同上、15-17頁。
[7] 稲継裕昭（2015）。伊藤哲也（2015）。

図表 2-1-4　被災自治体への地方公務員の派遣状況等

岩手県庁

派遣元等	2012/4	2012/10	2013/5	2013/10	2014/4	2014/10	2015/4
都道府県	138	160	161	163	165	172	170
指定都市	5	6	8	8	6	7	5
市区町村	0	0	0	0	0	9	0
任期付職員				263	302	304	303
民間企業等従業員				0	0	0	5

岩手県内市町村

派遣元等	2012/4	2012/10	2013/5	2013/10	2014/4	2014/10	2015/4
都道府県	27	42	106	99	160	170	178
指定都市	56	60	70	79	77	72	68
市区町村	153	182	207	225	248	251	234
任期付職員				61	94	108	171
民間企業等従業員				13	18	17	17

宮城県庁

派遣元等	2012/4	2012/10	2013/5	2013/10	2014/4	2014/10	2015/4
都道府県	226	270	251	252	252	254	235
指定都市	1	3	2	2	1	1	1
市区町村	0	0	0	0	0	0	0
任期付職員				240	347	391	350
民間企業等従業員				0	0	0	0

宮城県内市町村

派遣元等	2012/4	2012/10	2013/5	2013/10	2014/4	2014/10	2015/4
都道府県	45	74	251	251	345	348	336
指定都市	98	132	142	147	137	132	158
市区町村	299	372	450	455	447	450	416
任期付職員				232	231	290	293
民間企業等従業員				14	24	27	22

福島県庁

派遣元等	2012/4	2012/10	2013/5	2013/10	2014/4	2014/10	2015/4
都道府県	205	212	211	212	203	203	193
指定都市	1	2	2	2	2	2	0
市区町村	2	2	2	2	2	2	2
任期付職員				246	309	320	300
民間企業等従業員					10	10	12

福島県内市町村

派遣元等	2012/4	2012/10	2013/5	2013/10	2014/4	2014/10	2015/4
都道府県	4	19	53	52	56	60	73
指定都市	1	2	3	3	4	3	2
市区町村	136	144	133	132	127	126	124
任期付職員				93	115	130	127
民間企業等従業員					2	3	4

（出典）総務省公表資料に基づき作成。
＊「都道府県」「指定都市」「市区町村」
　　派遣元自治体の命令によって公務として派遣された一般職の地方公務員（消防および警察職員を除く）の人数。
＊「任期付職員」
　　「地方公共団体の一般職の任期付職員の採用に関する法律」に基づいて採用された地方公務員（民間企業等の従業員で当該民間企業等に在籍したまま採用されている者、消防および警察職員を除く）の人数。
＊「民間企業等従業員」
　　東日本大震災の被災自治体支援のため、民間企業等との協定によって派遣され、地方公務員として採用された者（復興庁から同庁職員として派遣されている者を除く）の人数。

②　国土交通省・コンサルタントの影響

　津波被害を受けた被災自治体の多くは、防災集団移転事業や土地区画整理事業などの都市計画的手法や、住民参加型のまちづくりの経験を十分に積んでいたわけではなかった。被災自治体へのアンケート調査の結果によれば、「復興に関する知識・技術を有する職員が不足した」と回答した沿岸部の市町村の割合は 24% であり、内陸部の市町村の 4% を大きく上回っている[8]。これは、沿岸部の市町村職員の専門性が内陸部より低いということを意味するものではなく、津波災害という非常事態に見舞われた沿岸部の市町村において、職員の専門性という課題が特に顕在化したと捉えるべきであろう。

　このような背景もあり、国土交通省は、2011 年 6 月より、被災市町村の復興計画づくりを支援するため、「津波被災市街地復興手法検討調査」を開始した。具体的には、以下の 5 種類の調査が行われた[9]。

　　　①被災現況等の調査・分析
　　　②市街地復興パターンの検討
　　　③被災市街地の復興に向けた共通の政策課題への対応方策等の検討
　　　④復興手法等の検討調査
　　　⑤調査全体とりまとめ

　①被災現況等の調査・分析の対象となったのは、津波による浸水被害が確認された本州太平洋岸の青森・岩手・宮城・福島・茨城・千葉 6 県の 62 市町村であり、この 6 県 62 市町村を 19 の調査単位に分け、単位ごとに調査をコンサルタント等に発注して実施した。また、②被災状況や都市特性等に応じた復興パターンの検討・分析等については、福島第 1 原子力発電所の事故に伴う警戒区域内の市町村を除き、市町村の要望に応じて 6 県 43 市町村を対象に、被災自治体の復興計画作成を支援するための概略検討調査を 30 の調査単位に分けて実施した。さらに、④復興計画に位置づけられた事業の具体化に向けた支援を行うための詳細検討調査を、43 市町村のうち調査要望のあった 26 市町村 180 地区を対象に実施した[10]。これらの検討調査も、コンサルタントに発注して行われた。

　国土交通省では、被災市町村ごとに本省職員からなる地区担当チーム[11]を編成し、これを現地に派遣することで、地元自治体の復興計画の策定を支援した。また、復興パターンの検討・分析を行う市町村ごとに、学識経験者、地区担当チーム、地元自治体、地元関係者等から構成される調査事務局を設置し、調査の円滑な遂行を図った[12]。

---

[8] 内閣府（防災担当）、前掲、16-17 頁。

[9] （国土交通省社会資本整備審議会）第 12 回都市計画制度小委員会（2011 年 7 月 4 日）参考資料 1「津波被災市街地復興手法検討調査について」。

[10] 国土交通省都市局「津波被災市街地復興手法検討調査（とりまとめ）」2012 年 4 月、2-1 頁・2-2 頁。

[11] 官・室長級 1 名、企画専門官・補佐級 2 名の合計 3 名からなるチーム。

[12] 国土交通省都市局、前掲、2-2 頁。

この国土交通省調査・コンサルタントによる支援については、被災市町村の側からも、役に立ったという意見が述べられている[13]。しかし、単に役に立つというレベルを超えて、被災市町村の意思決定を事実上拘束する側面も見られた。前述の通り、被災市町村の復興計画策定時期は 2011 年 12 月に集中していたが、同月は、国土交通省調査が④復興手法等の検討調査に移る段階であり、復興計画が策定されたことを前提に事業の具体化に向けた取り組みを進める時期に入っていた。このことが、市町村に計画決定を促す一因となったと考えられる。また、人的被害率の高かった市町村では、調査事務局が実質的に作成した復興計画案を追認せざるを得ないという状況もあったようである。

③ 県の市町村に対する影響

宮城県は、前述の国土交通省の調査と並行して、2011 年 4 月より、本来の復興計画作成主体である被災市町村に代わって県が主体となり、首長や職員の意向を把握しながら、復旧、復興、発展の方向性を示す「復興まちづくり計画（案）」を作成し、各自治体を支援するという取り組みを進めた。対象は、仙台市・松島町・利府町を除く沿岸部の 7 市 7 町であり、実際の作業はコンサルタントに委託して行われた。この「復興まちづくり計画（案）」は公表されていないが、県は、複数案を提示した模様である[14]。

県自身の復興計画である「宮城県社会資本再生・復興計画」の策定にあたっても、沿岸被災市町グランドデザインの策定は重要テーマの 1 つとされたが、その検討体制の一環として、宮城県土木部には、被災市町の復興まちづくり計画案の検討および計画策定支援を目的に、「復興まちづくり検討会」が設置された。検討会は、部技術担当次長を筆頭に復興まちづくり、都市計画、建築宅地等の関係課・室長により構成されており、担当は、復興まちづくりチーム（復興まちづくり推進室・都市計画課）であった。また、アドバイザーとして外部有識者から意見聴取を行った。

なお、県の市町村に対する影響としては、県事業である防潮堤の整備の方向性が市町村の復興計画に与えた影響も重要であるが、これについては後述する。

④ 住民参加・有識者の役割

被災自治体の多くは、復興計画の策定にあたって、有識者等により構成される検討委員会を設置した。この検討委員会に住民が委員として参加した自治体もあれば、有識者による検討委員会とは別に住民主体の会議を設けた自治体もある。宮城県沿岸部の被災町村を例にとると、これらの検討委員会等の委員属性は以下の通りであり、住民（その多くは地域における役職に就いている）・研究者・利害

---

[13] 内閣府（防災担当）、前掲、46,52,56 頁。
[14] 『河北新報』2011 年 5 月 27 日朝刊 18 面。

団体関係者（商工、漁業、医療・福祉、農業等）の割合が高いことがわかる。

図表 2－1－5　宮城県沿岸部被災市町の復興計画検討委員会等の委員属性

自治体	住民	研究者	農業	漁業、水産業	商工	医療・福祉	教育	観光	電気・ガス	金融	議員	国交省	農水省	経産省	行政	宮城県	行政OB	その他	総計
気仙沼市		7		1	8	1	2		1						2			4	26
南三陸町	24	6		1								1				1			33
石巻市	10	8	2	2	6	4	1		1									5	39
女川町	2	5		2	1	1		1								1		1	14
東松島市	15	10		2	1	1						1				1	1		32
松島町	7	4	2	2	3	4	1	3										6	32
利府町	4	3	2		1	1	2	1										2	16
塩竈市	5	4		4	2														15
多賀城市		5	1		3	1		1		1						1		2	15
七ヶ浜町	31	2																	33
仙台市		15			2	1												3	21
名取市	4	14	1	2	1		2					1	1	1		1		1	29
岩沼市	4	8	1		1						1	1				2			18
亘理町	6	4	1	1	1	2					3	1	1			2			22
山元町	10	4				1												2	17
総計	122	99	10	17	30	17	8	6	2	1	4	5	2	1	2	9	1	26	362

　都市計画など、復興関連分野の研究者たちは、これらの検討委員会に委員として参加したほか、国土交通省調査にも協力するなど、さまざまな形で被災自治体の復興計画策定に影響を与えた。

（3）復興計画の内容
①　住宅再建の諸手法：移転による再建と現地再建

　被災市町村が復興計画を策定するにあたって、津波被害を受けた市街地・集落の復興構想を示すことは重要な課題であった。住宅再建に着目すると、各市町村が打ち出した構想は、移転による再建と現地での再建とに大別される。移転による再建は、市街地・集落の内部に居住に適さない区域を設定し、外部の高台等[15]に住宅を移転するというものである。現地再建には、海岸堤防等の整備により津波に対する安全性が確保されたことを前提に、基本的に被災前と同じ位置に住宅を再建するという手法もあれば、市街地・集落の内部に土地の嵩上げや二線堤の整備などにより安全性を高めた区域を作り、土地区画整理事業等を用いて当該区域に居住地を集約するという手法もあった。

　移転による住宅再建に際して最も多く用いられた事業手法は、市町村の防災集団移転促進事業である。これは、1972 年に制定された「防災のための集団移転促

---

[15] 津波の到達しない高台への移転を目指す例が一般的であるため、「高台移転」と総称されることが多いが、第 3 章第 2 節で論じる宮城県岩沼市玉浦西地区への集団移転のように、平地への移転を行った事例も存在する。

進事業に係る国の財政上の特別措置等に関する法律」に基づく事業である。市町村は、移転促進区域の設定、住宅団地の整備、移転者に対する助成等について、国土交通大臣に協議し、その同意を得て、集団移転促進事業計画を定める。移転促進区域に設定されるのは、災害が発生した地域または災害危険区域（建築基準法39条）のうち、住民の生命、身体及び財産を災害から保護するため住居の集団的移転を促進することが適当であると認められる区域である。住宅団地の規模は、一般の場合は、10戸以上かつ移転住戸の半数以上であることを要するが、東日本大震災被災地に対しては特例が設けられ、5戸以上かつ移転住戸の半数以上であればよいとされている。事業計画の策定にあたっては、移転促進区域内の住民の意向を尊重し、移転促進区域内にあるすべての住居が移転されることとなるよう配慮しなければならない。

防災集団移転促進事業に係る以下の経費については、国からの補助がある。
- ・住宅団地の用地取得造成費用
- ・移転者の住宅建設・土地購入に対する補助費用（借入金の利子相当額）
- ・住宅団地の公共施設整備費用
- ・移転促進区域内の農地・宅地の買い取り費用
- ・住宅団地内の共同作業所等整備費用
- ・移転者の住居の移転に対する補助費用

補助率は、一般の場合は4分の3であるが、東日本大震災被災地に対しては特例が設けられ、自治体負担部分にも復興交付金および震災復興特別交付税が充当された結果、全額国庫負担となっている。

防災集団移転促進事業による住宅再建は、借入金の利子補助などがあるとはいえ、基本的に移転者の自己負担で行わなければならない。資力が乏しく、自力での住宅再建が困難な世帯に対しては、被災市町村（一部は県）が災害公営住宅の整備を進めている。

② 防潮堤の高さについて

被災市町村にとって、津波被害を防ぐための防潮堤がいかなる形で整備されるかは、市街地・集落の移転による再建か現地再建かを選択する上で重大な考慮事項である。しかし、防潮堤の整備は都道府県の事業であり、市町村が自ら主体となって実施するわけではない。では、三陸沿岸の防潮堤の高さはいかにして決まったのであろうか。

岩手県では、県に設置された津波防災技術専門委員会により調査検討が行われた。そこでは、既往最大の津波（東日本大震災）を除いて、既往第2位を検討の出発点とした。防潮堤の高さを決めるための「設計津波」を、既往第2位以下の津波から選択した。岩手県24海岸における選択状況は、昭和三陸地震13海岸、明治三陸地震8海岸、想定宮城県沖地震3海岸である。専門委員会では、市町村を交えて個別海岸の防潮堤について調整しながら設計津波を選択した。既往第2

位はあくまで検討の出発点であり、市町村との調整過程で下げるケースもあった。また、県専門委員会での検討を踏まえて県が公表した高さは、県として考える最大値であって下げる余地があるとされていた。県の検討が先行し、後から、中央防災会議専門調査会中間とりまとめ、および、農林水産省・国土交通省通知が発出されたが、これらは、基本的に県の方針を追認するものであった。

　宮城県では、県・東北農政局・東北地方整備局などの関係諸機関が参加して開催された宮城県沿岸域現地連絡調整会議において、防潮堤の高さの検討がなされた。海岸堤防の設計高さについては、数十年から百数十年に一度程度発生する「頻度の高い津波」に対応することとされ、その一方で、千年に一度と言われる今回のような「最大クラスの津波」に対しては、住民の避難を軸に、土地利用、避難施設の整備などソフト・ハードを総動員する「多重防御」の考えで減災を図るとされた。県内の海岸線を、湾の形状や山付け等の自然条件等により 22 の地域海岸に分割し、地域ごとに「設計津波」の対象地震を選択した。選択状況は、明治三陸地震 18 海岸、チリ地震 3 海岸、想定宮城県沖地震 1 海岸である。ほとんどの海岸では、この設計津波に基づき必要堤防高を算定し、防潮堤の高さを決めたが、高潮による想定水位が津波によるそれを上回る 3 海岸については、高潮を基準に防潮堤の高さを決めた。

参考文献

伊藤哲也　2015　「災害時における自治体間の職員派遣」『都市問題』106 巻 10 号

稲継裕昭　2015　「広域災害時における遠隔自治体からの人的支援」小原隆治・稲継裕昭編『大震災に学ぶ社会科学　第 2 巻　震災後の自治体ガバナンス』東洋経済新報社

松井望　2015　「復興計画の設計と運用」小原隆治・稲継裕昭編『大震災に学ぶ社会科学　第 2 巻　震災後の自治体ガバナンス』東洋経済新報社

第2節　復興交付金事業

（1）研究対象と方法

　本節では、復興交付金事業を主たる分析対象とする。

　本節の構成は以下の通りである。まず、①では、復興交付金交付額の全国的な配分と津波被災地における配分、決算総額との関係を確認する。その上で、復興交付金のうち、特に生活基盤の再建に密接な関連を持つ事業（以下、生活再建基盤事業）を抽出して把握する。②では、津波被災自治体における公務員数の推移の特徴を確認する。③では、生活基盤再建事業の執行状況を自治体別に確認する。④では、生活再建基盤事業における公務員一人あたり事業費と個別事業の執行区分（「完了」、「継続」、「廃止」、「未着手」）を掛け合わせて分散分析を施す。

　なお、復興交付金事業そのものを取り出した先駆的な業績として、事業の全体像を叙述し、クラスター分析を用いて自治体の資金配分を類型化した佐藤・坪田・今村（2014）がある。本節は、岩手県・宮城県の沿岸市町村を分析対象とし、被害程度を示す社会的な指標を用いて自治体別の分析を施す点において、佐藤・坪田・今村（2014）の手法と類似する。ただし、自治体全体の決算総額と復興交付金の関係を射程に入れている点や、公務員数など執行体制と、事業の執行状況を個票から確認する点が大きく異なっている。

（2）復興交付金事業の全体像
①　復興交付金事業の全体像

　まず、図表2－2－1は、岩手県・宮城県および福島県津波被災自治体のうち被害の大きかった4市町の復興交付金交付額と執行額の一覧である。3県の津波被災自治体向け復興交付金交付額の合計は1兆9423億円に達し、98市町村に配分された復興交付金額合計2兆459億円の実に94.9%に達している。ここから、復興交付金の大宗は、津波被災自治体を対象として交付されたことが分かる。

図表 2－2－1 岩手県・宮城県・福島県津波被災自治体の復興交付金交付額
（2014 年度末時点）

市町村名 単位	交付額 億円	契約済額 億円	執行率 %
岩手県			
宮古市	628.0	401.0	63.9
大船渡市	631.7	452.6	71.6
久慈市	51.5	33.4	64.8
陸前高田市	1206.2	961.4	79.7
釜石市	1035.8	592.0	57.2
大槌町	792.1	424.2	53.6
山田町	817.2	628.6	76.9
岩泉町	62.4	41.4	66.4
田野畑村	185.7	103.8	55.9
普代村	15.0	13.6	90.5
野田村	149.0	116.7	78.4
洋野町	20.3	13.7	67.4
宮城県			
仙台市	1624.7	1279.3	78.7
石巻市	2225.6	1521.8	68.4
塩竈市	353.8	301.1	85.1
気仙沼市	1768.3	1484.5	84.0
名取市	487.1	289.7	59.5
多賀城市	245.3	215.9	88.0
岩沼市	558.9	374.1	66.9
東松島市	1046.2	711.9	68.0
亘理町	566.1	388.5	68.6
山元町	617.0	346.8	56.2
松島町	143.0	60.1	42.1
七ヶ浜町	299.7	207.5	69.3
利府町	46.4	29.9	64.4
女川町	789.0	692.3	87.8
南三陸町	808.2	637.6	78.9
（参考）福島県			
いわき市	1042.8	871.7	83.6
相馬市	484.2	330.1	68.2
南相馬市	441.8	241.0	54.6
新地町	281.1	202.5	72.0
津波被災自治体合計	19423.6	13968.6	71.9
うち岩手県	5594.7	3782.3	67.6
うち宮城県	11579.0	8541.0	73.8
うち福島県	2249.9	1645.3	73.1
合計（98市町村）	20459.1	14779.7	72.2
（参考）津波被災自治体／総額 ％	94.9	94.5	

（出典）復興庁「復興交付金事業の進捗状況（契約状況）（平成 26 年度末）について」（平成 27 年 7 月 31 日）。

② 復興交付金額と決算総額

　次に、図表2-2-2から、岩手県・宮城県津波被災自治体別の復興交付金額と決算総額を比較しよう。

図表 2-2-2　岩手県・宮城県津波被災自治体別の復興交付金額・契約済額と決算総額、人的被害率の対比

	決算総額（2011年度-2014年度）	復興交付金交付額	契約済額	執行率	復興交付金額／決算総額	契約済額／決算総額	人的被害率
単位	億円	億円	億円	%	%	%	%
宮古市	3017.8	628.0	401.0	63.9	20.8	13.3	0.920
大船渡市	2676.7	631.7	452.6	71.6	23.6	16.9	1.031
久慈市	1055.6	51.5	33.4	64.8	4.9	3.2	0.038
陸前高田市	3793.9	1206.2	961.4	79.7	31.8	25.3	7.609
釜石市	3116.0	1035.8	592.0	57.2	33.2	19.0	2.628
大槌町	1893.0	792.1	424.2	53.6	41.8	22.4	8.200
山田町	2012.8	817.2	628.6	76.9	40.6	31.2	4.045
岩泉町	558.9	62.4	41.4	66.4	11.2	7.4	0.065
田野畑村	510.5	185.7	103.8	55.9	36.4	20.3	0.963
普代村	164.5	15.0	13.6	90.5	9.1	8.3	0.065
野田村	447.6	149.0	116.7	78.4	33.3	26.1	1.231
洋野町	566.4	20.3	13.7	67.4	3.6	2.4	0.000
仙台市	22533.5	1624.7	1279.3	78.7	7.2	5.7	0.283
石巻市	10498.3	2225.6	1521.8	68.4	21.2	14.5	2.306
塩竈市	1752.5	353.8	301.1	85.1	20.2	17.2	0.064
気仙沼市	5967.3	1768.3	1484.5	84.0	29.6	24.9	1.802
名取市	2432.1	487.1	289.7	59.5	20.0	11.9	1.585
多賀城市	1595.0	245.3	215.9	88.0	15.4	13.5	0.298
岩沼市	1958.8	558.9	374.1	66.9	28.5	19.1	1.059
東松島市	3700.7	1046.2	711.9	68.0	28.3	19.2	2.816
亘理町	1937.5	566.1	388.5	68.6	29.2	20.1	0.904
山元町	1703.2	617.0	346.8	56.2	36.2	20.4	4.717
松島町	541.3	143.0	60.1	42.1	26.4	11.1	0.259
七ヶ浜町	911.2	299.7	207.5	69.3	32.9	22.8	0.377
利府町	501.9	46.4	29.9	64.4	9.2	5.9	0.015
女川町	2104.0	789.0	692.3	87.8	37.5	32.9	8.447
南三陸町	2225.5	808.2	637.6	78.9	36.3	28.6	4.682
（参考）総額	80,177	17,174	12,323	71.8	21.4	15.4	

（出典）決算総額：総務省『市町村別決算統計調』各年度版
　　　　復興交付金額、契約済額：図表2-2-1に同じ。
　　　　人的被害率：
　　　　　分母　『国勢調査』（2010年度）
　　　　　分子　宮城県「東日本大震災における被害等状況　平成26年2月28日現在」、岩手県『岩手県東日本大震災の記録』における死者・行方不明者・負傷者合計

岩手県・宮城県の津波被災地決算総額8兆177億円に対し、復興交付金交付額の総額は1兆7174億円であり、21.4％にとどまる。個別自治体別に見ると、決算総額に占める復興交付金額比率が最も大きいのは岩手県大槌町の 41.8％であり、最も小さいのは岩手県洋野町の 3.6％である。

　なお、両自治体の人的被害率（死者・負傷者・行方不明者／住民基本台帳人口）を見ると、大槌町は 8.20％に対し、洋野町は 0.0％である。人的被害率と決算総額に占める復興交付金額比率の相関を取ると、0.673（t 値 4.553）とやや強い相関がみられる。

③ 復興交付金の事業別内訳

　次に、復興交付金事業の事業別内訳を確認する。東日本大震災復興交付金制度要綱第 10 の 2 により、復興庁が交付先自治体に報告・公表を求めている「復興交付金事業計画　進捗状況報告」の個票を利用し、津波被災自治体の復興交付金事業に関するデータベースを作成した。

　データベースから、津波被災自治体における生活再建の基盤となる 7 事業
　・漁業集落防災機能強化事業、
　・道路整備事業（高台移転に伴う道路整備）、
　・災害公営住宅整備事業、
　・津波復興整備拠点事業、
　・市街地再開発事業、
　・区画整理事業（被災市街地）、
　・防災集団移転事業[1]、
を「生活基盤再建事業」として取り出し、全体事業費、交付額、執行済額を取り出し、総交付額との関係を見たのが図 2－2－3 である。この図表から、以下の三点が確認できる。

　第一に、復興交付金事業は、主に生活基盤再建事業に充当されていたことが分かる。2011 年度－2014 年度総交付額（1 兆 7174 億円）に占める生活基盤再建事業総額の比率は、交付額（1 兆 742 億円）で 62.5％、2011 年度－2014 年度総執行済額（1 兆 2323 億円）に占める生活再建基盤事業の執行済額（8445 億円）で 68.5％に達している。

　第二に、生活再建基盤事業のうち、2011 年度－2015 年度総交付額が最も大きいのは災害公営住宅整備事業（5040 億円）であり、次いで防災集団移転事業（4469 億円）、区画整理事業（1967 億円）と続いている。

---

[1] 宮古市における防災集団移転事業の全体事業費は地区別に分割されて計上されていない。このため、宮古市「進捗状況報告」の記載に従い、以下のように足し上げ処理を行った。赤前地区防災集団移転促進事業（赤前地区、赤前上地区、赤前下地区、釜ヶ沢地区、津軽石駒形通地区）、高浜・金浜地区防災集団移転促進事業（高浜地区、金浜地区、金浜北地区、金浜南地区）。

第三に、2011 年度－2015 年度総交付額に占める 2011 年－2014 年度執行済額[2]比率を見ると、道路整備事業（高台移転に伴う道路整備）が 81.9％と高く、次いで区画整理事業（74.3％）、津波復興整備拠点事業（61.1％）と続いている。ところが、執行区分別事業数を見ると、交付額に占める執行済額が最も高かった道路整備事業（高台移転に伴う道路整備）は、22 事業中、21 事業は継続、1 事業が未着手の状態にあり、完了している事業は一つもない。

　「契約済額」は、契約に加え、交付決定、協定等により金額及び相手先が明確になった段階で計上される。つまり、その事業の執行が完了したか否かは、「契約済額」では詳らかにはならない。

　また、「復興交付金事業計画　進捗状況報告」では、事業終了年度が記載されている。したがって、2014 年度末における津波被災自治体毎の「進捗状況報告」の個別事業データのうち、「終了」年度が明記されている 1119 件については、「事業終了年度」と執行区分（「継続」、「完了」、「廃止」、「未着手」）を照らし合わせることが可能である。ところが、「継続」となっている事業 806 件のうち、「事業終了年度」が 2014 年度以前の事業は 301 件（2012 年度 35 件、2013 年度 57 件、2014 年度 209 件）に登った。以上から、「復興交付金事業計画　進捗状況報告」から個別事業の進捗状況を知ることは困難である。

　従って、以下では、主に執行区分に着目してデータセットを作成して分析を施す。

---

[2] 執行済額は契約の完了を以て計上されるため、複数年度をまたぐ契約をかわした場合、交付額よりも先に執行額が大きくなる場合もある。

図表2－2－3　生活基盤再建事業と総交付額

(億円／%)	全体事業費	交付額（国費）累計		執行済額（国費）累計	執行率	事業数	執行類型別事業数				(参考 交付額／全体事業費)	(参考 事業あたり支付済額)	(参考 事業数／事業数)
		2011年度 −2014年度	2011年度 −2015年度	2011年度 −2014年度			継続	完了	廃止	未着手			
漁業集落防災機能強化事業	807	389	486	243	50.0%	166	135	26	3	2	48.2%	2.3	15.7%
道路整備事業（高台移転に伴う道路整備）	555	214	303	248	81.9%	22	21	0	0	1	38.6%	9.7	0.0%
災害公営住宅整備事業	6,537	4,018	5,040	3,081	61.1%	468	282	130	28	28	61.5%	8.6	27.8%
津波復興整備拠点事業	1,130	561	675	438	64.9%	38	29	7	1	1	49.7%	14.8	18.4%
市街地再開発事業	203	24	29	13	45.4%	10	6	0	3	1	11.8%	2.4	0.0%
区画整理事業（被災市街地）	3,998	1,440	1,967	1,461	74.3%	171	89	67	8	7	36.0%	8.4	39.2%
防災集団移転事業	5,907	4,095	4,469	2,961	66.2%	305	266	37	2	0	69.3%	13.4	12.1%
生活基盤再建事業総額	19,138	10,742	12,970	8,445									
総交付額（平成23年度−平成26年度）	17,174												
生活基盤再建事業総額／総交付額		62.5%		68.5%									

（出典）各自治体『復興交付金事業計画　平成26年年度進捗状況（契約状況）報告』より作成。

④　津波被災自治体における公務員数の推移

　これまでの分析から、復興交付金事業は主として津波被災地の生活基盤再建事業に充当されていることを確認した[3]。ここで、生活基盤再建を担う公務員数の自治体別推移を単年度の当初予算・決算規模と並べた図表2−2−4から三点、確認しておこう。

　第一に、被災前と被災後で、岩手県・宮城県の津波被災自治体の予算規模・決算規模は著しく増加した。2010年時点での決算総額は7798億円にとどまったが、発災後の2011年には1兆4933億円（2010年度決算を100とする指数で191.5）、2012年には2兆4969億円（同320.2）に達した。2013年以降、予算・決算規模は縮減するが、2016年度予算時点でも、公表されていない東松島市を除いて依然として1兆5031億円（同192.8）に登っている。

　第二に、一般行政部門定員を見ると、2010年の1万287人に対し、2012年時点では1万489人の微増（2010年度一般行政部門定員を100とする指数で102.0）にとどまった。2015年時点では1万1014人（同107.1）とさらに微増するものの、予算・決算規模の増加には応じきれていない様子が伺える。

　第三に、個別自治体の一般行政部門定員の増減を見ていくと、人的被害率8.2%を記録した大槌町の定数は、2010年度の85名から、2011年度には73名と12名の減少となっている。やはり人的被害率が7.6%を記録した陸前高田市の定数は、2010年度の185名に比べ、2011年度には149名と36名減少した。陸前高田市が2011年の定員数を超えるのは漸く2015年になってからである。これに対し、人的被害率0.3%の仙台市の定数は、2010年度の4141名から、2011年には4290名と149名の増加を記録した。その後も、2014年の4380名まで定員を増やしている。

　つまり、罹災証明、震災廃棄物処理と復興計画の策定・執行など災害対応事務が激増した2011年と2012年において、被害状況（人的被害率）に応じた自治体職員の配分は行われていなかったこととなる。

　このことをより明快に把握できるのが、自治体別の公務員一人あたり執行額[4]を確認した図表2−2−5である。以下、三点に渡って確認しよう。

　第一に、被災前の2010年度においては、公務員一人あたり執行額の平均は6408万円であったのに対し、2011年度では1億5889万円、2012年度には3億3239万円に達している。その後、2014年度には2億747万円にまで減少するものの、震災前と比較すれば依然として3倍強の事業量の執行に直面している。

　第二に、事業規模の増減と標準偏差が連動している。2012年度の大槌町は、実

---

[3] この他の主な事業として、水産業共同利用施設復興整備事業、農山漁村地域復興基盤総合整備事業、下水道事業などを挙げることができる。佐藤・坪田・今村（2014:382）。

[4] 一般行政職員一人あたり歳出決算額を自治体別に算出し比較する手法は、会計検査院（2012: 110）でも用いられている。

に9億5267万円（被災前の13.98倍）の事業量を抱えたのに対し、同時期の仙台市は1億3867万円（1.44倍）を処理したのにとどまる。

　第三に、公務員一人あたり事業額は、人的被害率と極めて強い相関を持つに至っている。中でも2012年度には、相関係数0.907（t値10.818）となっている。

　ただし、2013年度以降は、宮城県・岩手県による不足人員の配分調整[5]が進められたこともあり一定の改善が見られる。とはいえ、甚大な被害を受けた津波被災自治体の事業執行に十分な人員配分が為されていたとは必ずしも言えない。小規模な津波被災自治体の職員は、被災して喪った家族や同僚、上司を悼む暇もなく、誰も経験したことのない膨大な復興事務事業の処理を迫られたのである。

　一方、県自身の状況にも配慮しなければならない。図表2−2−6は、被災3県／被災3県以外の都道府県の決算額と一般行政部門定数、公務員一人あたり決算額を見たものである。決算規模を見ると、岩手県は2010年の6883億円から、2012年には1兆1118億円（61.5％増）、宮城県は8175億円から1兆8278億円（123.6％増）、福島県は2010年の8264億円から2011年に2兆2312億円（170.0％増）となっている。しかし、一般行政部門定員数を見ると、3県とも2010年に比べ、2012年は微減している。2014年になると定員数の5％前後の増加が見られるものの、決算規模の増に対応した伸びとは言えない。このため、公務員一人あたり決算額は、特に被災直後の2年間において、被災3県を除く都道府県の1.5倍〜2倍程度に膨らんでいたのである。

---

[5] 伊藤哲也（2015）。

図表 2-2-4 自治体別 当初予算・決算・一般行政部門定員

市町村名	当初予算							決算					一般行政部門定員					
	2010	2011	2012	2013	2014	2015	2016	2010	2011	2012	2013	2014	2010	2011	2012	2013	2014	2015
	億円	億円	億円	億円	億円	億円	億円	億円	億円	億円	億円	億円	人	人	人	人	人	人
宮古市	304.7	302.6	502.2	854.9	511.8	627.2	481.5	295.1	507.4	980.2	826.4	703.8	481	488	466	478	480	484
大船渡市	187.9	187.4	530.1	960.3	642.9	699.6	505.4	181.3	489.8	893.5	708.0	585.3	269	276	259	264	267	261
久慈市	178.1	192.8	219.7	251.3	240.5	234.8	215.1	194.9	225.6	292.3	276.7	261.0	271	271	271	276	276	273
陸前高田市	113.4	108.0	660.6	1019.1	1293.6	1195.2	689.6	116.4	451.7	1032.5	1255.4	1054.2	185	149	162	165	175	196
釜石市	163.0	172.0	382.9	854.6	1080.0	1031.3	757.5	169.8	476.5	1083.2	756.4	800.0	298	294	302	321	328	328
大槌町	63.6	54.9	127.7	645.2	502.6	506.0	520.0	57.9	244.2	857.4	435.6	355.9	85	73	90	113	114	144
山田町	71.9	71.3	222.2	747.8	482.0	536.2	420.8	71.2	213.7	799.5	511.1	488.6	129	138	135	135	144	148
岩泉町	77.1	79.6	96.6	149.3	116.2	136.8	109.2	101.3	117.6	141.1	149.9	150.2	132	136	135	129	131	138
田野畑村	31.3	32.9	125.2	207.4	139.9	121.8	59.6	40.5	106.8	187.3	101.8	114.7	48	48	49	51	53	56
普代村	21.8	23.7	46.3	28.9	27.4	29.9	—	32.2	46.4	45.3	44.1	28.6	44	40	45	41	41	42
野田村	26.7	30.4	63.5	79.5	85.7	98.4	69.2	35.5	76.2	163.7	112.6	95.1	40	41	44	46	49	52
洋野町	100.1	104.5	121.5	125.5	112.2	111.4	111.4	113.9	137.0	136.8	156.1	136.6	175	176	183	171	168	159
仙台市	4420.7	4411.6	5786.8	5461.4	5581.1	5389.0	5066.8	3993.9	5721.9	5989.3	5398.9	5423.4	4,141	4,290	4,319	4,335	4,380	4,380
石巻市	626.6	617.5	2632.0	2260.0	2267.7	2557.7	2215.5	666.7	1811.8	3219.8	2446.6	3020.2	1,033	1,010	1,042	1,068	1,075	1,137
塩竈市	208.7	194.2	280.1	351.8	362.4	466.1	392.9	215.9	395.4	497.0	405.0	455.1	303	305	313	310	317	315
気仙沼市	270.1	279.1	1320.7	1582.8	951.7	1045.3	608.4	280.9	615.8	1983.2	1991.7	1376.6	548	542	524	555	550	553
名取市	251.6	257.4	410.9	475.7	302.4	368.0	365.7	233.3	549.8	553.6	682.0	646.8	318	344	341	360	352	362
多賀城市	190.2	199.2	237.0	252.6	272.5	291.2	270.6	194.3	374.8	400.7	369.5	450.0	317	324	317	321	316	323
岩沼市	156.3	140.6	323.9	477.6	281.0	324.4	185.7	151.1	284.0	703.1	523.2	448.6	217	216	216	221	215	216
東松島市	149.2	159.7	480.0	658.7	509.3	669.0	501.1	153.3	539.9	1206.9	1122.0	831.0	260	260	264	276	292	297
亘理町	90.1	98.0	607.2	566.4	314.0	243.8	176.1	98.4	436.4	677.4	472.8	351.0	197	200	214	235	244	242
山元町	51.4	220.6	397.3	560.6	200.8	302.8	—	54.9	249.5	716.2	486.4	251.1	118	115	125	136	141	143
松島町	52.9	52.2	65.0	139.0	86.9	128.7	89.3	56.6	94.0	164.7	124.4	158.1	106	105	110	119	120	124
七ヶ浜町	52.5	53.6	129.0	201.3	216.5	167.8	101.4	54.7	162.2	334.5	230.0	184.6	115	116	116	125	128	131
利府町	94.0	88.5	107.5	122.3	140.0	167.7	149.6	93.7	111.1	136.2	130.4	124.2	164	170	168	173	174	172
女川町	—	160.3	231.2	235.4	293.7	345.8	411.7	58.7	260.7	797.8	461.9	583.5	116	117	126	129	138	145
南三陸町	74.8	74.0	355.0	664.7	398.5	522.5	558.0	81.8	233.1	975.9	561.7	454.7	177	147	153	170	177	193
小計	8028.5	8366.6	16462.1	19934.0	17413.1	18318.2	15031.9	7798.0	14933.2	24969.1	20740.4	19533.8	10,287	10,391	10,489	10,723	10,845	11,014
	103.0	107.3	211.1	255.6	223.3	234.9	192.8	100.0	191.5	320.2	266.0	250.5	100.0	101.0	102.0	104.2	105.4	107.1

（出典）当初予算：各自治体ホームページ。

決算：図表 2-2-2 に同じ。

一般行政部門定員：総務省『地方公共団体定員管理調査』各年度版。

図表 2－2－5　自治体別公務員一人あたり執行額の推移

| | | 公務員一人あたり執行額（決算額／定員数） | | | | | 参考：人的被害率（再掲） |
		2010	2011	2012 万円	2013	2014	%
自治体別	宮古市	6,136	10,397	21,033	17,290	14,663	0.920
	大船渡市	6,739	17,748	34,497	26,820	21,922	1.031
	久慈市	7,191	8,326	10,786	10,025	9,455	0.038
	陸前高田市	6,291	30,316	63,736	76,084	60,243	7.609
	釜石市	5,697	16,208	35,867	23,563	24,390	2.628
	大槌町	6,814	33,451	95,267	38,545	31,219	8.200
	山田町	5,518	15,483	59,223	37,859	33,928	4.045
	岩泉町	7,677	8,646	10,455	11,620	11,468	0.065
	田野畑村	8,432	22,247	38,215	19,960	21,640	0.963
	普代村	7,324	11,600	10,076	10,758	6,981	0.065
	野田村	8,871	18,595	37,204	24,470	19,400	1.231
	洋野町	6,507	7,782	7,477	9,127	8,128	0.000
	仙台市	9,645	13,338	13,867	12,454	12,382	0.283
	石巻市	6,454	17,938	30,900	22,908	28,095	2.306
	塩竈市	7,126	12,965	15,878	13,065	14,357	0.064
	気仙沼市	5,126	11,362	37,847	35,886	25,028	1.802
	名取市	7,336	15,982	16,234	18,944	18,375	1.585
	多賀城市	6,129	11,567	12,641	11,510	14,241	0.298
	岩沼市	6,965	13,146	32,549	23,673	20,867	1.059
	東松島市	5,896	20,765	45,715	40,652	28,490	2.816
	亘理町	4,996	21,819	31,654	20,117	14,384	0.904
	山元町	4,649	21,696	57,294	35,766	17,808	4.717
	松島町	5,339	8,957	14,971	10,455	13,177	0.259
	七ヶ浜町	4,755	13,979	28,834	18,398	14,421	0.377
	利府町	5,711	6,536	8,110	7,535	7,140	0.015
	女川町	5,063	22,284	63,320	35,809	42,281	8.447
	南三陸町	4,620	15,857	63,786	33,043	25,690	4.682
基本統計量	平均	6,408	15,889	33,239	23,938	20,747	
	標準偏差	1,293	6,595	22,232	14,736	11,719	
	最大	9,645	33,451	95,267	76,084	60,243	
	最小	4,620	6,536	7,477	7,535	6,981	
人的被害率との相関関係	相関係数	-0.3319	0.7887	0.9077	0.8156	0.8442	
	t値	1.759	6.416	10.818	7.047	7.875	
	p値	0.091	0.000	0.000	0.000	0.000	

（出典）決算額・人的被害率　：図表 2－2－2 に同じ。
　　　　一般行政部門定員　　　：図表 2－2－4 に同じ。

図表2－2－6　被災3県の決算額と一般行政部門定員数・公務員一人あたり決算額

（下段：2010年＝100）

	決算					一般行政部門定員				
	2010	2011	2012	2013	2014	2010	2011	2012	2013	2014
	億円	億円	億円	億円	億円	人	人	人	人	人
岩手県	6,883	12,512	11,118	10,571	9,751	4,046	3,969	4,039	4,153	4,265
	100	182	162	154	142	100	98	100	103	105
宮城県	8,175	18,039	18,278	15,314	12,942	4,854	4,808	4,751	4,949	5,135
	100	221	224	187	158	100	99	98	102	106
福島県	8,264	22,312	15,773	17,942	19,105	5,488	5,584	5,423	5,601	5,759
	100	270	191	217	231	100	102	99	102	105
（参考）被災3県 を除く全国	467,274	456,795	449,649	456,705	460,357	227,289	223,107	219,204	216,782	216,191
	100	98	96	98	99	100	98	96	95	95

	公務員一人あたり決算額				
	2010	2011	2012	2013	2014
	万円	万円	万円	万円	万円
岩手県	17,011	31,524	27,528	25,454	22,863
	100	185	162	150	134
宮城県	16,841	37,518	38,471	30,943	25,203
	100	223	228	184	150
福島県	15,058	39,957	29,086	32,034	33,174
	100	265	193	213	220
（参考）被災3県 を除く全国	20,559	20,474	20,513	21,067	21,294
	100	100	100	102	104

（出典）決算　　　　　　：総務省『都道府県別決算統計調』各年度版
　　　　一般行政部門定員：総務省『地方公共団体定員管理調査』各年度版

（３）自治体別執行状況

① 自治体別生活基盤再建事業の執行状況

　図表２－２－７は、生活基盤再建事業の各事業別に、自治体毎の事業費総額、交付総額、完了済額、事業件数、完了件数を抽出したものである。

　まず、合計欄を見ると、事業件数 1163 件のうち、完了件数は 263 件であり、22.6％に達する。一方、交付総額 1 兆 815 億円に占める完了済総額は 1062 億と、9.8％に留まっている。

　自治体別に見ると、事業が完全に完了しているのは普代村（1 件中 1 件、100％）である。次いで、事業件数に占める完了件数（以下、完了件数比率）では岩泉町（6 件中 4 件、66.7％）と久慈市（12 件中 8 件、66.7％）であり、交付総額に占める完了済額比率（以下、完了済額比率）でも久慈市（8.7 億円中 5.3 億円、60.8％）である。

　一方、事業の完了件数比率が最も小さいのは石巻市（222 件中 15 件、6.8％）であり、交付総額に占める完了済額では亘理町（224.8 億円中 3.1 億円、1.4％）である。なお、事業件数と完了件数を単相関してみると‐0.612（t 値 3.98）となり、事業件数を多く抱える自治体が執行に難渋している姿が伺える。

　事業別に目を転じると、完了件数比率でも、完了済額比率でも、災害公営住宅整備事業の計数が高い（事業件数 468 件中完了件数 127 件、完了件数比率 27.1％、交付総額 4094 億円のうち完了済額 792 億円、完了済額比率 19.3％）。災害公営住宅整備事業の合計事業費に占める交付額（以下、交付率）は 63.7％と、生活基盤再建事業全体の交付率 57.1％を上回る。

　一方、市街地再開発事業、道路事業（高台移転に伴う道路整備）は、完了件数自体が皆無である。このうち、市街地再開発事業は、執行自治体は石巻市、塩釜市、多賀城市の 3 市のみであり、交付率は 11.8％と低い。道路事業（高台移転に伴う道路整備）は 8 自治体により執行されているが、交付率は 38.6％にとどまっている。ただし、70.2％の交付率に達した防災集団移転事業は、完了件数比率（290 件中 37 件、12.8％）でも、完了済額比率（4096 億円中 43 億円、1.0％）でも生活基盤事業全体を下回っていることに留意が必要である。

図表２－２－７ 自治体別生活基盤再建事業（漁業集落防災強化事業、道路事業、災害公営住宅整備事業）

単位	漁業集落防災強化事業					道路事業（高台移転等に伴う道路整備(区画整理)）					災害公営住宅整備事業				
	合計事業費 億円	交付総額 億円	うち完了済額 億円	事業件数 件数	完了件数 件数	合計事業費 億円	交付総額 億円	うち完了済額 億円	事業件数 件数	完了件数 件数	合計事業費 億円	交付総額 億円	うち完了済額 億円	事業件数 件数	完了件数 件数
宮古市	40.7	25.6	6.6	11	6	0.0	0.0	0.0		0	215.1	231.5	0.5	19	5
大船渡市	9.8	4.5	0.2	3	1	37.7	22.8	0.0		1	252.4	184.4	27.7	34	18
久慈市	9.0	6.6	3.4	8	5	0.0	0.0	0.0		0	2.1	2.1	1.9	4	3
陸前高田市	0.0	0.0	0.0	0	0	0.0	0.0	0.0		0	297.0	196.1	52.6	16	4
釜石市	77.5	37.1	0.0	14	0	0.0	0.0	0.0		0	508.5	352.9	102.7	35	12
大槌町	41.1	10.6	0.0	6	0	0.0	0.0	0.0		0	271.7	220.3	43.2	30	10
山田町	94.3	46.8	2.0	4	1	15.3	5.9	0.0		2	259.1	119.9	18.0	27	3
岩泉町	37.4	26.0	0.0	1	0	0.0	0.0	0.0		0	11.1	9.7	9.6	5	4
田野畑村	122.7	76.7	3.3	9	3	0.0	0.0	0.0		0	41.3	41.0	39.8	8	4
普代村	0.8	0.6	0.6	1	1	0.0	0.0	0.0		0	0.0	0.0	0.0	0	0
野田村	7.7	5.7	2.8	5	4	0.0	0.0	0.0		0	33.3	28.9	7.8	6	3
洋野町	7.0	3.1	0.2	3	1	0.0	0.0	0.0		0	0.6	0.5	0.5	2	2
仙台市	0.0	0.0	0.0	0	0	19.7	0.2	0.0	1	1	840.6	642.7	165.2	26	10
石巻市	92.8	9.9	0.0	24	0	80.6	35.6	0.0	11	0	1284.3	617.1	75.5	94	9
塩竈市	42.7	15.7	0.0	7	0	5.3	2.8	0.0	1	0	143.1	125.1	15.6	15	3
気仙沼市	102.8	59.7	0.5	21	1	142.0	41.4	0.0	3	0	751.3	319.9	1.2	41	3
名取市	0.0	0.0	0.0	0	0	0.0	0.0	0.0		0	83.2	49.8	0.0	4	0
多賀城市	0.0	0.0	0.0	0	0	0.0	0.0	0.0		0	167.3	132.6	47.7	8	3
岩沼市	0.0	0.0	0.0	0	0	0.0	0.0	0.0		0	52.7	46.1	46.1	2	2
東松島市	16.4	10.0	0.0	1	0	212.8	96.3	0.0	2	0	260.4	175.6	43.0	23	8
亘理町	0.0	0.0	0.0	0	0	0.0	0.0	0.0		0	153.1	132.1	0.2	4	1
山元町	0.0	0.0	0.0	0	0	0.0	0.0	0.0		0	150.1	131.3	0.0	6	0
松島町	9.0	4.7	0.5	2	1	0.0	0.0	0.0		0	13.6	13.8	0.0	3	1
七ヶ浜町	0.0	0.0	0.0	0	0	0.0	0.0	0.0		0	71.4	62.3	10.9	11	4
利府町	26.6	16.3	0.8	8	2	0.0	0.0	0.0		0	7.2	6.3	6.3	2	2
女川町	47.8	26.3	0.0	15	0	42.0	9.3	0.0	1	0	284.7	106.0	46.2	30	7
南三陸町	21.1	3.3	0.0	23	0	0.0	0.0	0.0		0	266.6	145.6	29.8	13	6
合計	807.2	389.3	20.9	166	26	555.3	214.2	0.0	22	0	6421.7	4093.7	792.0	468	127

（出典）図表２－２－３に同じ。

図表 2−2−8 自治体別生活基盤再建事業（津波復興拠点整備事業、市街地再開発事業、都市再生区画整理事業）

	津波復興拠点整備事業					市街地再開発事業					都市再生区画整理事業				
	合計事業費	交付総額	うち完了済額	事業件数	完了件数	合計事業費	交付総額	うち完了済額	事業件数	完了件数	合計事業費	交付総額	うち完了済額	事業件数	完了件数
	億円	億円	億円	件数	件数	億円	億円	億円	件数	件数	億円	億円	億円	件数	件数
宮古市	53.9	14.6	0.0	3	0	0.0	0.0	0.0	0	0	104.6	57.2	5.0	10	3
大船渡市	64.8	31.3	0.2	2	1	0.0	0.0	0.0	0	0	95.1	17.1	7.6	5	2
久慈市	0.0	0.0	0.0	0	0	0.0	0.0	0.0	0	0	0.0	0.0	0.0	0	0
陸前高田市	210.0	55.6	22.9	4	1	0.0	0.0	0.0	0	0	1203.4	342.7	30.4	10	4
釜石市	167.7	100.8	4.4	5	1	0.0	0.0	0.0	0	0	361.5	168.4	14.6	28	8
大槌町	33.4	18.4	0.8	4	1	0.0	0.0	0.0	0	0	200.0	78.7	14.6	14	9
山田町	67.8	43.2	0.0	1	0	0.0	0.0	0.0	0	0	191.6	65.7	0.7	12	1
岩泉町	0.0	0.0	0.0	0	0	0.0	0.0	0.0	0	0	0.0	0.0	0.0	0	0
田野畑村	0.0	0.0	0.0	0	0	0.0	0.0	0.0	0	0	0.0	0.0	0.0	0	0
普代村	0.0	0.0	0.0	0	0	0.0	0.0	0.0	0	0	0.0	0.0	0.0	0	0
野田村	0.0	0.0	0.0	0	0	0.0	0.0	0.0	0	0	18.7	10.6	2.1	3	1
洋野町	0.0	0.0	0.0	0	0	0.0	0.0	0.0	0	0	0.0	0.0	0.0	0	0
仙台市	0.0	0.0	0.0	0	0	0.0	0.0	0.0	0	0	36.0	4.6	3.7	2	1
石巻市	12.6	9.4	0.0	2	0	151.7	18.9	0.0	8	0	311.7	109.2	10.1	22	6
塩竈市	22.3	7.1	0.0	1	0	26.9	2.4	0.0	1	0	27.2	18.9	2.3	5	3
気仙沼市	145.2	92.3	0.3	3	1	0.0	0.0	0.0	0	0	369.2	129.9	10.9	16	5
名取市	0.0	0.0	0.0	0	0	24.4	2.7	0.0	1	0	249.2	60.9	4.0	9	4
多賀城市	54.2	33.5	0.0	1	0	0.0	0.0	0.0	0	0	15.9	6.8	0.6	2	1
岩沼市	0.0	0.0	0.0	0	0	0.0	0.0	0.0	0	0	0.0	0.0	0.0	0	0
東松島市	42.1	5.5	0.0	2	0	0.0	0.0	0.0	0	0	294.1	142.3	10.7	6	3
亘理町	0.0	0.0	0.0	0	0	0.0	0.0	0.0	0	0	0.0	0.0	0.0	0	0
山元町	128.6	86.5	0.0	4	0	0.0	0.0	0.0	0	0	8.5	6.4	6.1	3	2
松島町	0.0	0.0	0.0	0	0	0.0	0.0	0.0	0	0	0.0	0.0	0.0	0	0
七ヶ浜町	0.2	0.1	0.1	1	1	0.0	0.0	0.0	0	0	40.8	15.8	5.6	14	8
利府町	0.0	0.0	0.0	0	0	0.0	0.0	0.0	0	0	0.0	0.0	0.0	0	0
女川町	15.6	9.5	0.2	2	1	0.0	0.0	0.0	0	0	419.9	184.9	44.7	7	4
南三陸町	111.2	52.9	0.0	2	0	0.0	0.0	0.0	0	0	47.1	16.9	4.6	2	1
合計	1129.6	560.5	28.9	37	7	203.0	24.0	0.0	10	0	3994.6	1437.1	178.3	170	66

（出典）図表 2−2−3 に同じ。

図表 2－2－9　自治体別生活基盤再建事業（防災集団移転事業、合計）

	防災集団移転事業					合計						
	合計事業費	支付総額	うち完了済額	事業件数	完了件数	合計事業費	支付総額	うち完了済額	事業件数	完了件数	完了済額／支付総額	完了件数／総件数比率
	億円	億円	億円	件数	件数	億円	億円	億円	件数	件数	%	%
宮古市	176.5	139.9	0.1	7	1	590.8	468.8	12.2	50	15	2.6	30.0
大船渡市	257.7	154.1	0.0	24	0	717.5	414.2	35.7	69	22	8.6	31.9
久慈市	0.0	0.0	0.0	0	0	11.1	8.7	5.3	12	8	60.8	66.7
陸前高田市	376.6	283.3	16.7	13	8	2087.0	877.7	122.5	43	17	14.0	39.5
釜石市	153.2	122.5	0.0	14	0	1268.5	781.7	121.7	96	21	15.6	21.9
大槌町	278.9	230.2	3.8	17	10	825.1	558.2	62.4	71	30	11.2	42.3
山田町	387.7	305.4	0.9	11	3	1015.8	586.9	21.6	57	8	3.7	14.0
岩泉町	0.0	0.0	0.0	0	0	48.4	35.7	9.6	6	4	26.9	66.7
田野畑村	0.0	0.0	0.0	0	0	164.0	117.7	43.1	17	7	36.6	41.2
普代村	0.0	0.0	0.0	0	0	0.8	0.6	0.6	1	1	100.0	100.0
野田村	28.6	25.7	0.0	6	0	88.3	71.0	12.8	20	8	18.0	40.0
洋野町	0.0	0.0	0.0	0	0	7.6	3.6	0.7	5	3	20.2	60.0
仙台市	563.3	486.6	0.3	6	2	1459.6	1134.1	169.2	35	13	14.9	37.1
石巻市	1193.2	572.5	0.0	61	0	3126.9	1372.7	85.6	222	15	6.2	6.8
塩竈市	8.1	7.0	0.2	4	2	275.6	178.9	18.2	34	8	10.2	23.5
気仙沼市	591.0	437.7	4.0	42	1	2101.5	1080.8	16.8	126	11	1.6	8.7
名取市	186.9	153.3	0.0	4	0	543.6	266.7	4.0	18	4	1.5	22.2
多賀城市	0.0	0.0	0.0	0	0	237.4	172.9	48.3	11	4	28.0	36.4
岩沼市	298.6	138.7	0.3	4	1	351.3	184.7	46.4	6	3	25.1	50.0
東松島市	375.1	253.2	1.9	4	1	1200.8	682.9	55.7	38	12	8.2	31.6
亘理町	117.6	92.7	2.9	9	2	270.7	224.8	3.1	13	3	1.4	23.1
山元町	124.9	87.7	1.7	5	3	412.2	311.8	7.9	18	5	2.5	27.8
松島町	0.0	0.0	0.0	0	0	22.7	18.5	0.6	5	2	3.1	40.0
七ヶ浜町	130.6	112.6	9.0	8	1	242.9	190.8	25.6	34	14	13.4	41.2
利府町	0.0	0.0	0.0	0	0	33.7	22.6	7.1	10	4	31.2	40.0
女川町	174.1	184.5	0.7	27	0	984.1	520.5	91.7	82	13	17.6	15.9
南三陸町	414.7	309.0	0.0	24	1	860.7	527.7	34.4	64	8	6.5	12.5
合計	5837.1	4096.4	42.6	290	37	18948.5	10815.3	1062.7	1163	263	9.8	22.6

（出典）図表 2－2－3 に同じ。

②　生活基盤再建事業における執行区分別公務員一人あたり事業費平均額の分散
分析

以上の分析を元に、図表 2－2－3 で利用した『復興交付金事業計画　平成 26
年年度進捗状況（契約状況）報告』に基づくデータセットと、図表 2－2－5 で用
いた自治体あたり公務員数（2014 年度）を掛け合わせて作成した、個別事業毎の
一人あたり事業費平均額を用いて、執行区分（「継続」、「完了」、「廃止」、「未着手」）
別に確認してみよう。

図表 2－2－10　　生活基盤再建事業における執行区分別事業件費平均・事業件数

事業種別	執行区分	平均事業費 万円	事業件数 件	標準偏差
漁業集落防災強化事業	継続	56,839	135	822097.3
	完了	10,607	26	96674.2
	廃止	8,667	3	140656.8
	未着手	48,395	2	421506.4
	合計	48,626	166	763413.0
道路整備事業（高台移転に伴う道路整備）	継続	263,309	21	3396649.7
	未着手	23,250	1	
	合計	252,397	22	3354069.8
災害公営住宅整備事業	継続	187,501	284	3279712.3
	完了	73,170	127	1292103.9
	廃止	43,543	29	972284.4
	未着手	14,692	28	293828.8
	合計	137,216	468	2727699.4
津波復興整備拠点事業	継続	387,011	28	3603419.7
	完了	54,551	7	1123293.3
	未着手	76,788	1	.
	合計	313,749	36	3488053.9
市街地再開発事業	継続	201,847	6	1134853.0
	廃止	267,379	3	722696.3
	未着手	17,050	1	
	合計	203,027	10	1163613.1
都市再生区画整理事業（被災市街地）	継続	410,114	89	9244032.2
	完了	31,944	66	565474.7
	廃止	9,436	8	245781.1
	未着手	180,280	7	1674074.7
	合計	234,976	170	6942560.3
防災集団移転	継続	230,223	251	5963014.4
	完了	15,363	37	261283.9
	廃止	8,530	2	114972.7
	合計	201,281	290	5595414.7
生活再建基盤事業全体	継続	212,269	814	5072979.2
	完了	48,011	263	993800.0
	廃止	48,521	45	1005096.0
	未着手	47,181	40	946194.1
	合計	163,067	1162	4345019.9

（出典）図表 2－2－3、図表 2－2－5 に同じ。

この図から、主に以下の三点が確認できる。
第一に、生活基盤再建事業全体で見ると、執行区分が「完了」区分の平均額は

4億8011万円なのに対し、「継続」区分の平均額は21億2269万円と、4.4倍に達している。つまり、一事業あたり事業規模の大きな事業が「継続」となる傾向が明瞭に見て取れる。なお、「廃止」・「未着手」事業の事業規模は、いずれも「完了」と同程度である。

　第二に、「完了」と「継続」の双方が併存する五つの事業別に両者の特徴を確認してみると、「継続」のうち、都市再生区画整理事業（41億114万円）と津波復興整備拠点事業（38億7011万円）の大きさが目立つ。なお、都市再生区画整理事業における「完了」66事業の事業規模は3億1944万円と平均を下回っている。

　個票を確認してみると、都市再生区画整理事業の「完了」事業は、緊急防災空地整備事業（14事業）と事業計画の策定・作成事業（39事業）が大宗を占めている。つまり、計画の「完了」ではあるものの、事業実施そのものが完了しているケースはあまり見られない。計画策定事業による「完了」は防災集団移転事業でも37事業中23事業と多く見られ、平均額の少なさ（1億5363万円）に影響している[6]。

　第三に、災害公営住宅整備事業の「完了」は顕著な特徴を持つ。まず、平均額は7億3170万円に達し、「完了」区分の中で首位となっているのみならず、「継続」との差異も他の事業に比べ最も低い。個票を確認しても、駐車場整備事業を含めた事業本体の「完了」が目立っている[7]。

（4）小括

　本節の分析をまとめると以下の通りとなる。

　復興交付金の大宗は津波被災自治体を対象とし、主として生活基盤再建事業に投じられた。この結果、決算額に占める復興交付金の比率は、人的被災率と中程度の相関を見せた。他方、事業を執行する公務員数は、決算額の伸び率を下回ったことに加え、人的被災率の大きな自治体への人的資源配分は十分とは言えなかった。このため、公務員一人あたり事業費は、人的被害率と極めて強い相関を持つこととなった。

　自治体別に生活基盤再建事業を見ると、事業件数と完了件数にはやや強い相関が見られた。事業別に見ると、災害公営住宅整備事業の完了件数比率、完了済額比率が高かったのに対し、市街地再開発事業、道路事業は完了件数が皆無であった。事業別に執行区分ごとの平均値を算出すると、他の事業では計画段階の「完了」が多く、「完了」事業費が小さかったのに対し、災害公営住宅の「完了」事業

---

[6] ただし、土地区画整理事業の策定事務は47事業中37事業が完了しているのに対し、防災集団移転事業の完了は、46事業中22事業のみである。

[7] なお、個別事業における執行区分の「完了」を従属変数とし、全体事業費、交付率（交付額／全体事業費）、事業件数、公務員一人あたり事業費、財政力指数、人的被害率、計画・策定のみダミーと緊急防災空地計画ダミーを説明変数とする二項プロビット分析を行ったが、McFaddenの決定計数は0.2215と小さく、ダミー以外の変数は統計的に十分な説明力を持たなかった。

は事業本体の完了が多かった。このことは、事業執行において、まずなによりも
災害公営住宅を整備することに津波被災自治体が邁進したことを意味する。

（5）補論

　本節の分析から、生活基盤再建事業の中で、災害公営住宅の「完了」率の高さ
を確認した。実は、災害公営住宅については、事業の進捗状況を自治体別に、か
つより直近（2016年3月）のデータまで確認する手法がある。復興庁「住まいの
工程表」である。

　「住まいの工程表」は、自治体別の民間住宅等宅地、災害公営住宅の総戸数、
着工予定年度、達成率が記載されている。さらに、「住宅再建・まちづくりの復興
事業推進に係る目標（工程表）」を自治体ごとに開示している。「工程表」では、
災害公営住宅事業単独と面整備事業を行う場合の二つに分け、事業ごとに調査設
計・造成事業の工程表と年度別の供給予定戸数を開示している。

　予定年度から発災年度（2011年度）を差し引いた事業ごとの想定年数に戸数を
掛け、総戸数で割れば想定整備年数を割り出すこともできる。ただし、想定整備
年数を割り出せるには、着工時期が決まっている必要があるが、「住まいの工程表」
では「調整中」、つまり当該年月時点では未だ事業計画として確定していないと考
えられる戸数もある。このため、想定整備年数の算出にあたっては、「調整中」の
戸数を、分母・分子双方の総戸数から除いた。

　ここで、県別に計算した想定整備年数を、自治体別の民間住宅等宅地、災害公
営住宅の総戸数、着工予定年度、達成率と合わせて一表にした図表2－2－11を
掲げる。この図表から、大きく四点が確認できる。

　第一に、発災後の年月経過と共に民間住宅等宅地の整備予定戸数が減少してい
る。2012年12月の整備予定戸数を100とすると、2016年3月には岩手県では
78.0、福島県では73.6、宮城県では63.0まで減少している。

　第二に、災害公営住宅の整備予定戸数は、発災後の年月経過と共に増加してい
る。同じく2012年12月の整備予定戸数を100とすると、2016年3月には宮城
県で100.0、岩手県で102.3、福島県では251.8に増加している。

　第三に、岩手県・宮城県を比較すると、岩手県は合計に占める民間住宅等宅地
の比率が高く、特に土地区画整理事業の比率が高い。一方、宮城県は合計に占め
る災害公営住宅の比率が高く、特に防災集団移転事業の比重が高い。

　第四に、岩手県・宮城県では、民間住宅等宅地の達成率が災害公営住宅より低
い。民間住宅等宅地を構成する三つの事業（土地区画整理事業、防災集団移転事
業、漁業集落防災機能強化事業）のうち、特に土地区画整理事業の達成率が大幅
に低い。たとえば岩手県の2016年3月時点を見ると、漁業集落防災機能強化事
業の達成率73.6%、防災集団移転事業の達成率62.8%に対し、土地区画整理事業
は15.1%に過ぎない。

　なお、「住まいの工程表」は、2012年12月、2013年6月、2015年9月、2016

年 3 月の四回に渡って民間住宅等宅地の事業別内訳を開示している。2016 年 3 月を確認すると、3 県のいずれでも土地区画整理事業の想定整備年数が長くなっている（岩手県の災害公営住宅 5.2 年に比べ 6.7 年、宮城県の災害公営住宅 5.0 年に比べ 6.2 年）。なお、漁業集落防災機能強化事業の想定整備年数は、岩手県では防災集団移転促進事業よりも短いものの、宮城県では逆となっている。

図表 2－2－11　県別民間住宅等宅地・災害公営住宅戸数・達成率・想定整備年数

県	項目	単位	年	月	民間住宅等用宅地	土地区画整理事業	防災集団移転促進事業	漁業集落防災機能強化事業	事業区分不明	災害公営住宅	合計
岩手県	戸数	戸	2012	12	10,087	6,583	2,854	650		5,639	15,726
			2013	3	9,722					5,972	15,694
				6	8,743	5,459	3,021	263		6,097	14,840
				9	8,837					6,079	14,916
				12	8,405					6,038	14,443
			2014	3	8,291					5,969	14,260
				6	8,263					5,946	14,209
				9	8,231					5,946	14,177
				12	8,293					5,933	14,226
			2015	3	8,237					5,921	14,158
				9	8,064	5,648	2,000	416		5,771	13,835
			2016	3	7,863	5,429	2,097	337		5,771	13,634
	達成率	%	2013	3	0.0					2.0	0.8
			2014	3	3.0					9.6	5.8
			2015	3	12.3					25.8	17.9
			2016	3	30.3	15.1	62.8	73.6		54.9	40.7
	想定整備年数	年	2012	12	3.8	3.0	3.8	4.2		3.9	3.9
			2013	6	5.1	5.6	4.6	3.9		4.1	4.7
			2015	9	6.1	6.6	5.1	4.5		5.2	5.7
			2016	3	6.2	6.7	5.2	4.5		5.3	5.8
宮城県	戸数計	戸	2012	12	15,432	6,318	8,918	121	75	15,485	30,917
			2013	3	13,068					15,381	28,449
				6	13,027	4,013	8,891	123	0	15,442	28,469
				9	12,057					15,342	27,399
				12	11,808					15,543	27,351
			2014	3	11,575					15,465	27,040
				6	10,867					15,505	26,372
				9	10,419					15,525	25,944
				12	10,466					15,992	26,458
			2015	3	10,466					15,988	26,454
				9	10,420	3,857	6,534	29	0	15,924	26,344
			2016	3	9,728	3,673	6,026	29	0	15,482	25,210
	達成率	%	2013	3	0.9					0.3	0.6
			2014	3	3.1					8.7	6.3
			2015		21.4					33.1	28.5
			2016	3	54.9	21.8	75.2	27.6	－	61.6	59.1
	想定整備年数	年	2012	12	4.2		4.2	5.0		4.1	4.1
			2013	6	5.0	5.8	4.8	4.8		4.2	4.6
			2015	9	5.5	6.3	5.0	5.6		5.0	5.2
			2016	3	5.4	6.2	4.9	6.0		5.0	5.2
福島県	戸数計	戸	2012	12	2,541	1,740	801	0	0	3,132	5,673
			2013	3	2,525					3,098	5,623
				6	2,501	1,740	761	0	0	3,138	5,639
				9	2,469					3,606	6,075
				12	2,075					4,139	6,214
			2014	3	2,205					7,609	9,814
				6	2,291					7,509	9,800
				9	2,186					7,604	9,790
				12	2,060					7,592	9,652
			2015	3	1,863					7,592	9,455
				9	1,854	1,207	647	0	0	7,878	9,732
			2016	3	1,869	1,207	662	0	0	7,885	9,754
	達成率	%	2013	3	1.9					2.6	2.3
			2014	3	11.7					4.7	6.3
			2015		32.4					28.0	28.9
			2016	3	39.1	8.9	94.1	－	－	47.8	46.1
	想定整備年数	年	2012	12	3.1		3.1			3.8	3.6
			2013	6	5.1	6.0	3.1			3.9	4.5
			2015	9	5.4	6.2	3.8			5.4	5.4
			2016	3	5.4	6.3	3.9			5.4	5.4

（出典）復興庁「住まいの工程表」各自治体個票より筆者作成。

次に、「住まいの工程表」を利用し、岩手県・宮城県・福島県の自治体別に計画戸数、想定整備年数、民間住宅等比率、達成率を算出する。

まず、図表2－2－12に、想定整備年数のヒストグラムを掲げる。

2012年10月時点では、41の自治体が災害公営住宅の建設を予定していた。このうち、31の自治体が5年未満での完成を予定しており、加重平均を施した平均想定整備年数は4.0年だった。しかし、2016年3月時点では、加重平均を施した平均想定整備年数は5.4年にまで延長した。ヒストグラムを見ると、6年～6.5年がピーク（17自治体）となっており、7.5年以上となる自治体もある。

図表2－2－12　岩手県・宮城県・福島県の自治体別想定整備年数
　　　　　　　（2012年12月、2016年3月）

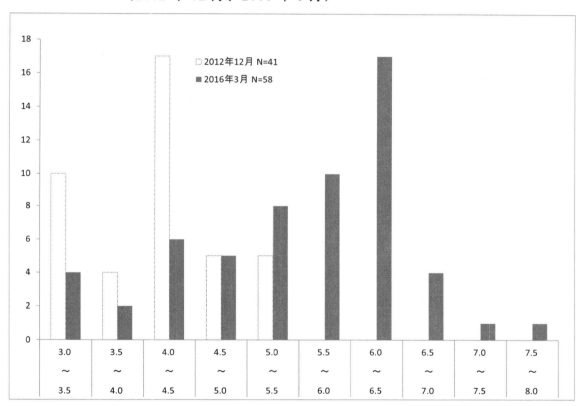

（出典）図表2－2－11に同じ。

ただし、福島県内での公営住宅整備計画がヒストグラムの形状に影響している。福島県内において2012年10月時点で災害公営住宅の建設を予定していたのは9自治体であったが、2016年3月では25自治体に増加している。そこで、以下では、宮城県・岩手県の津波被災自治体に絞って変数間の単相関行列を掲げる。結果は図表2－2－13の通りである。

第一に、達成率と想定整備年数の相関係数が有意に負である。特に2015年9月に至っては－0.919と極めて高い。想定整備年数が短いほど達成率が高いこと

がはっきり見て取れる。

　第二に、達成率と想定整備年数変化指標は 1%有意に負、計画戸数（2012 年 12 月）、民間住宅等比率（2013 年 9 月）は 5%有意に負である。計画戸数が大きいほど、想定整備年数が長くなるほど、民間等住宅比率が高くなるほど達成率は低くなる。

　第三に、達成率と人口対計画戸数は 1%有意に負、人的被害率、公務員一人あたり決算額の相関係数は 5%有意に負である。つまり、人口対計画戸数が多いほど、人的被害率が高いほど、公務員一人あたり決算額が大きいほど達成率は低くなる。

　そして、これら三つの変数は相互に極めて強い関連がある。特に、人的被害率と人口対計画戸数は 0.941 と極めて高い正の相関がある。さらに、三つの変数すべてが課税対象所得変化率（2010 年と 2015 年、つまり被災前と被災後）に強い相関がある。つまり、人的被害率の高い地域ほど、課税対象所得の回復が遅れているという現実が浮かび上がる。

　そして、2010 年の課税対象所得を一人あたりに換算して単相関を取ると、高齢化率との相関が高い（−0.862）。これは、一人あたり課税対象所得が低い地域ほど高齢化率が高い傾向が被災前から存在したことを意味する。

　以上の単相関行列を前提として、達成率（2015 年 3 月、2016 年 3 月）、想定整備年数（2016 年 3 月）を従属変数とする重回帰分析を行った。独立変数として、
　・計画戸数（2012 年 12 月）
　・計画戸数変化指標
　・人口あたり計画戸数（2012 年 12 月）
　・民間住宅等比率（2013 年 9 月）
　・区画整理事業比率（2012 年 12 月）
　・基本計画策定日数
　・高齢化率
　・課税対象所得変化指標（2015 年度対 2010 年度）
を投入し、ステップワイズ法により変数を選別した結果を図表 2−2−13 に掲げた。

　すべての従属変数に対して有意であったのは区画整理事業比率である。また、2015 年 3 月の達成率、2016 年 3 月の想定整備年数に対して課税対象所得変化指標が有意であった。つまり、区画整理事業を選択すれば整備期間が長くなる。さらに、区画整理事業比率を統制すると、課税対象所得変化指標が高いほど想定整備年数は短くなり達成率は向上する。端的に言えば、民間経済の復興が停頓している自治体ほど想定整備年数は長くなり、達成率は遅れていることが見て取れる。

図表２－２－１３　達成率、計画戸数、想定整備年数、民間住宅等比率らの単相関行列

	計画戸数 2012年12月	計画戸数変化指標2016年3月 (2012年12月=100)	達成率 2016年3月	想定整備年数 2016年03月	想定整備年数変化指標 2016年3月 (2012年12月=100)	民間住宅等比率 2013年09月	土地区画整理事業比率 2012年12月	基本計画策定日数	人口 (2010年12月)	人的被害率	人口あたり計画戸数 (2012年12月)	公務員一人あたり決算額	高齢化率 (国勢調査 2010年度)	課税対象所得変化率 (2015年対2010年)	一人あたり課税対象所得2010年
計画戸数 2012年12月	1	-.295	-.450	.530	.236	.257	.426	.284	.319	.351	.360	.275	.069	-.201	.093
計画戸数変化指標2016年3月 (2012年12月=100)	-.295	1	.245	-.252	-.167	-.306	-.321	.116	.108	-.366	-.365	-.279	-.146	.114	.159
達成率 2016年3月 (有意確率)	-.450	.245	1	-.919	-.720	-.442	-.661	-.099	.180	-.509	-.556	-.396	-.290	.319	.162
想定整備年数 2016年03月	.530	-.252	-.919	1	.725	.024	.000	.631	.378	.008	.003	.046	.151	.112	.428
想定整備年数変化指標 2016年3月 (2012年12月=100)	.236	-.167	-.720	.725	1	.037	.675	.142	-.152	.432	.463	.289	.079	-.252	.176
民間住宅等比率 2013年09月	.257	-.306	-.442	.024	.037	1	.336	-.325	-.256	.532	.585	.472	.629	-.421	-.646
土地区画整理事業比率2012年12月	.426	-.321	-.661	.000	.675	.336	1	.130	-.153	.500	.585	.406	.257	-.140	-.129
基本計画策定日数	.284	.116	-.099	.631	.142	-.325	.130	1	.095	.274	.193	.338	-.064	-.272	.152
人口 2010年12月	.319	.108	.180	.378	-.152	-.256	-.153	.095	1	-.178	-.203	-.225	-.365	.212	.501
人的被害率	.351	-.366	-.509	.008	.432	.532	.500	.274	-.178	1	.941	.906	.434	-.806	-.309
人口あたり計画戸数 2012年12月	.360	-.365	-.556	.003	.463	.585	.585	.193	-.203	.941	1	.858	.489	-.752	-.364
公務員一人あたり決算額 2013年度	.275	-.279	-.396	.046	.289	.472	.406	.338	-.225	.906	.858	1	.435	-.755	-.419
高齢化率 2010年度	.069	-.146	-.290	.151	.079	.629	.257	-.064	-.365	.434	.489	.435	1	-.406	-.862
課税対象所得変化率 2015年対2010年	-.201	.114	.319	.112	-.252	-.421	-.140	-.272	.212	-.806	-.752	-.755	-.406	1	.230
一人あたり課税対象所得 2010年	.093	.159	.162	.428	.176	-.646	-.129	.152	.501	-.309	-.364	-.419	-.862	.230	1

（出典）復興基本計画策定日数　：自治体ホームページより筆者作成。

人口、人的被害率　　　：図表２－２－２に同じ

公務員一人あたり決算額　：図表２－２－５に同じ

課税対象所得　　　　　：総務省「市町村別課税状況調」

図表 2-2-14 達成率、想定整備年数を従属変数とする重回帰分析結果（ステップワイズ法）

独立変数 項目	算定式	達成率 2015年3月 β	標準化	t値	達成率 2016年3月 β	標準化	t値	想定整備年数 2016年3月 β	標準化	t値
変数項										
定数項 2012年12月		-36.519		-0.812	83.395		13.168	6.615		6.312
区画整理事業比率 2012年12月	区画整理事業戸数／総戸数	-0.951	-0.575	-3.834	-0.996	-0.661	-4.318	0.031	0.700	5.446
課税対象所得変化指標	課税対象所得(2015年／2010年)	0.974	0.330	2.200				-0.023	-0.285	-2.215
除外された変数										
課税対象所得変化数	課税対象所得(2015年／2010年)					0.231	-1.225			
計画戸数 2012年12月			-0.249	-1.538		-0.205	0.217		0.218	1.581
計画戸数変化指標	計画戸数(2016年3月／2012年12月)		-0.099	-0.621		0.036	-1.570		0.006	0.044
民間住宅等比率 2013年9月	民間住宅等／総戸数		-0.066	-0.378		-0.248	-0.081		-0.025	-0.167
基本計画策定日数	基本計画策定年月日－発災年月日		-0.164	-1.063		-0.013	-1.393		0.181	1.390
人口あたり計画戸数 2012年12月	計画戸数(2012年12月)／国勢調査人口		0.302	0.905		-0.258	-0.805		-0.059	-0.202
高齢化率 2010年度	高齢者人口／国勢調査人口		0.067	0.393		-0.129	1.535		-0.101	-0.697
決定計数		.493			.437			.627		
自由度調整済決定計数		.448			.414			.595		
N		26			26			26		
F値		11.2			18.6			19.3		

（出典）筆者作成。

参考文献

伊藤哲也　2015　「災害時における自治体間の職員派遣」『都市問題』第 106 巻第 10 号

会計検査院　2012　「東日本大震災からの復興等に対する事業の実施状況等に関する会計検査の結果について」（会計検査院法第 30 条の 3 に基づく報告書）

佐藤翔輔・坪田亜由子・今村文彦　2014　「東日本大震災復興交付金事業に関する分析──発災から 3 年間に岩手県・宮城県の沿岸市町村に適用された事業について」『津波工学研究報告』第 31 号

第3章　東日本大震災からの自治体復興

　第2章において、津波被災地における自治体復興計画を概観すると共に、復興交付金事業を定量的に分析した。これに対し、本章では、自治体ごとの復興計画の立案過程および執行過程を分析する。事例調査を採用する理由は主に以下の二点である。

　第一に、「誰が」、「なぜ」震災復興計画を策定したのかを明らかにするためである。定量分析は、客観的なデータを基に統計分析を通じて傾向を抽出・分析することはできるが、「なぜそうなったのか」「誰がそうしたのか」について詳らかにすることはできない。事例調査はこの空隙を補い、復興計画策定・執行のアクター（被災住民、社会集団、被災自治体職員、応援職員、県、各省及びコンサルタント）を具体的な出来事（event）ごとに措定することが可能である。

　第二に、震災復興計画が「どこで」「どのように」決まったのかを明らかにするためである。第2章で確認したように、内閣府（防災担当）「東日本大震災における被災地方公共団体の復興計画の分析調査報告書」（2012年3月）では、地区計画の策定を検討した自治体は過半数を越えなかったとまとめられている[1]。しかし、本章各節で確認するように、自治体の震災復興計画は、実際には地区計画単位で策定され、執行されるケースが少なくない。地区計画を策定した／しなかった自治体の差異と、その理由を確認する手法として、事例調査は適切な調査手法である。

　事例調査先については、地区計画の有無に加え、平成の市町村合併の有無、主導性の所在（住民／被災自治体）、他自治体の協力状況、県および各省の協力状況などを意識した上で、以下の四つの自治体を選定[2]した。

　第1節では、岩手県宮古市、特に、田老地区（旧田老町）を中心に取り上げる。旧田老町は昭和三陸津波からの復興において、防潮堤建設を進め、「万里の長城」と呼ばれた大堤防を整備した。東日本大震災からの復興において、防潮堤の整備を巡って住民の意見が先鋭的に対立した事例である。また、平成の市町村合併の影響を確認する上で好例である。

　第2節では、宮城県岩沼市を取り上げる。岩沼市は、復興計画策定・執行のトップランナーとして先陣を切って震災復興計画の策定と復興事業先の選定を進め、事業執行を成し遂げた。いち早い執行がなぜ可能だったのかを検証する上で好例

---

[1] 個票結果が存在しないため、地区計画の策定を検討しない自治体／した自治体について詳らかに知ることはできない。

[2] 究極的には、研究対象に対する「完全な情報」が存在しない以上、調査先の意義をア・プリオリに問う意義は薄いと考える。別注で改めて述べるが、事例調査による問題発見と比較分析を通じ、調査対象としていない自治体における復興計画・実施状況に関する事例研究の指針となりえる分析枠組みに彫琢していくことが本章の目的である。

である。

第3節は、宮城県山元町を取り上げる。山元町は発災直後からコンパクトシティ計画構想を掲げ、災害危険区域の設定や集約化を前面に押し出した復興計画の策定で全国的に大きな話題を呼んだ。東日本震災復興基本法で掲げる基本理念である「二十一世紀半ばにおける日本のあるべき姿」を最も真摯かつ真剣に追及した事例と捉えることもできる。

第4節では、岩手県大船渡市を取り上げる。大船渡市は、防災集団移転事業において既存市街地内への小規模移転（差し込み型移転）を進める一方で、大船渡地区においては行政主導型の大規模移転事業を試みており、山元町との対比を含めて事例調査の対象に相応しいと考える。

本章では、これら四つの自治体における復興計画の策定過程と実施過程に関する事例調査を行う。それを通じ、我が国の津波被災自治体における震災復興計画の策定と実施における分析上の理念形を帰納的に定置する[3]ことを目指す。

参考文献

井手英策　2013　「序章　財政学批判としての比較財政史——財政社会学の方法論的豊富化のために——」井手英策編『危機と再建の比較財政史』ミネルヴァ書房、1-22頁

前田健太郎　2013　「事例研究の発見的作用」『法学会雑誌』第54巻第1号、449-473頁

---

[3] 既に知られている理論の説明力を検証するためではなく、政治現象を引き起こす未知のメカニズムを発見し、新たな説明を組み立てるために事例研究を用い（「事例研究の発見的作用」）、その際、説明対象としての事実（fact）（何らかの状態が存在していること）と出来事（event）（何かが生起すること）とを区別する方法論として、前田健太郎（2013: 449-473）がある。また、ウェーバーの「理念型」の枠組みを用いて帰納的に比較分析の枠組みを構築する方法論として、井手英策（2013: 2-4,12-17）がある。

第1節　宮古市の復興

（1）田老の復興まちづくりと住まいの再建

①　田老の被災状況

　宮古市田老はこれまでも度々津波を経験している。

　1896年の明治三陸津波の波高は13.64mで家屋被害230戸、死者1400名、負傷者1340名という大きな被害をうけ、山麓に6尺（1.8m）ほど嵩上げして集落を移転しようとしたが義捐金のみでは工事が進まず、結局現地再建した。1933年には昭和三陸津波が襲来した。波高10.1mで家屋被害（流失・倒壊）493戸、死者・行方不明者889名と記録されている。昭和三陸津波後は高台移転も検討されたが、当時の村長関口松太郎のリーダーシップもあり、防浪堤を築き、その内側に住民の避難を考慮した道路網を整備したうえで、集落を再建することとなった。この防浪堤が完成したのは1958年のことだったが、その頃になると防浪堤の外側でも市街化がはじまり、第2防潮堤（1956-1965）、第3防潮堤（1973-1978）が建設されると、第1防潮堤と第2防潮堤に挟まれた地区（野原）と第1防潮堤と第3防潮堤に挟まれた地区（野中）の市街化はますます促進された。また、海側にある第2防潮堤と第3防潮堤は「一線堤」、内側にある第1防潮堤は「二線堤」と呼ばれている。

　旧田老町は、昭和三陸津波から70年経過した2003年3月3日に「津波防災の町」を宣言するなど防災に力を入れてきた自治体だった。2005年6月6日に宮古市・田老町・新里村が合併し新市として宮古市が設置された。また同年9月1日には地方自治法の規定に基づく地域自治区及び地域協議会が設置された。

　東日本大震災の際に田老では、津波が海側の一線堤を破壊し、二線堤も越流し、浸水面積は121.21haにわたり、浸水高はT.P.（東京湾平均海面）+7.1～14.7m、最大浸水深が13.9m（野中地区）に達した。この津波によって、死者161名（乙部・田老）、建物被害棟数は1076棟（流失851棟、全壊（撤去）51棟、全壊（条件付再生可）62棟）など）という甚大な被害をうけた。

②　田老の自治会等の被災前後の状況

　旧田老町には、宮古市と合併する以前から自治会があった。その歴史はあまり古くはなく、平成に入ってから田老町教育委員会が音頭をとって全地区でつくった。そして自治会の上部には、平成6年に設立された「田老町自治会連合会」（合併後は「田老地区自治会連合会」）があった。震災前は、全集落が自治会に属し、地区対抗「田老地区体育大会」をはじめ、年間を通して地域の催しが盛んだった[1]。震災前は31の自治会が設置されていたが、震災後に10自治会が解散した。

---

[1] 山口翠（2015）別添資料　表2。

図表 3-1-1　旧田老町の建物被害状況（棟数）

建物被害状況(棟数)(田老)

地区名		流失	全壊(撤去)	全壊(条件付再生可)	大規模半壊	半壊(床上浸水)	一部損壊(床下浸水)	総計
摂待		12						12
真崎		3						3
田老中心部	ケラス		4			1		5
	荒谷	157	17	8	2	2		186
	館が森	154	11	16	12	9		202
	川向	123	7	1				131
	水沢	1						1
	計	435	39	25	14	12	0	525
三鉄周辺	田の沢					1	1	2
	田中	35	3	2	5	4	2	51
	小林	10	1	21	10	18	11	71
	小田代	2	2	2	6	8		20
	古田					3	1	4
	計	47	6	25	21	34	15	148
向山側	川向(向山側)	20						20
	向山	69						69
	西向山		1	5	6	3		15
	計	89	1	5	6	3	0	104
野原側	乙部	58	1			2	4	65
	野原	160	3	3				166
	川向(野原側)	33				1		34
	青砂里	29	1	4				34
	計	280	5	7	0	3	4	299
田老 計	計	851	51	62	41	52	19	1,076
	計	866	51	62	41	52	19	1,091

被災現況調査(7/5)

（出典：宮古市「宮古市の被害状況（平成 23 年 7 月 25 日）」
2011 年 7 月 25 日　第 1 回宮古市東日本大震災復興計画検討委員会　資料 2)

図表 3-1-2　田老町の津波防災対策概要

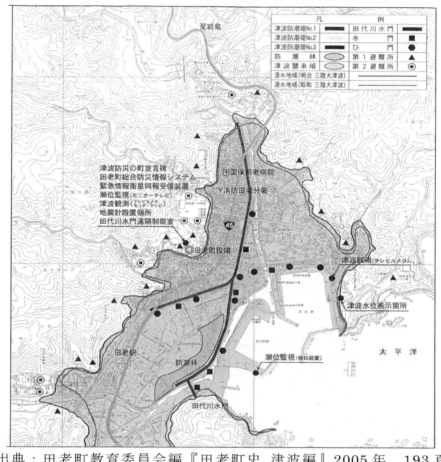

(出典：田老町教育委員会編『田老町史　津波編』2005 年、193 頁)

③　被災後の住宅再建の意向

　田老地区自治会連合会長の小向源一郎氏は、「財産が一瞬にして奪われた。子や孫の未来を考えると、やはり高台移転しかない」との考えで、4 月中旬に自治会に呼びかけ、高台移転について話し合ったが、国道 45 号を堤防代わりに嵩上げして現地再建を望む意見もあり、意見はまとまらなかった[2]。

　北海道奥尻町において、嵩上げ現地再建と高台移転にわかれた様子を視察した北村進議員は、「田老地区が 2 つに分断されることなく、1 つの町として、(…中略…)、住民合意のもとに、旧防浪堤の内側と外側を産業地区・居住地区と分けてまちづくりを進める。職住分離の考えを基本にしたまちづくりを図っていくべき」と、2011 年 6 月の定例会で発言し、もとの市街地と高台に居住地がわかれることへの懸念を示している。

　しかしながら、2011 年 7 月に宮古市が行った「復興に向けた計画づくりに関するアンケート調査」(2011 年 7 月 8 日発送、7 月 26 日返送締切。配布数　市全体

---

[2]　「震災 3 カ月、移住難題　71 歳「元の場所でやり直せないのか」　高台集約、漁師反発」朝日新聞 2011 年 6 月 11 日。

6644 世帯、田老地域 1172 世帯、8 月 16 日時点の回収状況 654 世帯）の結果によると、近くの高台に新築との回答が 27.3% で最も多く、市内に新築が 11.6%、同じ場所に新築が 7.1% で続き、移転の希望場所が被災後から分散する傾向にあった。

図表 3－1－3　宮古市「復興に向けた計画づくりに関するアンケート調査」結果【田老地域版】

住みたい場所×考えている住まいのクロス

11. 田老	考えている住まい								
住みたい場所	既に補修	補修予定	新築	民間賃貸	公営住宅	未定	その他	無回答	計
同じ場所	12	9	40		4	14	2	8	89
	2.1%	1.6%	7.1%	0.0%	0.7%	2.5%	0.4%	1.4%	15.9%
近くの高台など	4	3	153	1	37	52	1	13	264
	0.7%	0.5%	27.3%	0.2%	6.6%	9.3%	0.2%	2.3%	47.1%
市内		1	65	5	19	50	2	4	146
	0.0%	0.2%	11.6%	0.9%	3.4%	8.9%	0.4%	0.7%	26.1%
市外			9	1	1	6	4	2	23
	0.0%	0.0%	1.6%	0.2%	0.2%	1.1%	0.7%	0.4%	4.1%
その他			5			9	4		18
	0.0%	0.0%	0.9%	0.0%	0.0%	1.6%	0.7%	0.0%	3.2%
無回答	1		1	1	1	2	1	13	20
	0.2%	0.0%	0.2%	0.2%	0.2%	0.4%	0.2%	2.3%	3.6%
計	17	13	273	8	62	133	14	40	560
	3.0%	2.3%	48.8%	1.4%	11.1%	23.8%	2.5%	7.1%	100.0%

（出典：2011 年 9 月 22 日　第 1 回田老地区復興まちづくりの会　資料 1)

　また、田老においては、被災前の居住ゾーン（荒谷、館が森、川向、水沢、田の沢、田中、小林、小田代、古田、川向（向山側）、向山、西向山、乙部、野原、川向（野原側）、青砂里）による住宅再建場所（嵩上げ市街地、乙部の高台）の意向差はほとんどなかったという。

④　宮古市東日本大震災復興計画の策定体制・策定経緯

　震災から一か月後の 4 月 19 日、市長を本部長とし、部長級職員が本部員となる東日本大震災復興本部が設置された。本部員を送り込む各部には復興計画の素案を策定する権限が付与された[3]とともに、本部は震災復興基本方針、震災復興計画の策定に携わる決定機関であると位置付けられた[4]。

　3 回の本部会議を経た後、6 月 1 日に「宮古市震災復興基本方針」（以下、基本方針）が策定された。基本方針では、復興計画について「復興対策を迅速かつ効率的に実施するための総合的な計画」とした上で、「市民、地域自治組織、市民活動団体、企業・事業者など宮古市に関わるすべての人々が一丸となって復興に取り組むための指針」と位置付け、推進体制の一翼に「外部検討組織」を設置することをうたった。ただし、「参画と協働」の本文が「適切な情報提供と意見聴取」

---

[3] 復興計画の基本方針は復興本部会議より原課に提案を出すよう指示し、原課から出た政策提案を盛り込んでいった。

[4] 「復興計画策定体制」『第 1 回宮古市東日本大震災復興計画検討委員会』（2011 年 7 月 25 日）提出資料。

であり、すでに述べたように市長を本部長とする宮古市復興本部が策定権者である体制が形成された後では、「外部検討組織」は市民の意見の反映を謳いつつも、専門家の意見および意向を聞く[5]――計画策定にあたり同組織の承認を要さない――機関として位置づけられた。

図表3-1-4　宮古市「復興計画」策定体制

（出典：第1回宮古市東日本大震災復興計画検討委員会　資料6）

「外部検討組織」である東日本大震災復興計画検討委員会（以下、検討委員会）の委員は復興の柱とされた「すまいと暮らしの再建」（医師会、社協、生協、法律事務所、PTA連合会）、「産業・経済復興」（漁協3、森林組合、農協、商工会議所、工業団体、観光協会各1）、「安全な地域づくり」（JR東日本、県北自動車協会、自主防災会、青年会議所、コミュニティ放送、NPO法人各1）と、学識経験者2名から構成された。なお、「その他必要と認めるもの」（国交省港湾事務所、国道事務所各1、岩手県沿岸広域振興局3）をオブザーバーとした。このため、地区ごとの委員選出はなく、田老の委員は、小林昭榮氏（田老町漁業協同組合代表理事組合長）のみだった。

第1回検討委員会は7月25日に開催された。すでに市復興本部は5回の本部会議を行い、6月には市民懇談会を開き、7月には計画づくりのアンケートを実施した後であり、会議資料には復興計画の構成や、分野別復興計画案が提示されていた。

第2回検討委員会（8月23日）では「宮古市東日本大震災復興計画（基本計画）

---

[5] 「宮古市東日本大震災復興計画検討委員会要綱」（2011年6月20日）第1条。

素案」が示された。田老地域の復興まちづくりの方向性は、住宅地について「北部の摂待地区を含め被災前のコミュニティに配慮しながら、住居の高台等への移転などによる安全で安心して暮らすことのできる住宅地の整備を推進」すること、海岸保全施設の整備について「倒壊した防潮堤の復旧を含め、効果的な防災施設のあり方について検討」することとされた。その後、第3回（9月13日）、第4回（9月28日）での議論を経て、基本計画案のパブリックコメント（10月1日～10月20日）と、市民説明会（10月14日～18日）が行われた。

　第5回（10月28日）検討委員会で基本計画の最終案が審議され、田老地域の復興まちづくりの方向性については第2回で示された通りの文言で、10月31日に「宮古市東日本大震災復興計画（基本計画）」が策定された。

⑤　田老地区の復興まちづくり計画策定へ向けた話し合い

　宮古市では、前述の復興計画策定と並行して、「地区復興まちづくり計画」（地域別の個別具体計画）の策定も進められた。これは6月1日の基本方針にはなかった項目だったが、7月25日に開催された第1回検討委員会資料「宮古市東日本大震災復興計画策定に係る想定スケジュール」において示された。

　復興計画の工程表が明確であるのに対し、個別具体の計画である地区別復興まちづくり計画は6月から10月にかけて「庁内での検討・各地区住民との調整」、10月以降「必要に応じてワークショップ」とだけ書かれている。さらに、市民懇談会やアンケート調査・パブリックコメントは復興計画と地区別復興まちづくり計画の双方に「意見反映」をする。つまり、アンケート調査、パブリックコメントと異なり、地区計画は意見を述べるというよりも、実際に地区の土地利用計画などに実質的な影響を及ぼすことが想定されていたのである。そして、「計画策定にあたっては、国（国土交通省）直轄委託事業による支援あり」の一文が記されていたのである。

　8月23日に開催された第3回検討委員会資料に地区復興まちづくりの進め方が提示されている。復興に向けた地区別のまちづくりは、地元住民と十分に協議しながら進めることを基本とすること。住民主体の「地区復興まちづくりの会」を立ち上げ、住民に市から復興パターンを提示し、それをたたき台として行うことが基本方針とされた。

　協議方法については、被災した33地区の面積や被災家屋数に応じて、被災戸数40戸未満の23地区は地区内全世帯を対象とした会合（地区復興まちづくりの会）を開催して移転先等の協議を進めること。被災戸数100戸以上の10地区では地区復興まちづくりの会の下部に地区住民の代表者で構成する地区まちづくり検討会を立ち上げ、そのメンバーで検討を進めつつ、地区全体への情報提供や地区からの意見の吸い上げを行うこととされた。

　田老地区では、2011年7月から懇談会が開催された。これは、地域協議会が主になって、議員と自治会を入れて色々話し合いをする地域協議会のまちづくりを

考える部会のようなもので、議員、田老地区自治会連合会、田老地域協議会、漁協、PTA、（3回目から）震災後にできたNPOのメンバーが参加した。自治会連合会、地域協議会など被災前から存在する組織のメンバーが参加したので、被災の有無にかかわらない構成となっていた。

8月26日に開催された（田老地区復興計画策定に係る）第3回懇談会には、「田老地区の復興パターン案について」が提出され、市当局から4つの復興パターン案が示された[6]。

田老地区における復興まちづくりは「検討会立ち上げ型」で進められた。2011年9月22〜26日に地区住民全員を対象とする第1回田老地区復興まちづくりの会が開催された。この会では、検討のたたき台として4つの復興パターン案が市から提示された。

- 案A-1：浸水区域は非可住地とし住宅地を背後の高台へ移転。
- 案A-2：浸水区域は非可住地とし住居・町機能のすべてを集団で移転。
- 案B-1：野原地区、野中地区は非可住地とし背後の高台へ移転。田老市街地の一部を嵩上げ
- 案B-2：野原地区、野中地区は非可住地とし背後の高台へ移転。田老市街地の全面を嵩上げ

そして、これらの案をたたき台として、2011年10月25日から2012年1月30日にかけて、検討会メンバーによる田老地区復興まちづくり検討会が開催され住民代表によって復興まちづくりについて議論が行われた。

「田老地区復興まちづくり検討会規約」によれば、その目的は「東日本大震災により甚大な被害を受けた田老地区において、再び津波により人命及び財産が失われることがないまちづくりを進め、活気があふれる地区の復興を実現するため、広く住民及び産業等関係者（以下「住民等」という。）の意見や地区の特性をふまえた住民主体の地区復興まちづくり計画（以下「復興まちづくり計画」という。）を策定し、宮古市に提案すること」だった。そして、その目的を達成するために下記のことを行うこととされた。

(1) 復興まちづくり計画の検討と立案
(2) 前号に必要な意見反映のための住民等への周知と意見の把握
(3) 田老地区復興まちづくりの会（以下「復興まちづくりの会」という。）の開催による復興まちづくり計画案の住民等への報告
(4) 検討会の検討の各段階における住民等への情報提供として宮古市が発行する地区復興まちづくり便りの作成に関する協力
(5) 復興まちづくり計画案の内覧会の開催等による住民等への復興まちづくり

---

6 小林昭栄「宮古市東日本大震災復興計画検討委員会委員提案書（平成23年9月12日）」第3回宮古市東日本大震災復興計画検討委員会 資料。

計画案の公表

(6) 住民等の意見をふまえた復興まちづくり計画の宮古市長への提言

(7) その他目的を達成するために必要な活動

9月末に開催された第1回田老地区復興まちづくりの会の時点では、県は防潮堤の高さを検討中で、防潮堤は現在と同じ2重の形をとり、陸側の防潮堤を強化することを検討している、という状況だった。しかし、岩手県は10月20日に「岩手県沿岸における海岸堤防高さの設定について（第2回）」を公表し、田老海岸の堤防高は14.7mに設定した。これを受けて、10月25日に開催された第1回田老地区復興まちづくり検討会では、海側の防潮堤（第1線堤）をT.P.+14.7m、陸側の防潮堤（第2線堤）をT.P.+10mとする津波シミュレーションが示されている。

第1回地区復興まちづくりの会で示された4つのパターンのうち、案A-2は、被災していない世帯（100世帯）も含めた全世帯移転だった。

検討会では、移転対象を全戸移転（浸水しない区域もすべて移転する）とするか、一部移転（危険な区域は近くの高台等に移転する）とするか、移転先を集約させるか分散させるか、もとの市街地に可住地を設けるかに関して意見が分かれ、宮古市内の他の地区よりも多く検討会（意見交換会・追加会・臨時会）が開催された。

田老については、全戸移転すべきだというところで議論がおこった。コミュニティを崩したくないのでみんなで行きましょうというのが一番重かった。いつもそこに時間を割いていた。検討したほとんどの時間は、全戸移転なのか、使うところもなければいけないのではないか、というところの議論だった。

しかしながら、防災集団移転事業のスキームでは被災していないと移転跡地を買い取ってもらえないので全戸移転は実現が難しかった。

第1回田老地区復興まちづくり検討会（10月25日）で土地利用について、「野中、野原地区は非可住地とし、野中地区は運動公園やスポーツ施設などの公共施設としての活用を考え、野原地区は水産と観光を中心に土地利用を考える」、「古田や乙部などを移転候補地とし、高台移転を考える」、「国道45号の西側市街地は嵩上げをして住むことを考える」という方針が共有された[7]。

第2回田老地区復興まちづくり検討会（11月25日）では、乙部、古田に新たな高台住宅地を整備した場合の計画イメージ図が示された。乙部では約350戸、古田では小中学校用地を含めて900戸の住宅地を造成することが可能であることが説明された[8]。

第3回田老地区復興まちづくり検討会（12月21日）および、十分な検討が出

---

[7] 第3号（11月15日発行）まちづくり便り。

[8] 第5号（12月15日発行）まちづくり便り。

来なかったので、日を改めて開催された 1 月 5 日の追加会では、「地区復興まちづくりの方針（素案）」が次のように決まった[9]。

移転対象を「一部移転とする（危険な区域は近くの高台等に移転する）※浸水しない周辺も含め安全な高台等に移転するという意見もある。全戸移転する場合は、高台に田老の中心となる広場に面した商業エリアを設け、学校、銀行、屯所、有床の診療所、皆が集まる場所を設ける」こと。

移転先は「乙部高台、古田、グリーンピア周辺等」とすること。

移転対象として、一部移転に簡単に意見がまとまったわけではない。制度的に難しい全戸移転も※で記すほどに、検討会の委員たちには、迷いがあったのである。

第 3 回検討会を経てまとまった素案は、広く市民の意見を募集するために、2012 年 1 月 14 日から 17 日にかけて内覧会が開催され、田老地区では樫内地区集会施設（来場者数 12 名）、樫内仮設住宅集会場（同 23 名）、グリーンピア三陸みやこ体育館横集会所（91 名）、田老総合事務所 3 階 3-1 会議室（同 105 名）において掲示・説明が行われた[10]。

第 4 回田老地区復興まちづくり検討会（1 月 30 日）では、それまで議論されていた全戸移転について、「個別意向調査、NPO のアンケート結果等を踏まえると、周辺や嵩上げ意向者も含め全戸で別の場所へ移転するのは難しい状況」であるため、「今回被害をうけた浸水区域を移転対象とし、高台への移転及び市街地の一部を嵩上げして現地再建をする」という土地利用方針が固まった。そして、「今回浸水しなかった区域も含め安全な高台等に移転する」ことは長期的なまちづくりの検討課題とされた[11]。

このような議論を経て策定された「田老地区復興まちづくり計画」が、2012 年 2 月 18 日に第 2 回地区復興まちづくりの会で決定され、2 月 28 日に市長に提言された。

市長に提言された「田老地区復興まちづくり計画」では、移転対象は「一部の移転困難な地区は残し、シミュレーションの浸水地域は高台に移転する」とされた。ただし、「将来的には今回浸水しない周辺も含め安全な高台等に全戸移転をすることを基本としたまちづくりを進める」ことが付記された。また、移転先の高台は、「乙部・新田、古田等で検討し、一ヶ所にまとめる」とされ、判断は市にゆだねられた。

---

[9] 第 7 号（1 月 15 日発行）まちづくり便り。
[10] 第 9 号（2 月 15 日発行）まちづくり便り。
[11] 第 10 号（3 月 1 日発行）まちづくり便り。

図表3－1－5　田老地区復興まちづくり計画図

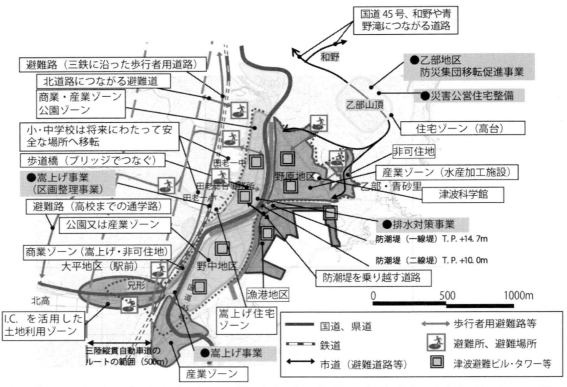

（出典：田老地区復興まちづくり検討会「田老地区復興まちづくり計画」8頁）

　こうして市長に提言された計画を可能な限り尊重し、市が行政としての検討を行い、「宮古市東日本大震災地区復興まちづくり計画」が2012年3月に発表された。この計画と市長に提言された「田老地区復興まちづくり計画」との主な相違点は、国道45号の位置と、高台移転先である。
　国道45号は、背後のまちづくりと併せて浸水しない高さまで嵩上げすることにより、津波襲来時でも寸断されない災害に強い道路網の整備が図られるとともに、乙部高台へのアクセス性が高まることから山側のルートが、高台移転先については、集団移転による市街地の分散を可能な限り抑制するため、既成市街地との連続性を確保できる位置として乙部高台が選定された。

図表 3－1－6　復興まちづくり事業計画図

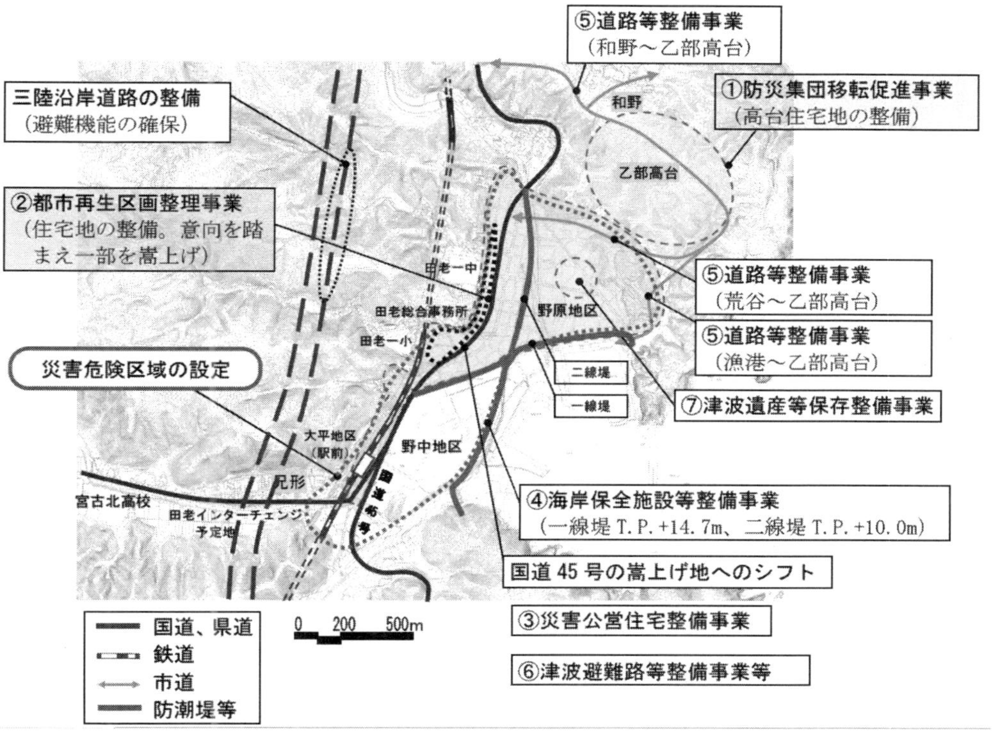

⑤道路等整備事業
（和野～乙部高台）

三陸沿岸道路の整備
（避難機能の確保）

①防災集団移転促進事業
（高台住宅地の整備）

和野

乙部高台

②都市再生区画整理事業
（住宅地の整備。意向を踏
　まえ一部を嵩上げ）

田老一中

田老総合事務所
田老一小

野原地区

⑤道路等整備事業
（荒谷～乙部高台）

⑤道路等整備事業
（漁港～乙部高台）

災害危険区域の設定

二線堤
一線堤

⑦津波遺産等保存整備事業

大平地区
（駅前）

尻形

野中地区

④海岸保全施設等整備事業
（一線堤 T.P.＋14.7m、二線堤 T.P.＋10.0m）

宮古北高校

田老インターチェンジ
予定地

国道45号の嵩上げ地へのシフト

国道、県道
鉄道
市道
防潮堤等

0　　200　　500m

③災害公営住宅整備事業

⑥津波避難路等整備事業等

（出典：宮古市「宮古市東日本大震災地区復興まちづくり計画」7頁）

（2）田老の「復興」

　以上のような経緯をたどって、田老地区の被災市街地は、高台とかつての市街地（平坦地）に二分して再建されることになった。この「二分化するまち」で、これまでのところ何が起こってきたのか、そして、これから何が起こりうるのか。本項ではそのことについて考えていくことにする。

①　再建されるまちの姿

　「まちは昔の姿には戻らない」。まずはこの当たり前の、しかし非常に厳しい事実をあえて確認することから始めたい。かつての田老市街地は、防浪堤の内側を埋めつくし、防浪堤の外側（一線堤の内側。野原・野中と呼ばれる地区）にまで広がっていた。これが津波によってほぼ壊滅したのである。流失をまぬがれたのは、防浪堤内の山際に張り付いた集落（の一部）や、市街地の南部を東西に流れる神田川沿いの集落のみであった。

　被災後、地区からの人口の流出は避けられない情勢である。宮古市が2012年10月から13年1月にかけて実施した住民意向調査で、今後の居住場所を田老地区外と答えた人が全体の47.7％に上り、地区内と答えた45.6％を上回り（他に未定が6.7％）、田老に残ろうとする住民を中心に衝撃を与えた。それ以後、この種の意向調査は行われていないが、「田老に残る」という世帯がその後大きく増加し

93

たとは考えにくい（むしろさらに減少した可能性が高い）。現実に、筆者が初めて宮古市に調査で入った2013年9月の時点ですでに、自主再建を果たして仮設住宅を後にする世帯が続出しており、田老と宮古の中間地点にある崎山地区の高台（ここには、かつて民間会社による宅地造成が行われたものの売れ残っていた区画が多数あり、被災後、そこが飛ぶように売れたという）には、「田老村」と俗称される、田老の被災者が集住する地域まで現れた。

　ちなみにこの意向調査において、田老地区内の居住を希望する人のうち、嵩上げされた市街地を希望する人が26.1%、高台を希望する人が73.9%と、住宅再建場所の希望は圧倒的に高台に偏っていた。住民は、平坦地の嵩上げ市街地と高台のどちらを再建の場所と定めるかを決断しなければならなかったわけだが、そのための前提条件が定まらないという問題があった。たとえば、平坦地の区画整理事業の土地利用計画（住宅地、商業地、産業用地など）が変遷する。この区画には商店しか建てられない（住居はだめ）と言われていた場所が、店舗兼住宅ならば可能、となり、やがて住宅のみでも建てられるようになった。あるいは、倒壊した一線堤の再建と国道のかさ上げを実施した上で浸水しない平坦地を可住地にした、という説明にも関わらず、肝心の一線堤が復旧されない（結局、一線堤の復旧工事（県施行）は、当初計画から大幅に遅れ、現在は着工しているものの、完了は2018年3月の予定である[12]）。情報が小出しにされ、しかもそれが変遷を繰り返す。そして肝心の議論の前提が整わない、といったあやふやな状況下で決断に追い込まれたことに不満を抱く住民は少なくない。

　人口の流出と合わせて、多くの住民・関係者から語られたのは、すでに田老を出て行ったり、出ていく意向を示している人々の多くが、資金力があってフットワークの軽い若い世代であり、したがって、再建後の田老の人口は高齢化するであろうという見通しであった。2010年の国勢調査において、すでに旧田老町の高齢化率は33.0%であった（人口4302人、うち65歳以上1421人）。この数字がさらに増加するのは確実と見られる。

　人口だけではない。平坦地に再建される新市街地は、面積的にも大幅に縮小する。防浪堤の内側部分の中央を縦断していた国道45号線は、5m拡幅かつ嵩上げされ、40mほど山側に移設された。この国道より山側において区画整理事業が行われ、ここに住宅や商店、公共施設が再建されることになる。施工面積は19.0ha、計画戸数は180戸であるが、2015年9月末時点において、この新市街地における建物の建築許可申請は30件で、うち住宅は10件（残りは店舗・倉庫など）にとどまっているという[13]。住宅については、市のかつての意向調査に対して90世

---

[12] 復興庁「公共インフラに係る復興施策[平成28年7月29日]」
　　（http://www.reconstruction.go.jp/topics/main-cat1/sub-cat1-3/2016/20160729_Iwate07Miyako.pdf）。
[13] 「［わが街・田老の中心部再生］再建　住み慣れた低地に」『読売新聞』2015年10月10日朝刊、31面。

帯が新市街地への居住を希望したようだが、そのうち 40 戸は、事業地内に建築された鉄筋コンクリート 5 階建ての災害公営住宅（2015 年 11 月完成）に入居したので、（意向が変化していないことを前提として）残りは 50 戸となる。これを建築確認申請の数（10 件）と比較すると、これからまだ建築が進む可能性はある。市の担当者は、住民が再建にあたって一線堤＝津波に対する防御の完成を待っているのではないか、という解釈を示した。確かにそのようなことはあるのだろう。だが一方で、区画が住宅で埋まるとは考えにくいという見通しが多くの住民から聞かれた。

　先に、2012 年 10 月の住民意向調査で、田老地区内での居住を希望する人の 7 割以上が高台移転を望んだと紹介した。その「高台移転」のために造られたのが、野原地区の後背にある高台を防災集団移転促進事業によって切り開いた、面積 25.5ha の「三王団地」である。ここに 161 区画が造成され、2016 年 1 月末現在で 95 棟が着工している[14]。団地内には災害公営住宅（集合住宅タイプと戸建てタイプが併存。計 71 戸）も建設される。宅地については、抽選で希望の場所を得られなかったために辞退したり、体調不良・経済状況悪化などによって災害公営住宅への入居を選択したりする例が若干現れ、昨年 11 月の時点で 4 区画ほどの空きが出るという見通しであったが、基本的にはほぼ埋まるようである。宅地には、引き渡しから原則 3 年以内に住宅を建設することとされている。合わせて災害公営住宅もほとんどの部屋が埋まるようなので、高台には―住宅の戸数だけで言えば―平坦地と対照的に、約 230 戸の新しい街が生まれることになる。

　高台へは、国道から一本で接続する新設の道路が取り付けられた。国道の交差点（総合事務所前から 500m ほどのところにある）から一番手前の災害公営住宅までの距離は約 300m。団地の一番奥となると 1.2km ほどになる。高台は文字通り「高」台（標高は 40〜60m）であるため、この接続道はもちろん坂道である。（とりわけ足腰が弱い人、主に高齢者の）往来は、自動車が基本となるだろう。高台には岩手県北バスの停留所が複数設置され、現状で 1 日 23 本のバスがここに入ってくる。

　住宅以外の施設は、新市街地と高台のそれぞれに、どのように立地するのか。まず公共施設を見ると、高台には保育園や診療所、さらに駐在所、消防署分署、消防団屯所が作られ、複数の公園が整備された。民間の歯科医院も高台に再建された。一方、平坦地には、新規の公共施設はあまり建たず、消防団屯所と公園くらいである。ただし、浸水しなかった、あるいは浸水はしたものの流失はまぬがれた宮古市田老総合事務所（旧田老町役場）、田老第一中学校、田老第一小学校は、いずれも平坦地の山側に立地している（加えて、市街地南端から 2km ほどのところには宮古北高校もある）。

---

[14] 「＜検証変貌するまち＞安心感と不便さ同居　震災 5 年（中）先行地の苦悩」『河北新報』2016 年 3 月 7 日（デジタル版、http://www.kahoku.co.jp/tohokunews/201603/20160307_31012.html）

現在、田老中心部には三陸鉄道の田老駅が存在するが、これは（かつての）市街の真ん中からは若干南に離れたところに位置しているため、その北 500m ほどの、田老総合事務所付近に新駅を設置する計画がある。これは、平坦地の新市街地の中心となる（ことが、少なくとも当初想定されていた）総合事務所付近の区画の利便性を向上する目的で計画されたものである。現在の動向では、この区画が田老市街地のにぎわいの中核になることはなさそうだが、少なくとも、災害公営住宅や総合事務所へのアクセスは便利になる。

　住民の生活に欠かせない商業施設はどうか。これに関してはまず、被災後の田老の商業者たちの歩みを簡単に紹介しておこう。被災した商店の一部は、田老地区の被災者の大部分が避難生活を送り、後に、居住する仮設住宅が立地したグリーンピア三陸みやこの敷地内の駐車場で、2011 年 5 月から「たろちゃんテント」と名付けられた仮設テントを立てて営業を再開した。この動きはやがて、中小企業基盤整備機構の資金を得て、2 階建てのプレハブ 3 棟から成る仮設商店街「たろちゃんハウス」に発展する。開業は 9 月であった。たろちゃんハウスには、食堂、ミニスーパー、肉屋、靴屋、時計屋、理容室、コインランドリーなど様々な業種の 20 以上の商店が入り、仮設住宅に入居する人たちを中心として、必要な商品やサービスを提供してきた。また、被災前以上に集約的な商環境になったこともあって、商店関係者たちは結束を強めたようである[15]。

　しかし、たろちゃんハウスはあくまでプレハブの仮設店舗である。また、グリーンピア内の仮設住宅の入居者が徐々に再建を果たすなどして退去していくと、「商圏」は縮小する。そこで商店主たちは再建（あるいは廃業）のことを考えなくてはならなくなった。その際、市街地が高台と平坦地に二分されることになったため、それぞれの商店主たちは、どこで商いを再開するかの選択を迫られたのである。2012 年 5 月に住民組織「田老地区復興まちづくり協議会」が結成されると、その「商業部会」において、商店主たちは議論を行った。

　当初、にぎわいを創り出すには、たろちゃんハウスのような一つの「箱」＝共同店舗に集まって、あるいはそれが難しければ、せめて商店を一カ所に集約して「商店街」を形成しよう、という希望が語られた。それは一つの夢であった。しかし、被災前にはある意味で「ライバル同士」でもあった商店主たちは、徐々にお互いの考えや立場、置かれた／るであろう環境の違いに直面せざるを得なくなっていく。

　再建場所について言えば、津波被災の経験から、平坦地への商店の立地を忌避する商店主がいた。あるいは、商店は平坦地でもよいが住宅は高台に構えたいという人もいた。そうなると、再建資金は当然ながら「二重」になるわけで、その工面に不安を抱き、踏み出せない商店主が出る。とりわけ高齢かつ後継者の見通

---

[15]　「［被災地日記］宮古「たろちゃんハウス」から(3)テント解体」『読売新聞』2011 年 11 月 3 日朝刊、34 頁。

しが立たない商店主にとっては、商売はいわば自分が死ぬまでの「いきがい」といったほどの位置づけになりがちであり、そのような人が大きな借金を抱える決断（＝二重投資）を避けたことは想像に難くない。「自分の代限り」と考える商店主と、商いの中長期的な継続を考える商店主の意思を統一することの難しさがまずあったということである。もう一つ付け加えれば、田老では従前から、商売を一つの生業としながらも、漁業権を持っていてアワビやウニを採取でき、小さいながら畑で耕作も行うなど、多角的な稼得構造によって生活を成り立たせてきた商業者が多かった。このような構造のうちに商売を展開する商店主と、「商売一徹」の商店主の間にもまた、意識の齟齬があったことは否めない。

　よって、平坦地への商店の集約は困難であった。それでは、安全な高台にそろって移転して商店街を形成するか、というとそうもならなかった。いくら高台に一定の人口が集まるとはいえ、それは定住人口である。立地的にはいわば袋小路であり、通過交通による流動人口は基本的に生まれない[16]。そうなると、理美容などごく一部を除くほとんどの業態は成立しないだろうと考えられたのである。定住人口を相手にする（それも、それほど大きな人口がなくてもやっていける）業態と、流動人口を視野に入れたい業態の商店主の利害を一致させるのもまた困難だったのである。

　結果的に商店の立地は、①平坦地北側（田老一中付近）、②平坦地南側（総合事務所付近）、③高台に大きく三分化することになった。

　①平坦地北側には食料品店（生鮮品も扱う）、ガソリンスタンド、理／美容室、靴屋、牛乳屋がやや拡散的に立地する。また、この地区の国道より海側の非可住地には、後述する「道の駅たろう」が建設されている。道の駅の敷地内には、食堂、ミニスーパー、食料品店、産直品販売店が立地する。また、②平坦地南側には、時計写真店、石油店、食料品店、物産品店、理容室などが立地する。この地区は①よりも面積的に小規模なため、商店は密集して立地している。③高台には、理／美容室、日用雑貨・食料品店、スナック、薬局が立地する。先述した高台と平坦地の距離・高低差関係や、人口の高齢化を踏まえれば、高台にはいわゆる「買い物難民」が生まれる可能性も考えられる。現在でも移動販売を行っている店舗があって、これはある種の公共性を帯びたサービスであるとともに、一つの商機でもあるだろう。

　高台では、商店（を営む店舗兼住宅）を集約して「商店街」を形成する構想も出された。だがそのためには、抽選で行われる区画の割り当てに例外を設けなくてはならない。商店街を形成したいと考える商店主たちと市が相談した結果、2014年6月に、商店主たちが入居予定者にその可否を問うアンケートを行うこと

---

[16] 正確に言うと、団地の最奥から高台を通って、国道に接続する新しい道路が建設されたため、完全な袋小路とはなっていない。しかし、高台に通過交通が発生しないことに変わりはない。

になった。9月に示された結果は「賛成47、反対52」[17]となり、高台の商店は分散して立地することになった。「商店街」が団地の良い立地をとっても、10年後には（商売をやめ、）ただの住宅になってしまう、それならば全員公平に抽選で区画を決めるべきだ、という考えがわずかに勝ったということであろう。これはある意味、住民たちがこれから自分たちの住む場所の将来に、これ以上なく厳しく、現実的な見方をしていることの表れとも言える。

　これまで述べた以外では、平坦地のほぼ北端にあたる長内川近くの国道沿いに、大手コンビニエンスストアが立地する。かつては国道沿いの現在より南に立地していたが、津波で被災し、長らくプレハブの仮設店舗で営業していた。これが2016年2月に本設化したのである。その他、総合事務所より南側の国道沿いに蕎麦屋・新聞店、田老駅の南側に酒屋の計3軒が立地する[18]。

　かくして、平坦地と高台に散り散りに立地することになった田老の商店だが、経済産業省の中小企業等グループ施設等復旧整備補助事業、いわゆる「グループ化補助金」は、再建場所に関わらず、30者がグループを形成して申請した。2015年5〜6月に行われた13次公募に申請し、9月に採択された「再生！田老まちづくりグループ」がそれである。商店主たちは、立地はバラバラになりながらも、全体で見ても決して大きくはない商圏の中で、力を合わせられるところは合わせようと模索しているのであろう。また、たろちゃんハウスの管理・運営主体である「たろちゃん協同組合」を、商店同士のつながりの核や地域との接点として残していこうと考える商業者も存在する。

　以上、可住地における市街地再建の現状と近未来について紹介してきた。次に、非可住地に目を向けよう。防浪堤の外側（野原・野中地区）は全面的に非可住地区であり、防浪堤の内側であっても、国道より海側はすべて非可住地となった。

　まず防浪堤内の国道より海側であるが、ひときわ目立つのは、嵩上げされた国道に背を向ける形で立地している（つまり、国道から直接入れない）ガソリンスタンドである。山側に移設される前の国道に沿って、いち早く復旧して営業を再開した店舗なのだが、その後国道が移設され、しかも嵩上げされたために、このような形になってしまったのである。「先に動いたもんが負ける。それが、私が震災で学んだこと」とは、気仙沼・鹿折のある商店主の言葉だが[19]、この状況にもよく当てはまるように思える。ただし、次に述べる道の駅が完成すれば、このスタンドへの車の流れも生まれるかもしれない。

　ガソリンスタンドの南側、防浪堤のすぐ脇には、倒壊・流失を免れた田老漁協があり、さらにその道をはさんだ南に「道の駅たろう」が建設されている（2016年8月一部開業、その後も漸次建設を続け、2017年度に完成予定）。これは、中

---

[17] 「［わが街・田老の中心部再生］どこで再建　揺れる商店主」『読売新聞』2014年10月15日朝刊、35頁。
[18] 前掲津田時計写真店投稿。
[19] 渋井哲也・長岡義幸・渡部真（2015: 142）。

心部から北に 3km ほど行った高台にある、現在の道の駅を移転させたものである。道の駅たろうは、2016 年 1 月に重点「道の駅」に選ばれており、これによって、駐車場や休憩施設などの整備について国の支援が受けやすくなるという[20]。市は観光や修学旅行のバス客を新しい道の駅のターゲットに定めつつ、地元住民の利用も視野に入れている。道の駅の南隣には、かつて野中地区に立地していた田老野球場が移転・復旧した。照明灯などのナイター設備を整え、三陸鉄道の草野球チーム「三鉄キット Dreams」が本拠地として使用するという[21]。

防浪堤の外に出よう。まず南側の野中地区には、日本国土開発など 3 社が出資する「宮古発電合同会社」の大規模太陽光発電所（メガソーラー）が設置され、2015 年 10 月から稼働している。防災集団移転促進事業によって高台に移転する住民から市が買い取った土地と、残存民有地合わせて 3.4ha を賃借して設置され、太陽光パネルは 9282 枚、年間発電量は一般家庭約 800 世帯分に相当し、一般家庭にも電力を供給する計画である[22]。同じ野中では、農地復旧工事が行われ、被災後に結成された営農組合「八幡ファーム」が、2014 年からソバを中心に作付を行っている[23]。この農地から収穫されたソバの実で作ったそばを提供する「はなや蕎麦たろう」が、2015 年 10 月から野原地区の「たろうの浜小屋」（後述）で開業したが、2016 年春には田老駅北側の国道沿いに店舗を新設し、本格的に営業を開始した。

防浪堤外の北側にある野原地区には、田老漁港が立地していることもあり、漁業・水産業関係施設が再建されているか、再建される予定である。漁港周辺に立地する諸施設の他、現在目立っているのは、2015 年 6 月に落成した田老漁協のわかめ加工工場（二次加工場）である。田老漁協は、被災前から「真崎わかめ」のブランドでワカメを養殖・加工・販売してきたが、震災前には年間約 7 億円だった売上額が、被災後には半分ほどまで落ち込んでおり、漁協関係者は加工場の完成をひとつの足がかりにしたいと考えている[24]。そのほか漁港周辺には、漁業集落防災機能強化事業（復興交付金基幹事業）によって、漁具倉庫・資材置場、共同乾燥場、定置網の網干場、船置場などの漁業関連施設を整備する計画がある（2015 年 11 月時点で用地買収中）。また、場所は野原ではないが、水産業関係では、野中のさらに南側の一角に 2013 年 10 月、大阪の水産加工会社のアワビ加工工場が新設された。宮古市の誘致によるもので、被災後初の誘致企業である[25]。

---

[20] 「宮古の「たろう」、「重点道の駅」に」『朝日新聞』2016 年 2 月 2 日朝刊、21 面。
[21] 「田老野球場、待望の復旧　宮古、ナイター設備に歓声」『岩手日報』2016 年 3 月 2 日（デジタル版）。http://www.iwate-np.co.jp/cgi-bin/topnews.cgi?20160302_3
[22] 「田老メガソーラー稼働　きょう　「災害危険区域」有効活用」『読売新聞』2015 年 10 月 15 日朝刊、31 頁。
[23] 「田老でソバの種まき」『読売新聞』2014 年 8 月 2 日朝刊、30 面。
[24] 「[わが街・田老の中心部再生] ワカメ加工　全面復旧」『読売新聞』2015 年 5 月 19 日朝刊、31 面。
[25] 「株式会社神野商店の立地内定について」（2013 年 1 月 7 日）。

野原地区では、空き地にぽつんとたたずむ「たろうの浜小屋」なるこじんまりした建物も目を引く。現在は基本的に土日のみ営業する喫茶・軽食店となっているが、前述したとおり、平日には「はなや蕎麦たろう」がここで営業していた。その他、地区には野菜工場の立地計画が存在したが、具体的な進展は見られないようである。

　野原でもう一つ忘れてならないのは、津波に4階部分まで洗われ、2階部分までは完全に鉄骨を残すのみの姿となりながらも残存した、旧たろう観光ホテルである。市の度重なる申請と20回以上におよぶ折衝[26]によって遂に国が動き、復興交付金をもって用地の取得と保存工事が行われることとなった（建物についてはホテル側が市に無償譲渡）。工事はすでに終了し、2016年4月から一般公開が始まっている。旧たろう観光ホテルの他にも、「震災遺構」として、破壊された一線堤（第二防潮堤）の一部を保存することが決まっている。

　なお、以上紹介してきた各種の施設などがすべて整備されても、田老の市街のあちこちには、未使用の空き地が残される。いわゆる「跡地利用」の問題である[27]。防浪堤内側の区画整理事業地については、区画整理によって土地の所有権は整理される。一般論としては、国道より海側の非可住地に、防集事業で高台移転者から市が買い上げた土地が集約され、国道より山側の可住地に私有地が換地されている。あとは、換地された土地に各所有者が住居やその他施設・建築物を建てるのかどうか、という問題となる。

　一方、防潮堤外側については、防集事業で市が買い上げた土地と、買い上げ対象にならなかった私有地がモザイク状に混在することになる。したがって、その面的利用はなかなか容易ではない。住民がまちづくり検討会やまちづくり協議会で議論する中では、アサリの養殖事業やイグサの栽培（かつて田老はその一大産地だったという）などといった構想も挙がったというが、今では、「こう使うべきだといった提案・計画を無理にせず、将来何かやりたいという人が出た時の／出るようにするために、使い勝手のいいような土地の取り方・基盤整備をしておくのがいいのではないか」というのが基本的な考え方になっているようである。これを具体化するのであれば、私有地の所有者に対して土地利用の意向を確認しながら、土地の交換や買い上げによって、ある程度の大きさの公有地を確保する取り組みを行う必要があるだろう。これはおそらく、もう少し先の課題となるはずである。

②　これからの課題（1）―人口と産業

　ここまで見てきたとおり、田老では被災から5年にして、市街地の基盤が再建

---

http://www.city.miyako.iwate.jp/data/open/cnt/3/1519/1/kaminosyoten.pdf

[26] 「［遺構の行方］(2)「犠牲者ゼロ」保存に道」『読売新聞』2014年1月22日朝刊、31面。

[27] 跡地利用の問題については、田中暁子（2016）も参照のこと。

され、いよいよ新しい街が姿を現し始めている。そして、そこで新しい生活や商いを始める住民も少しずつ現れてきた。しかし田老の前途は、決して明るいことばかりとは言えない。

　まずは、冒頭でも言及した人口減少と高齢化である。この先、田老の人口が増えることは考えにくい。田老第一小学校の新入生がここ 3 年連続で 10 人台というのは、一つの象徴的な数字である。縮小した平坦地の市街地には、空間を残しながら住家や商店が点在する。高台は平坦地よりは建て込むだろうが、人口が高齢化しているということは、（厳しい話であるが）それだけ「自然減」が起こりやすいということである。したがって、10 年、20 年のスパンで見れば、同居の子世代がおらず、その子世代が戻ってこない家は、徐々に空き家化していくに違いない（中古物件として買われる可能性もなくはないが、積極的に期待はできないだろう）。

　そもそも「人口が減る」というのは、どういうことなのだろうか。街から人が消え、空き家が増え、そして、そこに住む人たちを相手にしていた商店が消える。感覚的な言い方をあえてすれば、「活気」が失われるということだろう。だがこれは、単に感覚、雰囲気の問題ではなく、地域の諸活動や行事を担う（とりわけ若手の）人材の不足という形で現象する。縮小社会では、自治体が丸抱えで地域を支えるというモデルはもはや成り立たなくなっており、そこで地域活動が停滞すれば、住民の生活の基盤さえ危うくなるかもしれない。また、活動の担い手が少数の特定の人に集中していけば、地域社会にひずみが生じるのは必定である。

　筆者が 2017 年 1 月に田老を訪れた時に気付かされたのは、除雪の問題であった。車道には除雪車が導入されるが、歩道などは住民が雪かきをしなければならない。住民が多く、住宅が密集していた被災前なら、それぞれの世帯がそれぞれの家の前の雪を除けばよかった。しかし現在、とりわけ平坦地には住宅のない区画が多く、その前を除雪する人がいない。住民が少なくなっているので、自分の家以外のところまで除雪しようとすれば、大変な労力になる（し、そもそも誰がそれをやるのかを話し合ったりする必要がある）。かくして雪が歩道に残される。除雪は「地域の力」の反映である。まちづくり検討会、協議会など、田老のいわゆる「まちづくり」に一貫して関わってきた住民は、筆者に次のように話した。「行く先々で、結局人だ、となる。一人二人でやれることには限界がある」「人材がいない。公的なものもやれ、仕事もしろ、親も見ろ、墓も見ろ、家も見ろ。一人何役ですか、と」。ではなぜ、多くの人たちが田老を去った／るのだろうか。まず、これは被災前後を問わず、若者が専門学校や大学に進学しようとすれば、田老を（それどころか宮古を、三陸を）出なければならない。それで学業を修めて、仮に地元に戻ろうとしても、（とりわけ大卒者の受け皿となるような）雇用の場は田老にはほぼ存在しない。

　人口減少は、もちろん雇用の場の不在のみによるものではないだろうが、もう少し雇用について考えてみよう。合併によって田老町役場は消え、今や総合事務

所に働く人の数は大きく減った。そしてもちろん、職員の採用は宮古市全体で行われる。しかも、その採用枠は極めて小さい[28]。商業者は家族経営が多く、大きな雇用の受け皿とはならない。そうなれば、自身で事業を起こさない限り、主要な雇用の場は漁業・水産業ということになるだろう（漁協も就職先となりうるが、常勤職員は 20 名程度である）。

　宮古市では、漁業への新規参入を後押しする目的で、2010 年から単独事業で「新規就業者支援補助金事業」を行っている。減少傾向にある養殖漁業の担い手を確保・育成するために、60 歳未満の新規就漁者に（漁協を経由して）月額 10 万円／人を最長 2 年間助成するというものである。この 2 年の内に、就漁者は、漁協が策定した計画に基づき、養殖漁業技術の取得（＝独り立ち）を目指す。田老漁協でも、これを利用している新規就漁者が 5 人程度いる（2013 年 9 月時点）ようだが、少なくともこの制度のみによって漁業者が劇的に増えることはないだろう。そもそも、仮に「劇的」に漁業者が増加すれば、限られた漁場で一人あたりの取り分が減り、生業として成り立たなくなる。

　漁協の経営も安定しているわけではない。先述したとおり、真崎わかめの売上高は被災前の半分ほどの水準にまで落ち込んでいる上、近年は「稼ぎ頭」の鮭が不漁だという（漁協の収益構造の中で、鮭・ハラコが占める位置は大きい）。アワビも大きな収入源であるが、田老で採られるアワビは、天然のものと、養殖した稚貝を放流して成長させたものの割合が 6：4 くらいである。このうち後者の放流貝については、種苗施設の被災によって、2015 年にようやく稚貝の放流を再開した。放流後、十分な大きさに成長するまでに 4 年ほどかかるため、収穫高に反映されるのは 2019 年頃になるという。

　また、鮭の採卵場・孵化場も被災したため、2011 年には稚魚を放流できなかった。鮭が放流した川に戻ってくるのは、通常 3〜4 年後なので、そろそろ被災後に放流した鮭が戻ってくる時期となる。しかし少なくとも 2015 年は、鮭漁は不振だったという。こうして経営状況も厳しい中で、漁協の内には、漁だけではなく、釣り船や遊漁船の展開や、ダイバーへの一部海域の開放によって観光客を呼び込み、漁師の収入を増やそうという考えもあるが、発想を転換して新しい取り組みを推し進めるのは、容易なことではない。

　そもそも、田老で中心となっているような磯根漁業でしっかり稼ぐには、（専業とするのであれば）家族総出で労働集約的に働くことが前提になっていると言われる。人口の高齢化・核家族化によって、その「前提」が崩れているのである。また、かつては漁繁期になると、漁師の家の子供は学校を休んだという（さらに世代が上の住民は、そもそも学校が休みになった、とも話した）。これもまた、現代社会では難しいことであろう。

---

[28] 2016 年度採用に関して市が示した採用予定職種と人数は次の通り。一般事務職員（身体障害者枠）…1 人程度　土木技術職員…1 人程度　建築技術職員…1 人程度　建築技術職員（建築主事枠）…1 人程度　文化財調査員…1 人程度。

かくして地場産業としての漁業・水産業の展望は明瞭ではなく、他の産業の広がりもない、となると、地域に雇用の場はなかなか確保できない。そのために定住人口を確保するのが難しそうならば、「交流人口」の増加を目指すというのが、平均的な発想になる。単純に言えば、観光振興である。その可能性はどうだろうか。

　田老はかつて、民宿が岩手県内で一番多い自治体だったこともあるという。しかし、被災後、再建された民宿はゼロである。たろう観光ホテルだけは、三王岩付近の高台に移転し、「渚亭たろう庵」として営業を再開した。これが現在、田老中心部で唯一の宿泊施設だが、1人1泊2〜3万円設定の高級旅館であり、誰もが気軽に泊まれるところではない。このように宿泊施設がほぼ皆無ということとも関係していようが、現在の田老には居酒屋やレストランの類もない[29]。したがって、滞在型ではなく、立ち寄り型の観光で行かざるを得ず、そうなれば産業としての広がりはそれほど大きくはならない。

　現在、田老で考えられている観光のメニューは、まず「震災遺構」として保存される、旧たろう観光ホテルと破壊された一線堤の一部分に、残存した防浪堤（二線堤＝第一防潮堤）を加え、田老のエリアそのものを「津波伝承館」ととらえた[30]「学ぶ防災」である。これに、新設される道の駅での海産物などの買い物や、漁港奥の外洋にそびえたつ景勝・三王岩の見学が付け加わろう。田老漁港から三王岩へ向かう遊歩道は被災により通行不可能になっているが、現在、一部の復旧工事が始まっている。「道の駅での海産物などの買い物」については、真崎わかめを中心とした一次産品の直売はもちろん、観光客にアピールする「名物」が求められよう。漁協の若い職員が中心となって、たこ焼きのタコの代わりに真崎わかめの太い茎を入れた「真崎焼き」なるものを開発し、売り込みを始めている。道の駅などに屋台を置いて販売すれば、一つの名物になるかもしれない。

　観光を考える時に重要なのは、移動手段である。現在の田老駅からは、保存が決まった一線堤の遺構まで 1km、道の駅まで 1.3km、たろう観光ホテルまで 1.6km、三王岩までは最後に急坂を上って 2.4km あり、鉄道で来て、徒歩で回ってまた駅に戻ってくるというのは、負担に感じる人が少なくなさそうである。したがって、観光のための交通手段は基本的には自動車・バスになろう。ただ、先述した田老新駅は、道の駅や「学ぶ防災」の拠点に対して現在の田老駅よりも近い駅となる。被災した JR 山田線のいわゆる海線（宮古〜釜石）は、復旧後に三陸鉄道へ移管され、同社は盛（大船渡）から久慈に至る長大な路線を一手に引き受けることになるため、工夫次第で三陸沿岸の南北にわたる観光旅客の流動が生

---

[29] そんな中、新しい道の駅で店舗を再建した善助屋食堂が「夜も楽しめる店にしたい」と意気込んでいるのは注目である。「[震災5年　商店街の再建] (5)移転先　離れても心一つ」『読売新聞』2016年3月9日朝刊、31面。

[30] 「（復興へ　首長に聞く：2）山本正徳・宮古市長　産業再生、道半ばの状況」『朝日新聞』2015年3月7日朝刊、25面。

まれれば、「立ち寄る」場所としての田老の可能性が広がる。いずれにせよ、車で来ない・徒歩ではきつい（あるいは面倒くさい）という人のために、たとえばレンタサイクルを準備するなどの手を打つ必要があるように思える。

　ところで、田老の定住人口・交流人口の今後を考えるにおいては、「復興道路」に位置付けられ、凄まじいスピードで建設が進んでいる三陸沿岸道路（三沿道）がもたらす影響を考えずに済ますわけにはいかない。三沿道は高速道路ではなく、通行に料金はかからない（つまり、「節約のために「下道」を使う」という選択はありえない）一方、高規格道路であるから線形は良く、現在の国道 45 号よりも圧倒的に運転がしやすくなり、所要時間は短縮される。このことは、現在田老に留まっている人の側から見れば、たとえば近隣ではもっとも商業施設の集積が見られ、また雇用の場を多く持つ宮古の中心部にアクセスしやすくなる、ということである。このような高速・大量交通手段の整備は、「ストロー現象」と結びつけて考えられがちであるが、田老対宮古の関係に限って考えてみれば、アクセスが容易ならば無理に宮古に住むこともないという発想から、住民が田老に残る、あるいは（たとえば「親が建てた家があるなら」と）田老に戻ることを後押しする可能性もあるのではないか。また、もう一歩進んで、ベッドタウン化は望めないだろうか。ことそれ自体の善し悪しや、実際に売れるのか否かは別として、筆者が訪問した 2017 年 1 月時点で、平坦地に「売地」の看板が 2 区画見られた。

　一方、交流人口の獲得に関してはどうか。今は、三陸沿岸を南北に往来しようとすれば、ほぼ確実に国道 45 号が利用される。ドライバーは、ただ通過するつもりでも、田老の「あの」防浪堤や、かつてならばがらんとした被災跡地を、現在ならば再建されつつある新市街の姿を見ることになる。しかし、三沿道が開通し、交通の中心がそちらに移れば、人々はそこに田老の街があるということすら気付かないまま、猛スピードで内陸部を通り過ぎていってしまう。田老が「見えなくなる」可能性は、十分にある。

　そこで、田老中心部の南側と北側には、それぞれ出るか入るかどちらかしかできない「ハーフインター」が設置される（南側の田老第 1IC の下り線（久慈方面）には出口だけが、上り線（宮古方面）には入口だけが設置され、北側の田老第 2IC はその反対）。市や地元では、これによって田老の市街地全体を、道の駅を中心に「サービスエリア」と捉え、三沿道から交通を誘導したい考えである（三沿道にはサービスエリアが設置されない）。つまり、田老第 1／第 2IC からいったん三沿道を下りて、道の駅で休憩し（できれば観光もしてもらい）、田老第 2／第 1IC から再び三沿道に戻る、という流れを狙っているのである。三沿道でこの付近に設置されている、あるいは設置予定の IC（たとえば北の岩泉龍泉洞 IC や、南の宮古北／中央 IC）と比べると、田老の（とりわけ第 1）IC から市街地や道の駅への距離は近く、優位性があるかもしれない。だが、その状況は静態的な所与ではない。北の普代村・田野畑村や岩泉町なども、同じように三沿道の IC 近くの「サービスエリア化」を検討していると噂される。どこも考えることは同じなのであ

る。結局重要なのは、高速走行している車を専用道から降ろせるだけの魅力のある道の駅や市街地を作れるか、ということになるのだろう。

　なお、田老の中心部をバイパスして宮古の中心部に至る区間が開通するのは、2020年度の予定である。これは、幸か不幸か、三沿道の中では最後の開通区間となる見通しである。

③　これからの課題（２）—地域社会の再建

　以上、定住人口と交流人口の維持・拡大の問題について論じ、明るい見通しがそれほどあるわけではないことを示してきた。しかし、人口がどれだけ減るにせよ、この地に残ると決めた人たちはおり、そして、その人たちは、新しく再建されたまちの中で、新しい「地域」（人と人のつながり、まとまり、関係）を作っていくことになる。次に、この点について考えていこう。

　かつて、田老の住民はつながりが強かった、と言われる。それを象徴するものとして、毎年開催され、2016年で第70回となった田老地区体育大会（住民運動会）がしばしば挙げられる。被災後、2011年の10月にも実施され、それからも毎年絶やさず行われてきた。しかしこの運動会について、住民からは「かつては（田老内の各）地区対抗だったから燃えた。被災後にそれがなくなって、以前ほど盛り上がらなくなり、年々参加者が減っている」という声が複数聞かれた。

　ここから考えるに、住民の日常的なつながりの単位は、「田老」よりも「地区」だったのである。それは、住民同士の「つながり」が、隣近所の近しい付き合いの中で築かれるものであることを考えれば、当然のこととも言える。しかし、今回の被災と市街地再建は、その「隣近所」の関係をいったんリセットする。三王団地の区画は、かつての町内の単位とは関係なく割り当てられた。区画整理事業地についても、換地によってかつての街の形は変化する（そもそも、かつての市街地の過半は非可住地になる）。自主再建を選択せず、災害公営住宅に入る世帯もある。住民は、「隣近所」関係の再編を余儀なくされるのである。

　もちろんそれは「ゼロからのスタート」ではない。人々はやはり「同じ田老の人」という意識を共有しているし、田老では他地区の住民でも顔見知りということはまったく珍しくない。ある高台住民は、今はまだお互いが「様子見」をしているような雰囲気があると語ったが、一定の時間さえあれば、新しい隣近所の関係、地区の関係は、さほど苦も無く築き直されるのかもしれない。三王団地では、2016年9月に2つの自治会が結成され、会長などの役職者が決まった[31]。高台においては、「つながり」の再建の足がかりが築かれた。

　一方で、別の高台住民は、近所づきあい、コミュニティのあり方が「現代風」になっているのを感じる、被災前のような地区の関係はもう戻らないだろう、と

---

[31] 三王団地は低い方から田老三王一丁目、二丁目、三丁目という住所表示となっており、一丁目についてはほぼ公共施設のため、二丁目と三丁目に一つずつ置かれた、ということである。

いう実感を語った。また、被災前は店舗兼住宅で商売をしていたが、店舗を平坦地で再建、住宅を高台に移した住民は、被災前は一日中地域にいたけれど、今は朝早くに家を出て夜に帰る生活になり、地域との関わり方が大きく変わった、と話した。どれだけ時間が経っても、被災前とまったく同じ形の「つながり」が取り戻されることはないのかもしれない。ならば、新しい「つながり」の形を模索していく必要がある。また、「同じ田老の人」の間には、被災後の歩みの中で、それだけでは簡単にまとまれないような、ある種の「溝」が掘られてしまったこともまた事実である。

　田老地区の被災者の大多数は、グリーンピア三陸みやこに避難し、その敷地内に建てられた仮設住宅に入居した。この「物理的集約」が、地域のつながりを維持するのに役立ったと言われる。しかし、その〈グリーンピアを核にした結束〉には問題もあった。田老の被災者が住む仮設住宅は一部、グリーンピアと田老市街の中間地点にある樫内地区にも存在するが、グリーンピアが中心拠点になったために、樫内の仮設住民に十分に情報がいきわたらないことがあったという。

　また、住家が津波に耐えて（あるいは浸水を受けずに）残されたために、引き続き田老の中心部に住み続けている人たちが存在した。この、家を流されなかったという意味での「非被災者」と、グリーンピアの「被災者」との間にも「溝」が生じた。「被災者」は、「非被災者」がグリーンピアに来ると、「あなた家残ったでしょ」といった態度をとることがあった。あるいは家を流されていても、仕事を失っていない「被災者」に対してさえそうであったという。しかし、田老の中心部に残った「非被災者」は、電気や水道などのライフラインが絶たれ、心細い思いをしながらも、自衛隊と共に被災物の撤去に従事するなど、被害を受けた直後の田老の復旧に携わったりもした。にもかかわらず、物資や支援の手は、「わかりやすい被災者」が集まるグリーンピアに集中したのである。このような状況では、両者の間に亀裂が生じない方が不思議である。

　このような、いわば「対立的な溝」だけではない。「非被災者」の中には、「自分のところは家が残って申し訳ない」という思いを持ち、それゆえに「被災者」との付き合い方に葛藤する人たちも少なくなかった[32]。これによって生じたのは、いわば「消極的な溝」である。そしてまた、一人の人間の中で、「被災者」への反感・抵抗感とこのような引け目が両立することもあっただろう。

　もちろんこれは、被災直後に集中的に起こった事象に違いない。しかしその後も「目に見えない壁」や、目に見える軋轢が残り、それは今でも完全に消えたわけではないと話す住民は少なくなかった。「非被災者」の中には、「立派に」整備された高台を「あそこはどうせ「被災者」が行くところでしょ」という目で見る人もいる。また、被災後のまちづくりについて議論をする時にも、どうしても話

---

[32] これと同じような「申し訳ない」という「葛藤」の感情は、身内を亡くした人に対する、そうでない人の意識の内にも表れる。

し合いの中心にいるのは「被災者」となりがちで、「非被災者」の声は届かない、という意識も広がる。この点、たとえば田老地区復興まちづくり協議会は、参加資格を「被災者」に限らず、むしろ、田老の将来のことを考える人ならば誰でも参加可能としていた。しかし現実問題として、上述したような「溝」が走る中で、「非被災者」が積極的にこの場に出ていき、議論に参加するのは難しかっただろう。

　以上は家を流された人々と、流されなかった人々の間の「溝」である。だが、同じように家を流された「被災者」のなかにも、別の「溝」が走った。それは、高台移転を主張する人と、かつての市街地＝平坦地に残りたい人が、市街地の再建のあり方をめぐって意見をぶつけあった、2011年秋から2012年春先までの（まちづくり検討会とそれに付随する住民説明会などにおける）侃々諤々の議論がもたらしたものである。

　この議論の過程で、最初から平坦地に残ると決めた人々は、かつての土地への愛着を理由に、ほとんどそのまま意見を変えなかったという。それに対して、明治、昭和、そして今回と三度も壊滅した市街地に家を建てるなんてあり得ない、という（「高台移転派」の）思いがぶつけられ、感情が火花を散らす。結論は、すでに何度も見てきたように、高台と平坦地の「二分化」となったが、高台の住民と平坦地の住民の間には、どこか「しこり」のようなものが残り、いまだに互いの選択を尊重できない人もいるという。2015年10月のある新聞記事は、平坦地に自宅を再建する女性が、「『津波が来たら、また流されるよ』と冷やかされることもある。その時は家と一緒に流れていこうと思うほど、ここから離れたくないんです」と「ほほ笑」みながら話したと書いている[33]。

　高台と平坦地の二分化には、感情レベルの問題のみならず、実利的なレベルの問題もあった。具体的には、公共施設、とりわけ診療所の配置をめぐる意見の対立である。まちづくり協議会には「高台部会」と「市街地部会」がそれぞれ設置され、それぞれに住むことになる人たちが中心になって議論を行っていたのだが、まず高台部会が診療所を高台に作るべきだという意見を市に提言し、これに反発した市街地部会は診療所を区画整理事業地内に作るべきだという提言を行った。結局、部会間の調整はつかず、立地場所の判断は市に委ねられることになったのである（建設場所が高台になったことは既述）。

　田老の（少なくとも筆者がその発言を見聞した限りの）人々は、二つの再建市街地を指すときに、「上」と「下」という、ある意味でこれ以上ないほどの価値判断を帯び得る用語を避けて、「高台」と「平坦地区」という言葉を注意深く選択している。それはある意味で、前述した高台に行く住民と平坦地に行く住民の間の「しこり」がもたらした表現のようにも見える。

---

[33] 「［わが街・田老の中心部再生］再建　住み慣れた低地に」『読売新聞』2015年10月10日朝刊、31面。

上述したことをまとめると、復興事業終了後の田老地区は、市街地の立地的には高台と平坦地に二分割されるわけだが、被災様態と居住場所で見れば、住居を失い高台に再建する住民、住居を失い平坦地に再建する住民、住居を失わなかった住民に「三分」された、とも言える。このような環境の中では、「個々の感情の差はどうしても出るので、みんなでやりましょう！オーッ！とはなかなかならない」というのが現実なのだと、ある住民は語った。

　時間を巻き戻すと、その「みんなでやりましょう！」を住民の一部が模索したのが、ここまでも何度か言及したところの、2012年5月に結成された住民組織「田老地区復興まちづくり協議会」だったのだと言えるだろう。しかし、2013年9月下旬に筆者が宮古市で調査を行った時点（すなわち、立ち上げから1年4ヶ月）ですでに、その活動の縮小傾向を指摘する声があり、さらに、2015年11月の調査時には、関係者の一人が明確に「休眠状態」であると語った。確かに、協議会の活動を伝えるブログ34の更新頻度は、このところ極端に減っている。

　その背景にはいくつもの要因があるだろう。まず一般論的な話として、時の流れが人々の気力や意欲を削ぐ、ということがある。田老における復興関連事業は、行政の論理から言えば、おそらく猛スピードで展開している。しかしそれでも、市街地に住居や商店を構えることができるようになるまでに、実に4年半の歳月を必要としたのである。協議会の主要メンバーの一人は、2013年の時点ですでに「この2年半ですごく気力が薄れている」、「みんなでやろう！という高揚感が今のまちづくりには見られない。誰かがやってくれるんじゃないかなあ、という人まかせみたいな雰囲気」になっていると語っていた。現在は、そこからさらに3年半以上が経過しているのである。同じ住民は「年齢との闘い」を口にした。住宅や商店の再建にあたって借入をしようとすると、高齢が壁になって審査を通らない。また、病を得て、店舗兼住宅の再建をあきらめ、災害公営住宅に入居する人も出たという。6年というのは、そのような時間である。

　次に、このような「まちづくり」に関わる住民組織が活動を継続していくことの難しさがあるだろう。活動開始当初のまちづくり協議会は、部会ごとに、市に対して提言を出すという、一つの目的を持って動いていた。何か定まった目的があれば、組織は、というより、組織に関わる各個人は、それを理由にして動き続けることができる。だが、主要な部会が市に提言を出した後、それに代わる大きな目的は打ち立てられなかったように見える。しかも参加者たちは、各部会の提言が田老のまちづくりに反映されたという有効性感覚を持つこともできなかった。理由なしに動き続けることのできる人は少ない。

　また、まちづくり協議会は、（市への提言を当初の目的としたことなどから）住民と行政の中間に立つような形になったが、このような立ち位置が生じさせる難

34　2016年4月現在、最新の投稿は2016年8月6日付のもの。その前の投稿は、2016年1月16日付のものである。http://blogs.yahoo.co.jp/taroukyougikai

しさもあった。協議会の主要メンバーは、概略次のように語った。行政は夜遅く
まで、人数もかけて業務をやっているのに対して、協議会のメンバーの中には仕
事がある人も多く、そうなれば夜に数時間で議論をするくらいしかできない。そ
もそも住民が主体になって行政に対抗することは困難なのだ。しかも、中間に立
つと、協議会に参加していない住民から行政職員のように扱われて、責められた
り鬱憤をぶつけられたりする。しかししばらくすると、「あいつら何も決められな
い」ということで、住民は寄ってこなくなった、と。このような思いをしてまで、
活動を続けるのは並大抵のことではないだろう。結果、若い世代から徐々に「心
が折れて」、協議会を抜けていったという。

　まちづくり協議会は幅広い住民の参加を求めたが、結果的にそれは実現しなか
った。協議会と距離を置いた人の中には、「被災者」だけが集まった（実際には必
ずしもそうではなかったのだが）協議会の「正統性」に疑問（そこまでいかずと
も、違和感）を抱く人もあった。合併時に作られた地域協議会を核にした方がよ
かったのではないか、という意見も聞かれた。しかし、そうしていたならば、「被
災者」にとどまらない多様な人たちが集まっただろうか。ことはそう簡単ではな
かっただろう。

　田老では、181 人が犠牲となった。それは、その人数以上の「遺された人」が
存在することをも意味する。筆者たちのインタビューに対し、「津波で親友や同級
生が亡くなって、今、なんとなく一人ぼっちという気分。津波後を生きるのは精
神的にも容易ではない」と語った住民がいた。喪失に直面した時、誰もが立ち上
がり、前を向いて歩み始められるわけではない。また、「田老の住民は自立心が低
い」「行政／漁協／誰かがなんとかしてくれる、それに従っていればよい、という
意識が強い」という意見が少なからず聞かれた。たとえば、先述の体育大会も運
営は行政に頼ってきた部分が大きい。2011 年だけは自治会が中心となったが、翌
年からはまた行政のサポートが戻っている。このような被災前からの「気質」に
加えて、「被災者」としての経験が、ボランティアや各種支援の手厚さにならされ、
「自分でやる」という意識を奪っていったのではないか、と指摘する住民もいた。

　まちづくり協議会には、若い世代の参加を得て、その声をまちづくりに活かす
という問題意識が確かにあった。協議会旗揚げの際にメンバーが配布したチラシ
には、「地区のまちづくりに参加する若手を募集します。（会の趣旨に賛同する方
なら誰でも応募でき、参加資格や年齢制限はありません）」〔圏点筆者〕とあり、
発起人の一人は、新聞記者の取材に「自由に発言し、意見を集約できる場をつく
りたい。若者もぜひ参加を」と呼びかけている[35]。しかし実際には、若者の参加
は少なかった。田老を何とかしなければという思いを持った若者は、決していな
いわけではない。「30 代 40 代が子供みたいな考えをしているかというと、そうで

---

[35] 「田老地区の将来話し合う協議会　住民が 26 日設立へ」『読売新聞』2012 年 5 月
　　15 日朝刊、29 面。

はない。ある意味では一番厳しく現実を見ている」という評価もある。にもかかわらず、若者がこのような場に出てこない理由には、若い世代ほど仕事があり、それ以外の活動をすることが大変だというのが一つあるだろう。だが、高齢者、有力者の声が強く、数の上でも圧倒的に高齢者が多いため、若者が何か発言しても受け入れられない、通らない、と当の若い世代が感じ、そもそもこういう場に出ても仕方がないという諦めもあったようである。あるいは場に出てきても、価値観の違いが埋められず、話し合いが難しい。高齢化が進む以上、この「大多数の高齢者を前にして若者の意見が通りづらい」という構造は今後も続く。これはある意味で、田老に限られた話ではなく、全国各地に共通したものかもしれない。

2015年の秋口から、市街地の再建が本格化している。それは、自己資金で住宅を建てて移転する住民や、店舗・事務所を再建する商店主（言うまでもなく、その両方の立場でもある人もいる）にとっても、まさに再建の時であることを意味する。それは個人個人にとって、「自分の城」の設計にほかならない。そして、よく言われることだが、「人生で最も高い買い物」であることが多い。したがって、それに心血が注がれることになるのは当然のことである。しかしその時、地域のこと、自分以外のことには目が向きにくくなる。仮にそちらの方向への意識を持ち続けていたとしても、物理的な時間は「自分のこと」に多く割かざるを得ない。被災後ここに至るまでに繰り返されてきた住民間の議論の焦点が、（防潮堤に代表される）ハードにかかわることに集中し、ソフト面に意識が向かないことを一貫して問題視してきた協議会の中心メンバーは、住宅のことを「自分のハード」と形容した。敷衍すると、これまでは「公共のハード」ばかりについて議論し、それがようやく済んで（もはや市街地の形はほぼ定まった）、やっと「公共のソフト」の話に移れると思えば、今度はそれぞれが「自分のハード」の建設に閉じこもる、というのが、ここまでの田老で起きてきたことの流れだった、ということであろう。

悪いことに、資材不足や人手不足によって、住宅・商店の建設費も着々と高騰しているという。大きな金額の買い物における相場の変動の影響は、とりわけ一個人にとって計り知れないほど大きい。出していた設計を取り下げて、建坪を小さくしなければならないかもしれない。そうしないなら、借金が増えるかもしれない。そういったことに悩めば悩むほど、地域づくりへの意識は遠ざかっていく。また、資金力がある＝生活が安定していて、早くに「自分のハード」の整備を終えられたため、今地域のことにも目を向ける余裕のあるという人は、もちろん、田老の中心部以外の場所に居を構えているのである。これもまた、ある意味でひとつの「溝」ではある。

かくして、「自分のハード」の整備と「公共のソフト」の構築について考える時期が、ぴたりと重なってしまうという、（構造的と言ってもよいかもしれない）タイミングの問題を抱えながら、田老のまちづくり（＝「つながり」の再建と「にぎわい」の創出）は進められなければならなくなった。ただ、住民自身も想定し

ていなかったような短期間のうちに、高台を中心に住宅が一気に再建されたことは、ひとつ好材料であろう36。多くの住民は、今やスタートラインに立っているのである。

④　「まちのこし」のために

　以上、田老の「復興」について、その現状と将来の展望を述べてきた。繰り返しになるが、まちはかつての姿には戻らない。希望を語る余地はそれほどないようにも見える。では、何が目指され、なされるべきなのだろうか。筆者は、定住人口を（劇的に）増やそうとすることでも、交流人口を（劇的に）増やそうとすることでも、それらの結果として田老を「カネを稼げる」ような空間にすることでもないと考える。それは、そのいずれもが、あえてはっきりと言えば、「成し遂げ得ない目標」だからである。高すぎるハードルを、人は跳ぼうとしない。そこに生まれるのは、あきらめだけだろう。

　2015年の調査時に、ある住民に「復興事業の進捗があと何年か早かったら、もっと人は残ったと思いますか？」と問うた。その答えは否、であった。かなり初期の段階の意向調査で、すでに人口流出が避けられない状況は明らかだった、と。もちろん、この同じ問いに「もちろん」と答える住民もいる。どちらが「正解」なのかを問う必要はおそらくない。先述した、「時間が人々の意欲を削ぐ」という話を思い起こせば、まずもって、市街地の再建は早ければそれに越したことがないに決まっている。それより筆者が考えたのは、復興事業のスピードと人口の流出は関係ないと言い切ってしまう姿勢が、「何か／誰かのせいにしない」という覚悟を生むのではないか、ということであった。

　ある住民の言葉をそのまま借りれば、何かや誰かのせいにせず、あきらめずに、「規模に見合った形」で「自分たちでやれる範囲のこと」を「せめてやる気を持」ってやる。そのためには何を目指せばいいだろうか。筆者は、「まちのこし」という言葉を提起したい。それは、まずなにより、田老に残った人たちが、田老というまちをそこで幸せに暮らしていけるような形で「のこす」ことである（これは、そのままの形を保つという意味での「残す」ではない。そのような形は―つらい話ではあるが―いったん失われたのである）。地域にわずかながら残った小学生や中学生たちの安全を守り、学校だけでなく地域で育てる。高齢者の買い物や通院など、日々の暮らしを支える。独居の人を孤立させない。地域の人が（あるいは旅で通りかかった人も？）集まって「お茶っこ」できるような場をつくる。次の津波災害に備えて話し合いや訓練をする。住む人が趣味・生きがいにできるような、小さな商いや活動の機会を生み出す。

　そういった細やかな、言うなれば「ありふれた」活動を積み重ねつつ、田老を

36　一方でそれは、そのような短期間に「無理をして」住宅を建てた住民が少なからずいる可能性にもつながる。今後、経済的・精神的な反動が起きうることは考慮しておく必要があるかもしれない。

外へ、そして未来に向けて開き、つないでいくこともまた「まちのこし」である。そのためのよすがとすべきは、突飛に聞こえるかもしれないが、防浪堤ではなかろうか。これと同じような構造物（多くの場合「防潮堤」と呼ばれる）は全国の津々浦々にあるし、今回の大地震が引き起こした津波で被災した各地では、破壊された防潮堤が（時にかつてよりも大きく）再建され、あるいはこれまでなかった防潮堤が新しく建設される。だが、この構造物にこれほどまでの歴史や記憶を絡めさせ、情念を注ぐ地域は、他にはない。

　田老で大正年間から商いを続ける田中菓子舗は、主力商品のかりんとうの他にも菓子を製造しているが、その中に「防浪堤」という名前の洋菓子がある。また、たろちゃんハウス唯一の食堂で、道の駅で営業を再開した善助屋食堂は、「どんこの唐揚げ丼」という看板メニューを持つが、移転後の新メニューとして「防浪堤カレー」なるものを考えているという[37]。これらに象徴的なように、田老の人たち（のおそらく大部分）は、防浪堤にひとかたならぬ愛着を持ち、ある種自分たちのアイデンティティとまでしている。

　手放しであらゆる防潮堤を肯定するつもりはない。しかし、防浪堤は、田老の（最短でも 120 年間の）歴史を抱き込みながら、そこに「在る」。それは、田老という町の実存と深く結びついているのである。もちろん、防浪堤が「在る」ことだけで済ませるわけにはいかない。昭和、明治、あるいはそれ以前までの津波の記憶を語り継ぎ、「津波防災の町宣言」まで行ったこの田老で、181 人もの命が失われた。田老は確かに、「忘災の町」（ある住民の言葉）になっていたのかもしれない。防浪堤の下にふたたび「防災の町」を再建し、それをあらゆる人（田老に住む人にも、外から田老を訪れる人にも）に、後世にまでわたって伝え続けること。これが田老が田老である意味であり、田老の「まちのこし」の意味につながっているように思えるのである。

　明るい未来は約束されてはいない。しかし、「芽吹き」もある。いま田老で、ボランティアや NPO 活動、若手中心の研究会に携わるなど、これまでとは少し違う形で、地域のことについて考え、活動する 20 代や 30 代の若者が現れ始めているという。確かにこれは、小さな希望である。

　直近で田老を訪れて、筆者の印象に残ったことをいくつか挙げてみる。まずは、野中地区の復旧農地で栽培されたソバを使用した十割そばを提供する「はなや蕎麦たろう」の本設店舗の開店。このソバの栽培と蕎麦屋の起業は、被災後の田老における《新しい企て》の代表である。次に、道の駅の産直館「やませの丘」で売られていた手作りの鮭とば。田老は「鮭のまち」である。しかし、特産の新巻鮭は、立ち寄りの旅行者が気軽に買えるようなものではない。そこで、要冷蔵で

---

[37] 「［商店街再建］（下）にぎわいへ　観光客を意識」『読売新聞』2015 年 9 月 1 日朝刊、31 面。もしかすると、一部マニアの内で話題になり全国各地に広がっている、ライスを堰堤、カレーを貯水池に見立てた「ダムカレー」（http://damcurry.pw/）から着想したのかもしれない。

はなく、鞄に入るサイズで、価格も手軽な鮭とばならば、気軽に「田老の味」を求めることができる。

そして、地元の住民の案内で、今回初めて真横から観た名勝・三王岩の雄大さと、あの日の津波によって海側から運ばれてきた巨石・「津波石」に根付いた小さな松の生命力には心を打たれた。三王岩への遊歩道は一部が破壊されており、現在、多くの観光客は上の展望台から眺めるのみである（筆者もそうだった）。遊歩道は依然手つかずのままだが、展望台付近から海岸に下りることのできる階段の整備がようやく始まっていた。その背後には、遊歩道の早期復旧・整備を求める署名を集めた、住民の活動があった。

こうして田老のあちこちに、少しずつ「点」が生まれている。「点」があるだけでもよいのだが、それは「線」で結ぶこともできるはずである。「線」が増えれば、それは「面」になりうる。「点」の数が多いほど、引くことのできる「線」は増え、多様な形の「面」を描き出すことができるだろう（比喩を走らせすぎかもしれないが、その「面」は「（立）体」をも構成しうる）。田老に、小さくとも美しい形の「面」や「多面体」が広がり、まちが「のこさ」れていくことを筆者は願う。どんなささやかな「点」であれ、誰かが何かの事を起こすことでしか生み出されない。「線」を引くことも、「面」を描き、「多面体」を組み立てることもまた然りである。最後に、筆者が田老で聞いた数多くの印象的な言葉のうちから、被災後この地でずっと走り続けてきたように見える、一人の「商人」の言葉を紹介して結びに代えよう。

　誰かがやらなければならないけども、誰かにやらせるのではなく、自分がやらなければいけない、っていうのは強く思っている。理解はしてもらえないかもしれないけど、そういう「馬鹿」がいてもいいんじゃないかな、とは思ってますね。

参考文献
渋井哲也・長岡義幸・渡部真　2015　『復興なんて、してません』第三書館
田中暁子　2016　「被災跡地利用の現状と課題」『都市問題』107 巻 3 号
山口翠　2015　「合併市町村における地域自治組織　～多様な地域と行政との連携について～（全国地域リーダー養成塾第 26 期　修了レポート）」
　　https://www.jcrd.jp/images/01-jinzai/01-leader/docu/06miyako.pdf

第2節　岩沼市における「玉浦西」への集団移転と住まいの再建

（1）はじめに

　岩沼市は、2011年3月11日に発生した東日本大震災によって市域の約48%にあたる29km²が浸水し、市内の農地の約4分の1が地盤沈下で海抜0メートル以下になり塩害を被るなど、大きな被害をうけた。

　4月25日には、庁内に「岩沼市震災復興本部」が設置されるとともに、「岩沼市震災復興基本方針」が策定された。この基本方針において、計画期間を平成23年度から29年度までの7年間として、スピード感を持って各種事務事業に取り組むものとする」ことが定められた。5月7日から有識者や被災者代表などによる「岩沼市震災復興会議」が開催され、8月7日に「岩沼市震災復興計画グランドデザイン」が決定された。

　被災地区の再建については、3月23日頃から集団移転の希望が出始め、4月18日から開催された6地区代表者会（被害が特に大きかった6地区の区長や町内会長が意見交換をする会）において話し合いが重ねられ、11月には移転先が玉浦西地区に決まった。

　このように、岩沼市ではスピード感を重視した復興計画づくりが行われ、その陣頭指揮をとった井口市長は「復興のトップランナー」と呼ばれてきた[1]。

　本節は、岩沼市のなかでも特に被害の大きかった6地区による「玉浦西」への集団移転決定のスピード感を生み出した要因やそこに内在されている問題点を明らかにする。

（2）玉浦地区の概要

　岩沼市における震災からの復興計画をレビューするには、明治と昭和の町村合併への理解が欠かせない。なぜならば、浸水地域は1955年の合併で消えた「旧玉浦村」と重なっており、被災者の移転先の選択に少なからず影響を及ぼしたからである。そこで、本稿はまず合併の歴史から見ていきたい。

　玉浦村が成立したのは、下野郷、早股、押分、寺島の四ヵ村が合併した1889（明治22）年のことだった（図表3-2-1）。1953（昭和28）年に成立した「町村合併促進法」のもとでは、「おおむね八千人以上の住民を有するのを標準」（第3条）として、行政効率の良い、適正規模の町村をつくることを目指して、昭和の町村合併がすすめられた。当時、玉浦村の人口は9,200人余りで、当初は岩沼町・千貫村との合併協議への参加を決めかねていたが、押分地区の大部分が岩沼町への合併を希望したこともあり、岩沼ブロックの町村合併促進協議会に加入し、合併協議を開始した。そして、1955年4月1日に千貫村・岩沼町・玉浦村が合

---

[1] 井口経明（2015: 75）によると、井口氏を「震災復興のトップランナー」として初めて紹介したのは、2012年6月17日の河北新報。

併し岩沼町（人口 2 万 6,519 人、戸数 4,388、面積 58km²）となった[2]。

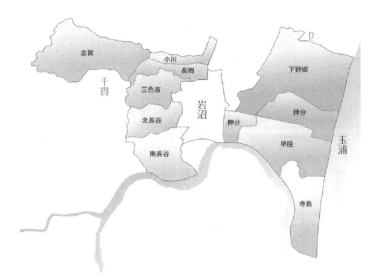

図表 3－2－1　明治の町村合併以前の旧村

図表 3－2－2　昭和の町村合併前後の岩沼町

	旧町村			（新）岩沼町
	千貫村	岩沼町	玉浦村	
人口（人）	4,702	12,093	9,264	26,059
面積（km²）	23.24	5.24	29.81	58.29

図表 3－2－3　昭和の町村合併以前の 3 町村

---

[2] 『岩沼市史』349-350 頁。

新岩沼町役場は旧岩沼町に置かれ、旧玉浦村役場は岩沼町玉浦支所となった。旧玉浦村にあった玉浦小・中学校は、岩沼小学校に統合されることなく現在も存続している。玉浦村役場にあった玉浦公民館は、昭和の町村合併以降は岩沼町玉浦支所で活動を続け、1974年9月5日にコミュニティセンターが開館した[3]。「玉浦」の地名は昭和の町村合併で消えてしまったものの、小中学校や公民館の名称として残り、「特に年配者は玉浦という地名に愛着があり、思い入れが強い」[4]。

　岩沼駅周辺を中心に、旧岩沼町や旧千貫村の人口が増加したのとは対照的に、旧玉浦村の人口は東日本大震災前（2011年2月28日）の時点で8,841人となり、昭和の合併時よりも減少している（図表3-2-4）。

図表3-2-4　東日本大震災被災直前の岩沼市の地区ごとの人口
（2011年2月28日）

	西部地区	中部地区	東部（＝玉浦）地区
人口（人）	16,251	19,036	8,841

出典：「岩沼市行政区別人口統計表」

　岩沼市の産業別15歳以上就業者の割合は、高い方から、その他30.0％、製造業18.5％、卸売業・小売業17.8％、医療・福祉9.4％となっており、農業3.2％、漁業0.0％で第1次産業の割合は低い（図表3-2-5）。

図表3-2-5　岩沼市の産業（大分類）別15歳以上就業者の割合[5]

農業	漁業	建設業	製造業	運輸業・郵便業	卸売業・小売業	宿泊業・飲食サービス業	医療・福祉	その他
3.2	0.0	8.0	18.5	8.0	17.8	5.1	9.4	30.0

出典：平成22年国勢調査結果

　そのなかでも玉浦地区は、岩沼市の販売農家897戸の約60％にあたる538戸、総経営耕地面積1,505haの約66％にあたる989ha[6]がある農業集落だった。「被災した6地区はいずれも江戸時代から続く農村集落で先祖の土地を受け継いだ住民が多」く、「農作業の協力などを通じコミュニティーが維持されていた」という[7]。

　しかし、玉浦地区の販売農家数は、1990年の766戸から、1995年の722戸、2000年の679戸、2005年の629戸、2010年の538戸と減少し続け、高齢化、核家族化の進展とともに、耕作放棄地が増加していた。

　そこで、玉浦小学校や玉浦中学校、公民館を核として新しいまちをつくるため

---

[3] 『岩沼市史』939-940頁。
[4] 河北新報2013年12月27日。
[5] 統計Today　No.41 http://www.stat.go.jp/info/today/041.htm
[6] 岩沼市「岩沼市統計書（平成24年度版）」
[7] 朝日新聞2013年4月1日。

に、三軒茶屋西土地区画整理事業組合が 1999 年 9 月に設立された。名称は 2003 年に「恵み野」と決まった[8]。

保留地は 2004 年 10 月から分譲が始まったが、売れ行きは芳しくなかった[9]。

岩沼市は、岩沼市土地区画整理事業補助金交付要綱、保留地販売活動支援助成金によりこの土地区画整理事業を支援し、事務費で 268 万円、下水道関係で 3 億 1,459 万 4,000 円、水道関係で 6,918 万 6,000 円。保留地販売活動支援助成金 1,500 万円、公共施設管理者負担金 6 億 1,700 万円。そして、環境を整備するために、公園整備費として 1,792 万 5,000 円、道路照明灯の整備費として 244 万 5,000 円。合計としては 10 億 3,884 万円を支援した。2010 年 3 月の時点で、保留地処分数 349 区画のうち 148 区画が契約済みという状況だった[10]。

（3）岩沼市の被災状況

2011 年 3 月 11 日午後 2 時 46 分に三陸沖で起こった M9.0 の地震により、岩沼市は震度 6 弱を記録した。沿岸には津波がおしよせ、市域の約 48％にあたる 29km² が浸水し、旧玉浦村の大部分が浸水域に含まれた。

図表 3－2－6　岩沼市における被害の状況（2015 年 1 月 31 日現在）

人的被害（人）						
死者			行方不明者	負傷者		
直接死	関連死	合計		重傷	軽傷	その他
180	6	186	1	7	286	0

住家被害（棟）				非住家被害（棟）
全壊（床上浸水含）	半壊（床上浸水含）	一部破損	床下浸水	
736	1,606	3,086	114	3,126

（出典：宮城県 HP「東日本大震災の地震被害等状況及び避難状況について」
http://www.pref.miyagi.jp/site/ej-earthquake/km-higaizyoukyou.html
2015 年 3 月 2 日閲覧）

---

[8] 「恵み野」HP、http://www.megumino.net
[9] 平成 17 年第 2 回定例会 2005 年 6 月 14 日。
[10] 2010 年第 2 回定例会（3 日目）2010 年 3 月 2 日。

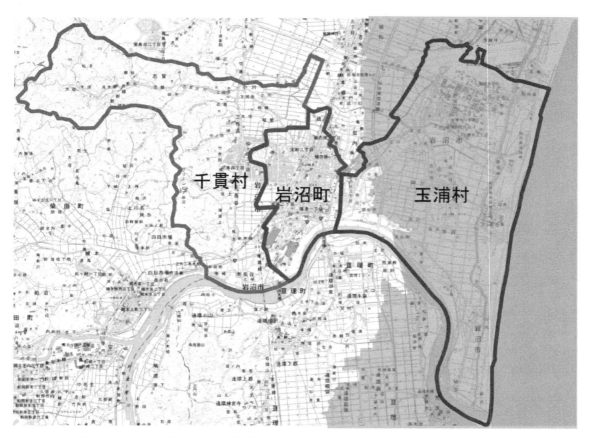

図表3−2−7　東日本大震災時の浸水域と昭和の合併以前の旧町村

　この浸水域を、地区単位でみてみると、相野釜、藤曽根、二野倉、長谷釜、寺島、蒲崎、新浜、沿岸の7地区は3m以上浸水した場所があり、特に二野倉、長谷釜は、最も深いところで5m以上浸水した。内陸になるにつれて浸水深は浅くなり、仙台東部道路の西側にはほとんど津波が到達していない。後に集団移転地となる三軒茶屋西地区と玉浦西地区は浸水域に含まれている。

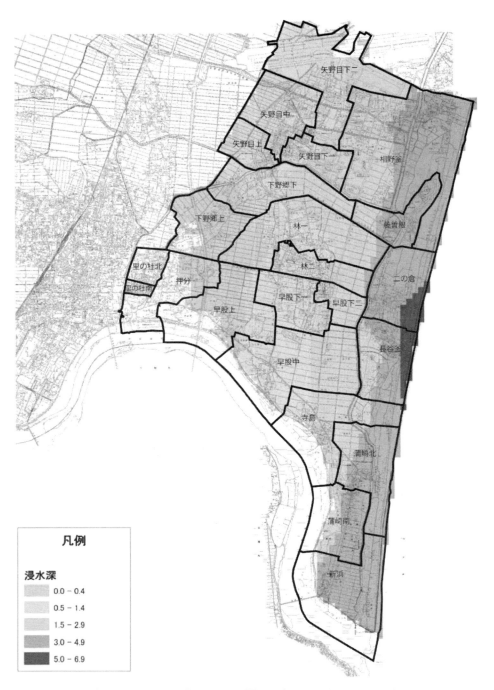

図表3－2－8　東日本大震災時の浸水深と行政区界

　人的被害は死者186名および行方不明者1名で、その中には、避難誘導などの任務中に被災した行政区長1名、消防団員6名、町内会役員数名、市職員4名、警察署員数名も含まれていた[11]。住家被害は全壊736戸、大規模半壊509戸に上った。住家の被災状況は一様ではなく、相野釜、藤曽根、二野倉、長谷釜の貞山

---
[11] いわぬま市議会だより2011年8月、2頁。

堀東側では大部分が全壊してしまったが、蒲崎、新浜の貞山堀西側では半壊で残った住家もあった。

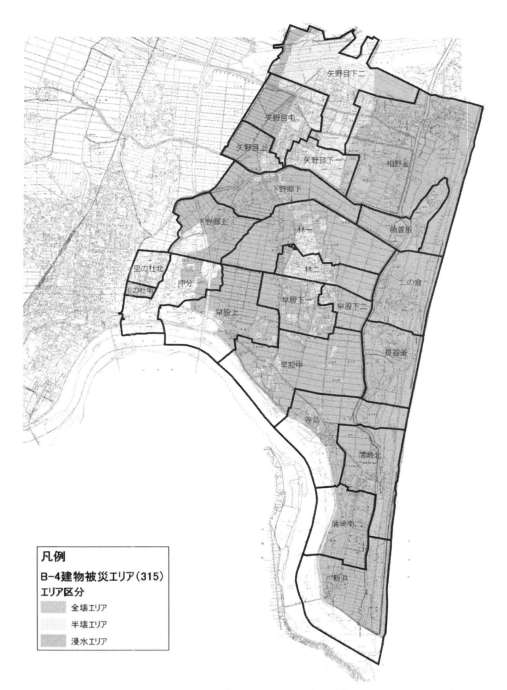

図表3-2-9　東日本大震災による建物被災エリアと行政区界

(4) 岩沼市による震災復興計画の策定
① 被災直後の状況
　地震発生時、井口市長は、建設部長、健康福祉部長とともに、宮城県庁の車寄

せにいたが、即座に市役所に戻り本庁舎5階で幹部職員と会議を始めたところで、岩沼市沿岸に津波が押し寄せた。岩沼市役所本庁舎は浸水しなかった（井口 2015: 10）。

災害対策基本法の規定に基づき、市長を本部長とし、副市長、教育長らで構成される災害対策本部会議が設置され、17時10分に第1回会議が開催された。

岩沼市議会は、2011年2月22日から3月15日までの予定で2月定例会が開催中で、3月4日から10日まで部会で新年度予算の審査が行われ、3月11日はちょうど休会日だった。震災当時の岩沼市議会は定数21人で、そのうち東部地区（玉浦地区）出身議員は7名いた（ただし、後藤一利氏は病気療養のため長期欠席中）。当時市議会議長をつとめていた沼田健一氏は、相野釜地区にあった自宅が津波に流され全壊の被害をうけた。

3月14日に急きょ、会派代表者会議が開催され、一刻の猶予もなく災害に対処すべきとして、定例会を繰り上げて審議するために議員一丸となって予算成立に向けて全力を尽くすことで意見が一致し、その日のうちに予算案が可決された[12]。

② 震災復興に向けた役所内の体制

2011年4月25日、東日本大震災からの復興に関する方針、総合的な施策を迅速かつ計画的に実施できる体制の確立及び震災復興計画の策定を行うために、「岩沼市震災復興本部」が立ち上げられた。同日、計画期間を7年間とすることなどを定めた「岩沼市震災復興基本方針」が決定されている。これは「災害対策本部や幹部会の集まりの中で、色々な話が出ていたものをとりまとめた」ものだった。

4月中に復興基本方針を発表した自治体は岩沼市以外に、仙台市（4月1日）、多賀城市（4月19日）、大船渡市（4月20日）、七ヶ浜町（4月25日）、石巻市（4月27日）である。岩沼市は被災自治体の中でも比較的早期に復興基本方針を発表したと言える。井口市長は、このようにかなり早い段階から復興計画作りに着手した理由として、以下の3点を挙げている（井口 2013: 314-315; 井口 2015: 89-90）。

① 少しでも早く、これからの展望を早く示して市民に安心感を与えたかったこと。
② 復興を国に頼らざるを得ないため、復興ビジョンの打ち出しは早いほど有利と思っていたこと。
③ 岩沼に目を向けてもらうため、まちづくりの方向性を早急に示し、全国から注目されるリーディングプロジェクトを打ち出したいと考えていたこと。

2011年5月1日には総務部内に「震災復興推進室」が設置された。推進室の所掌事務は、（1）被災地域の復興計画に関すること、（2）復興に係る総合調整に

---

[12] 『市議会だより』災害臨時号。

関すること、（3）その他復興推進に関し必要な事項に関することだった[13]。前市民経済部長が総務部長兼震災復興推進室長事務取扱となった。また、全国空港所在市 7 市で締結している「大規模災害等の発生時における相互応援に関する協定」に基づき 6 月 19 日から派遣された伊丹市職員も復興計画策定支援に従事した[14]。

　2012 年 4 月 1 日には、震災復興計画に掲げられた 7 つのリーディングプロジェクトと震災復旧・復興事業の更なる促進を図るために、組織変更が行われ、建設部に復興整備課が、健康福祉部に健康産業政策課及び被災者生活支援室が新設されるとともに、総務部の「震災復興推進室」が「復興推進課」に名称変更された。

図表 3−2−10　岩沼市の組織新設・変更（2012 年 4 月 1 日）

	部・課	主な事務内容
新設	建設部 復興整備課 （市役所 4 階）	（1）　集団移転先の造成、整備など （2）　エココンパクトシティのまちづくりを推進すること。 （3）　千年希望の丘の計画や整備など。
	健康福祉部 健康産業政策課 （市役所 3 階）	（1）　震災復興計画に掲げる「自然共生・国際医療産業都市構想」の具現化。
	健康福祉部 被災者生活支援室 （総合福祉センター）	（1）　応急仮設住宅の運営、被災者の生活支援関係。 （3）　里の杜サポートセンターとの調整。 （4）　東日本大震災に係る災害援護。
変更	総務部 復興推進課 （市役所 5 階）	（1）　震災復興計画の推進および進行管理。 （2）　震災復興本部、震災復興会議に関すること。 （5）　その他震災復興関連の計画、調整など。

　復興整備課への他自治体から派遣職員は、伊丹市と福岡市からの計 2 名だった。また、都市計画課には福岡市と茅野市から計 2 名が派遣された。山元町では 2011 年 6 月に新設された震災復興推進課が宮城県や札幌市からの派遣職員で占められていたのとは違い震災復興について考える中心的な役割は、派遣職員ではなくプロパー職員が担っていたと言える。

③　岩沼市議会の対応

　岩沼市議会では 4 月 7 日に議員全員協議会が開催され、震災に関する対応や専決処分について市長から説明がなされた。それ以降も、ほぼ 2 週間に 1 回のペースで全員協議会が開かれた[15]。井口市長は「本会議と言った形にはこだわらず全

---

[13] 「震災復興推進室の設置に関する規程」平成 23 年 4 月 28 日訓令第 5 号
[14] 2012 年 4 月からは新設された復興整備課に配属になり、2015 年 3 月末まで派遣職員として働いた。
[15] 4 月 7・22・26 日、5 月 13 日、6 月 1・15 日、7 月 6 日、8 月 10 日

員協議会で説明し了解をいただいた上で専決処分という機動的なスタイル」(日本都市センター 2014: 90)をとったと説明している。また、6月定例会は震災対応を最優先とするために、通常の定例会では3日間行う一般質問が行われず、会期が短縮された。

④ 震災復興計画の策定経過

2011年5月6日、(1)東日本大震災の復興に関すること、(2)岩沼市震災復興基本方針に関すること、(3)(仮称)岩沼市震災復興計画に関することについて協議するために、「震災復興会議」が設置された[16]。

岩沼市震災復興会議は、学識経験者、産業関係者、被災者代表、市民代表、合計10名(多様な世代の意見を取り入れる必要があることから、第2回以降、市民代表として2名の委員が加わり合計12名)から構成された。(図表3－2－11)

図表3－2－11　岩沼市震災復興会議　委員一覧

区分	氏名	役職等
学識経験者	◎石川 幹子	東京大学大学院教授(都市工学専攻)
	今村 文彦	東北大学大学院教授
	大澤 啓志	日本大学准教授(景観生態学)
	駒村 正治	東京農業大学教授(農業、塩害対策)
	杉本 隆成	東京大学名誉教授(沿岸生態学 海岸工学)
産業関係者	○小野 宏明	岩沼市商工会長 岩沼市都市計画審議会長
	高橋 弘次	名取岩沼農業協同組合長
被災者代表	沼田 健一	相野釜地区(岩沼市議会議長)
	渡邉 美恵子	矢野目地区(前岩沼市総合計画審議会委員)
市民代表	佐藤 幸男	
	渡邊 大作	
	齋藤 舞美菜	

◎は議長、○は副議長

第1回が5月7日、第2回が5月29日、第3回が7月5日、第4回が8月7日に開催された。岩沼市出身で宮城県震災復興会議委員でもある石川幹子氏(当時は東京大学工学系研究科都市工学専攻教授)が議長をつとめた。

第1回会議には、東京大学工学系研究科都市工学専攻石川幹子研究室の協力によって作成された『岩沼市東日本大震災復興グランドデザイン』の案が「叩き台」として提出された。この案は、会議における議論などをうけて修正され、8月7日の第4回会議において決定され、岩沼市長に提言された。

このグランドデザインの内容を踏まえ、震災復興計画の計画期間である今後7年間の具体的な取組内容を取りまとめた「岩沼市震災復興計画マスタープラン」

---

[16] 「岩沼市震災復興会議の設置に関する要綱」。

が、2011 年 9 月 27 日に策定された。

⑤　岩沼市震災復興会議における集団移転に関する意見

　震災復興会議においては、集団移転に関して、5 月 7 日の第 1 回会議で、この地域に住みたいと思う人は少数派。ほとんどの方は住みたくないと思っている」、「安全、安心なところにどう移すかが課題。恐怖を感じさせないことを基本に考え、対策をとらなければならない」（沼田委員）、5 月 29 日の第 2 回会議で「被災があった地区の総会等では、早く行政がいろいろな提案を示してほしいという意見がある。集団移転についても市の方針を示していただきたい」（沼田委員）、「仮設住宅の入居者同士の語り合う場が必要である。集団移転をするとすれば、各地区全体で準備していく。そのような共同体としての準備がなければ、バラバラになってしまう」（杉本委員）という意見が出た。

　また、7 月 5 日の第 3 回会議では、「市民の一人一人に対して情報が行き届いていないように感じた」（渡邊委員）という意見に対して、菊地副市長[17]は「コミュニティによって移転を希望している場所が異なるため、現在説明会に関する調整を行っている。集落ごとの説明会と共に、この計画を市民へどのようにお知らせするかについては、議会への報告やパブリックコメント等を考えている」と答えている。8 月 7 日の第 4 回会議では市から市民への説明状況について、同じく菊地副市長が「全体で 3 回、個別地区懇談会を各地区 1 回開催してご意見をうかがっている段階である。市では住民の意思を尊重したい。集団移転をしたいとの意見を踏まえて具体的な場所等についてやりとりをさせてもらっているが、もう少し時間がかかると考えている」と述べている。

⑥　『岩沼市震災復興基本方針』および『岩沼市東日本大震災復興グランドデザイン』における集団移転先に関する記述

　2013 年 4 月 25 日に決定された『岩沼市震災復興基本方針』では、(1) チーム岩沼、オール岩沼、オールジャパン、(2) 歴史を大切にした安全・安心な市域づくり、(3) 岩沼の個性、特性を活かした産業の再構築、(4) 時代を先取りした先進的な復興モデルという 4 つの基本理念が掲げられており、(2) の項目の一つとして、「地域コミュニティの再生を尊重したコンパクトシティ化」が挙げられている。

　前述したように、5 月 7 日の第 1 回岩沼市震災復興会議には、4 月 20 日に作成された『岩沼市東日本大震災復興グランドデザイン（案）』が「叩き台」として提出されている。

　このとき、(1) 市沿岸部に複数の丘陵状の松林を築く「津波よけ千年松山」[18]整

---

[17] 4 期 16 年市長を務めた井口氏の後を継ぎ、2014 年 6 月、岩沼市長に就任した。
[18] 2011 年 5 月 19 日朝日新聞や、5 月 29 日に開催された第 2 回岩沼市震災復興会議以降では「千年希望の丘」と記載された。

備、（2）海岸と並行して走る市道空港三軒茶屋線のかさ上げ（3）貞山堀の護岸強化、以上、3つのプロジェクトによって津波の力を軽減させたうえで、既存の区画整理地区である三軒茶屋地区に隣接した場所を被災集落の集団移転地とし、「コミュニティーを尊重した集団移転によるエコ・コンパクトシティー」を実現する案が示された。

　その後も『岩沼市東日本大震災復興グランドデザイン（案）』には、三軒茶屋地区に隣接した地区が被災集落の集団移転先として図示され続け、8月7日に決定されたグランドデザインでは、「具体的な移転先を示すものではない」とのただし書きがつけられているものの、「まちづくりの基本方針」の一つとして、「地域の意向を十分踏まえ」て、「エコ・コンパクトシティの形成を基本とする集団移転等」について検討を進めていくとされている（図表3－2－12）。

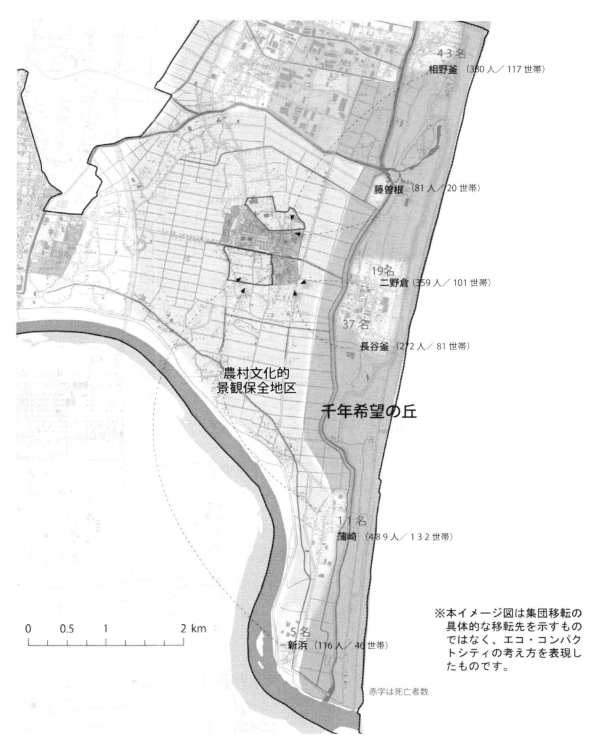

図表3-2-12 『岩沼市震災復興計画グランドデザイン』
エコ・コンパクトシティのイメージ図

（5）集団移転に向けた被災地区の意見と動向

① コミュニティの重視

　岩沼市は津波によって市域の約 48％が浸水するなどの被害をうけ、被災後のピーク時には 6,825 人が 26 カ所の避難所に避難した（岩沼市 2014: 3）。数日後には主な避難所は岩沼市民会館と岩沼市総合体育館の二ヶ所に集約され（岩沼市 2014: 1；井口 2015: 57）、避難所の部屋割りが集落単位で行われた（井口 2015: 60）[19]。

　市民会館における集落ごとの部屋割りは 3 月 13 日から行われ、15 日にほぼ確立した。17 日からは、1：早股（中・下一・下二）、2：下野郷（上・下）、3：藤曽根、4：矢野目、5：二野倉、6：林（一・二）、7：恵み野、8：里の杜、9：新浜、10：蒲崎、11：寺島、（12：市外）の代表者会議が毎日行われ、意見交換や情報共有が図られた[20]。

　岩沼市では、仮設住宅の入居に当って抽選は一切行われず、整備された仮設住宅の戸数におさまる集落ごとに入居させるというやり方がとられた。そして仮設住宅地内の配置は、7〜8 人の大家族が隣り合って住めるように割り振るなど、住民のニーズを把握している町内会長などの地域のリーダー役が、大きな役割を果たした[21]。こうして、「地域コミュニティを維持しながら、自ずと『またみんなで暮らそうね』『またみんなで頑張ろうね』と思える環境づくり」が最優先された（井口 2015: 60-61）。

　3 月 28 日に、市民会館東側にある里の杜駐車場における仮設住宅建設工事が始まり、4 月 27 日に 18 棟 102 戸が完成した（岩沼市 2014: 22）。

　その後も着々と仮設住宅の建設が進み、里の杜東住宅には、相野釜地区、長谷釜地区、二野倉地区、里の杜西住宅には藤曽根地区、蒲崎地区、新浜地区、寺島地区、林地区の一部、里の杜南住宅には矢野目地区、林地区の一部、市外の被災者が入居し、6 月 5 日までに全避難所が閉鎖された。

　また、2011 年 5 月 16 日の岩沼市震災復興本部では、震災復興会議で議論されていた『岩沼市東日本大震災復興グランドデザイン（案）』に関して岩沼市として検討すべき内容等が話し合われ、集団移転については、「移転先の希望、地域コミュニティに関することなど、地域の意向を尊重し、場所の選定については慎重に行う必要がある」ことが決定事項とされている[22]。

---

[19] 相野釜は農村環境改善センターに避難した（河北新報 2011 年 4 月 17 日、広報いわぬま 2011 年 6 月号）

[20] 菅原清氏（当時の市民館長）提供資料『市民会館避難所での主な出来事』

[21] 朝日新聞 2011 年 6 月 24 日。

[22] 『岩沼市震災復興本部決定事項』。

図表3-2-13　仮設住宅位置図
（出典：『岩沼市震災復興計画グランドデザイン』19頁）

② 地区代表者会

　避難所では、2011年3月末から集団移転の希望が出始めた[23]。井口市長は「被災地区の中には集団移転したいという所もある。多くの人がそういう意見なら実現できるよう努める。復興計画に各地域の将来像を描くに当たっては、住民の声を反映させる」[24]という考えだった。

　2011年4月18日に、町内会長や区長などの地区の代表者で構成する「6地区代表者会」の第1回が開催された。この会は、市が震災復興本部の情報や今後の計画を伝え、代表者が被災住民の意見や要望を市に伝える場だった。

　第1回の代表者会では、「地区がまとまって移転したい。資金が必要だが、行政の支援が必要」（相野釜）、「津波の恐ろしさを考えると、今の場所には住みたくない」（藤曽根）、「農業が可能になったとき、再び就農できるよう近くに移転した

---

[23] 長谷釜町内会長は、「市内の別の地域への集団移転を望んでいます」と2011年3月29日に避難所を訪れた新聞記者に語っている（朝日新聞2011年4月4日）。菅原清氏提供『市民会館避難所での主な出来事』には、「集団移転への希望が出はじめる（3月23日～）」と記載されている。
[24] 河北新報2011年4月10日。

い」（二野倉）などの意見が出た[25]。

　第 1 回（4 月 18 日）は被害状況等、第 2 回（5 月 2 日）は復旧・復興等、第 3 回（6 月 21 日）は集団移転、復興グランドデザイン、第 4 回（10 月 4 日）は移転先候補地等について主に話し合われた。そして、第 5 回（11 月 2 日）で、具体的な移転先を選ぶために 6 地区の代表者が集まって議論を行い、岩沼市が示したいくつかの案の中から（井口 2015: 61）、「恵み野」の西側隣接地区（＝のちの「玉浦西地区」）にすることで意見がまとまった。

③　被災世帯の集団移転の希望

　沿岸部の 6 地区の被災世帯に対しては、2011 年 5 月中旬に町内会長を通じてアンケート用紙が配布され、集団移転の意志を確認するアンケートが岩沼市によって行われた。

　集団移転については、「地区全体の集団移転が望ましい」「希望者のみ移転が望ましい」「行うべきでない」「その他」の 4 択で質問し、「今後居住する地区への希望」「集団移転に伴う不安」などの自由回答欄も設けられた[26]。

　アンケートは、497 世帯のうち 71.0％にあたる 353 世帯が回答した。震災以前の居住地区が集団移転することになった場合、移転を希望しますか」との問いに対して、170 世帯が「希望する」、119 世帯が「地区の大部分が移転するのであれば希望する」と回答し、全体の 81.9％に当たる 289 世帯が集団移転に前向きだった。

　集団移転を希望する（「希望する」と「地区の大部分が移転するのであれば希望する」）と回答した世帯の割合は、長谷釜町内会が 66 世帯中 64 世帯（97.0％）、二野倉町内会が 80 世帯中 70 世帯（87.5％）、藤曽根町内会が 15 世帯中 12 世帯（80.0％）、相野釜町内会が 76 世帯中 58 世帯（76.3％）、新浜契約会が 27 世帯中 20 世帯（74.1％）、蒲崎町内会が 89 世帯中 65 世帯（73.0％）だった[27]。

　移転希望地については、東部地区が 28.9％、それ以外の地区が 49.4％で、自由記入欄には、最終的に移転先となる「恵み野西」だけではなく、「恵み野南」、「前條周辺」、「矢野目農村公園西」、「間畑地区」、「早股上」、「東部道路の西側」などがあげられていた[28]。藤曽根、二野倉、長谷釜の人達は恵み野西、蒲崎、新浜の人達は押分あたり、相野釜の人達は空港辺りと、各地区が最寄りの幹線道路沿いに内陸に入ったあたりへの移転希望が多かったという。

---

[25] 河北新報 2011 年 4 月 19 日。
[26] 河北新報 2011 年 5 月 25 日。
[27] 河北新報 2011 年 6 月 22 日。
[28] 岩沼市議会会議録　平成 23 年第 4 回定例会 3 日目　2011 年 11 月 29 日。

④ 「地区」としての集団移転の希望

　各地区でそれぞれに住民の話し合いが行われた[29]。また、各地区の要請に応じて、各町内会等の総会・全体会や役員会に、市職員が参加し、集団移転に関する制度の説明等をすることもあり、その回数は、相野釜5回、藤曽根2回、二野倉5回、長谷釜6回、蒲崎8回、新浜6回に及んだ[30]。

　長谷釜町内会は2011年5月22日に臨時総会を開催し、参加68世帯の全世帯一致にて、集団移転を市に対して求めて行く方針を決めている。この時点では、希望する移転先の意見集約は行われなかったが、「もし集団移転できるならば、(津波被害の少なかった) 仙台東部道路の西側に移転したい」との声も上がったという[31]。

　仙台東部道路によって津波の被害がくいとめられたため、より安全な場所を求める場合は、その西側が選択肢となるが、仙台東部道路の西側で旧玉浦村にあたるのはほんのわずかであり、「生まれ育った東部地区」に住みたい[32]という思いにこたえるためには、東側が有力な選択肢となる。

　2011年8月7日に行われた相野釜地区の集団移転に関する検討会では、66%の住民は集団移転したいという意見で、東部道路の東側にあり、2000年頃から土地区画整理が行われていた「恵み野」の西側が「一番の移転先」という状況だった[33]。

　2011年9月時点で町内会として市に集団移転を要望したのは2地区だけだった[34]。

　住み慣れた土地を離れたくない人もいたために、各地区で意見の取りまとめに苦労したものの、前述のように、2011年11月2日に開催された6地区代表者会で相野釜、藤曽根、二野倉、長谷釜の沿岸4地区が「恵み野」西地区に移転することが決まった。

　移転先の決定過程について岩沼市の担当者は、「どこに集団移転したいかということは地区ごとに話し合ってもらった。色々な案があって、兼業農家だから農地に近いところが良いとか、津波が来たところに住みたくないから山の方に住みたいとか。玉浦に残りたいという人も沢山いた。各地区から出た移転先案は、それぞれの地区ごとに複数あった。各地区から出た案をもとにして、代表者会議で話し合って、たまたま玉浦西が全ての地区に共通してあったので、そこに落ち着いたという結果」と述べている。

　「アンケートはとったけれども、最終的には、部落会長の一言で、玉浦西一ヶ

---

[29] 岩沼市議会会議録　平成23年第4回定例会3日目　2011年11月29日。
[30] 平成23年第3回定例会 (3日目) 2011年9月13日;「岩沼市の防災集団移転の事業概要等 (2013年7月12日第6回宮城県被災者復興支援会議資料)」。
[31] 河北新報2011年5月23日。
[32] 藤曽根町内会長『市議会だより』2011年8月号。
[33] 第4回岩沼市震災復興会議概要。
[34] 岩沼市議会会議録　平成23年第3回定例会2日目　2011年9月12日。

所に決まった。部落の意見としては、何か所かあったが、上の連中が決めてしまった。相野釜の中でも3つくらい意見があったのに、全会一致で一ヶ所に決まったということになっている。アンケートの結果、一番件数が多かったのが、玉浦西だったということだが、最終的に玉浦西にするという決選投票はなかったし、部落会長に一任したこともない」と、地区内の意見集約の方法に不満を持っている住民もいる。

岩沼市沿岸部の中でも南に位置する蒲崎・新浜地区は、貞山堀の東西で被害状況が違い、修繕すれば住める家屋も多くあったため、集団移転の合意形成は特に難航した。蒲崎町内会長は、「住宅再建には、貞山堀の東と西では温度差があります。東側では集団移転を望む声が多く、西側では地域の環境衛生面の早期改善を求めて住宅再建に前向きの人もあり、また、市街化調整区域に農地を取得して住宅再建の考えの人もいます。地域を一つにまとめるのに苦慮しているのが現状です」[35]と語っており、集落の意見を一つにまとめることが難しい状況だったことがわかる。

10月29日付で、「東日本大震災に伴う蒲崎地区の集団移転に関する陳情」「東日本大震災に伴う蒲崎地区の環境整備に関する陳情」が市議会に提出されている。どちらも、蒲崎地区震災復興協議会（会長：町内会長、副会長：蒲崎北区長・蒲崎南区長）が陳情者であり、集団移転をしたい人と、現地再建をしたい人で意見がわれていることがわかる。

蒲崎町内会長は「ほとんどの家が流失してしまった市沿岸北部に比べると、流されなかった家が多い。移転資金を工面できない人は戻らざるをえない」[36]と住民の意見がわれた理由を説明している。

（6）岩沼市による防災集団移転促進事業の推進

「復興整備計画マニュアル」が公表されたのは2012年1月31日のことだった[37]。岩沼市では、防災集団移転促進事業の様式が不明な中で、中越地震などで使われた様式をベースに仮の申請書を作成するなど、国に先んじて、手探りで準備が進められていた。

また、岩沼市は、新聞や過去の防災集団移転促進事業を参考にして、東日本大震災特別区域法が成立する12月14日以前から集団移転に関する意向調査を行い、大体の移転希望者の人数を把握し、面積を想定した。

① 玉浦西の用地交渉

2011年11月21日に集団移転先用地の地権者を集めた説明会が行われ、用地交渉が始まった。東日本大震災特別区域法が成立する2011年12月14日以前で

---

[35] 市議会だより2011年8月。
[36] 河北新報2011年12月16日。
[37] 復興庁HP>新着情報>2012年1月 www.reconstruction.go.jp/topics/n12/01/

財源の裏付けはまだなかったものの、法の成立を待ってから動くと遅くなってしまうので、岩沼市は想定で動けるところはスピード感を持って対応した[38]。

地権者からは、「私たちも被災しているし、被災者と同じ地区ですから協力しましょう」という理解ある姿勢が示され、一般の公共用地の買収に比べると、交渉は比較的スムーズに進んだ[39]。

その後は、行政区ごとの地権者代表を窓口として市の考え方や諸手続き等に関する説明が行われ、地権者会が12月下旬に開催された。2012年3月29日に全地権者87名が売却に合意した[40]。

② 第1回集団移転に関する個別面談調査

集団移転の意向を固めた4地区の住民に対しては、2011年12月1日から12月22日にかけて総合福祉センターの会議室で集団移転に関する個別面談調査が開催され、個別に意向の聞き取りが行われた。

A：集団移転（土地購入、建物建築）、B：集団移転（土地借地、建物建築）、C：集団移転（災害公営住宅）、D：個別移転等の中からケースを選択し、A、B、Cを選択した人には世帯人数（同居予定人数）、A、Bを選択した人には移転先で希望する敷地面積と、「① 新たに造成する地区（玉浦西）」「② ①に隣接する土地区画整理事業地区（恵み野）」のどちらを希望するかなどの設問があった[41]。

市議会における建設部長の答弁によると、このアンケートの結果は、集団移転が190世帯、災害公営住宅が133世帯、個別移転が94世帯、現地再建が22世帯、まだ判断しかねるが18世帯[42]で、防集事業で整備する団地へ合計323世帯（70.6％）が移転を希望していた。

また、新聞報道によると、その地区ごとの内訳は、相野釜、藤曽根、二野倉、長谷釜の4地区（計271世帯）では、Aが44世帯（16％）、B，Cがそれぞれ81世帯（30％）、蒲崎・新浜地区（計150世帯）では災害公営住宅の入居希望（C）が30％に達した[43]。

この調査時に提示されたと思われる『移転のケース別必要経費と補助等一覧』には「買い取り費用については、不動産評価を行い決定いたします」との注意書きと共に、宅地・農地とも、「過去の事例では被災前の7割から4割の価格」と書かれている。

藤曽根町内会長は新聞に「被災した土地の買い取り価格や集団移転先の借地代を早く示してほしい。資金計画が立たないと家を建てられるのか、災害公営住宅

---

[38] 岩沼市議会会議録 平成23年第4回定例会3日目 2011年11月29日。
[39] http://www.nhk.or.jp/ashita/support/meeting/20121118/
[40] 河北新報 2012年3月31日。
[41] 「集団移転に関する調査票」。
[42] 岩沼市議会会議録 平成24年第4回定例会3日目 2012年6月19日。
[43] 朝日新聞 2011年12月24日。

に入らなければいけないかも決められない」[44]と語っていることから、資金面について不透明な状況で、被災者は第1回個別面談調査に回答していたと考えられる。

この面談調査の翌月の新聞記事で長谷釜地区の男性は「被災宅地の買い上げ価格や移転先の借地料が不明で、先の見通しが立ちません。地区から出て行くと決断した住民もいて、絆がほころんでいくことが心配です」[45]と述べており、当初から集団移転の意向を示していた地区においても、被災から約10か月が経過して個別移転が出はじめたことがわかる。

③ 沿岸6地区を対象とする移転促進区域の指定

2012年2月16日の6地区代表者会において、沿岸6地区を防災集団移転促進事業の「移転促進区域」とする方針と、区域内の土地の買取想定額が岩沼市によって示された。

前述のように、相野釜、藤曽根、二野倉、長谷釜の4地区は集団移転で合意していたが、蒲崎、新浜地区は集団移転の合意に至っていなかった。

未同意地区も移転促進区域としたことについて、井口市長は、「蒲崎、新浜でも、多数いる移転希望者に移転事業を適用するには促進区域の設定が必要。一方で、家を改築済みの住民の権利も最大限尊重したかった」と説明している[46]。

蒲崎、新浜地区では約20世帯が現地再建を希望し、一部住民が津波で損壊した自宅を修理し、再び住み始めていた[47]。

新聞報道によれば、土地買い取り価格は、震災前の不動産鑑定価格の6〜8割程度とし、宅地が5,400円／m²以上、農地が360円／m²以上、玉浦西地区の分譲価格は4万2,000円／m²以下、借地で自宅を再建する場合の賃料は、100坪あたり月額8,000円程度とされた。市による再建費用のモデル試算も示された。それによると、宅地100 m²・農地300 m²を所有し、移転先で330 m²の土地に132 m²の住宅を建てる場合、土地の売却収入648万円に対し、土地購入と住宅建設で2,986万円かかると見込まれていた[48]。

同27日の市議会において、被災市街地の事業の展開や土地利用計画を明確に打ち出すことによって付加価値を高め、震災前の不動産鑑定価格の8割以上の価格で買い取るような対応を求める質問が出た[49]。

これに対し、井口氏は、跡地を千年希望の丘やメモリアルパークとして活用することによって不動産鑑定価格が高くなることを狙っている旨の答弁をしている。

---

[44] 河北新報 2011年12月16日。
[45] 河北新報 2012年1月17日。
[46] 河北新報 2012年2月17日。
[47] 河北新報 2012年3月29日、朝日新聞 2012年3月30日。
[48] 朝日新聞 2012年2月17日、河北新報 2012年2月17日、毎日新聞 2012年2月19日。
[49] 平成24年第3回定例会（2日目）2012年2月27日。

④　復興整備計画の決定

　東日本大震災の被災市町村長が会長となり、知事や国の関係機関の長などが構成員となって、復興整備計画及びその実施に関し必要な事項をワンストップで協議する組織である「復興整備協議会」が、東日本大震災復興特別区域法第 47 条によって規定された。

　2012 年 2 月 17 日に第 1 回岩沼市復興整備協議会特別会議が開催され、「集団移転促進事業（玉浦西地区）」「集団移転促進事業（三軒茶屋西地区）」、「その他施設の整備に関する事業（玉浦西地区災害公営住宅整備事業）」を盛り込んだ復興整備計画が審議され、3 月 23 日の第 2 回会議で復興整備計画が了承され、同 30 日に公表された。復興整備協議会で防災集団移転促進事業が承認されたのは、石巻市鹿立浜地区（11 世帯）・小室地区（18 世帯）と並んで被災三県で初めてのことだった。

　『岩沼市復興整備計画』は、防潮堤（第 1 次防潮）、貞山堀嵩上げ（第 2 次防潮）、市道空港三軒茶屋線嵩上げ（第 3 次防潮）によって多重防御をしたうえで、既存の土地区画整理事業地区の一部である三軒茶屋西地区 7,800m² と、そこに隣接した玉浦西地区 19 万 5,600m² に、合計 20 万 3,400m² の住宅団地を整備する。そして、相野釜、藤曽根、二野倉、長谷釜、蒲崎、新浜の 6 地区・計 471 戸（612 世帯、1,883 人）のうち、計 377 戸（484 世帯、1,504 人）を集団移転させるという内容だった（図表 3−2−14、図表 3−2−15）。

　三軒茶屋西地区には 29 区画の住宅敷地を、玉浦西地区には 192 区画の住宅敷地と公営住宅 224 戸（そのうち、6 地区からの移転者用が 156 戸）、公共施設などを整備することとされた。

　三軒茶屋西地区は「本地区は既存の土地区画整理事業地区の一部であり、移転までの期間短縮、安全性、造成コスト等の観点から最適である」、玉浦西地区は「本地区は既存土地区画整理事業地区に隣接した地区であり、コンパクトな市街地の形成、安全性、利便性、造成・維持管理コスト等の観点から最適である」ことが、用地の選定理由とされた。

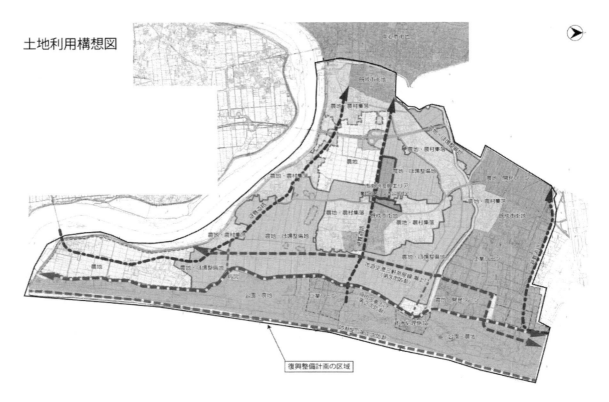

図表 3－2－14　土地利用構想図
（出典：岩沼市・宮城県『復興整備計画（平成 24 年 3 月 30 日）』）

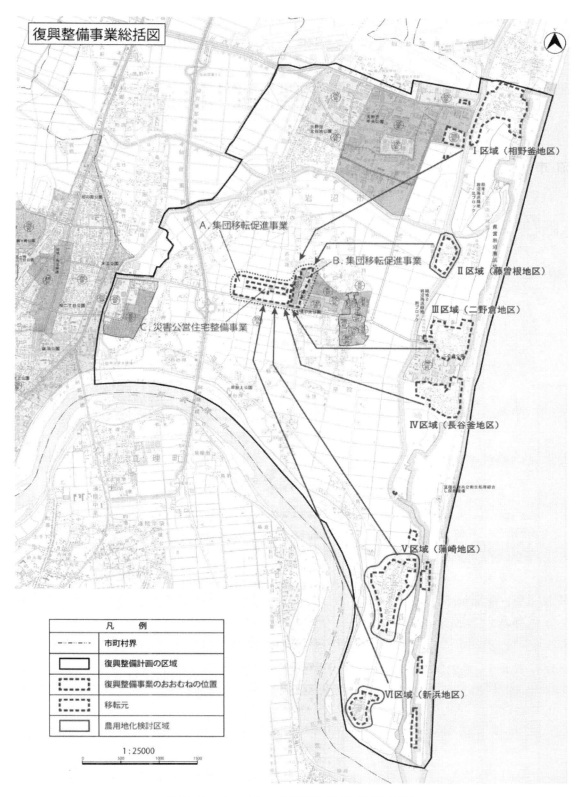

図表 3－2－15　復興整備事業総括図
（出典：岩沼市・宮城県『復興整備計画（平成 24 年 3 月 30 日）』）

「買取単価については、鑑定評価が未着手であるため、今後精査した結果変動がある」とただし書きがつけられたものの、移転促進区域内における宅地と農地の買取り計画も示された（図表3−2−16）。地区ごとに買取単価は異なっており、仙台空港に近い北側の相野釜地区が一番高く、一番南側の新浜地区が一番低く設定された。

　買取単価と面積、移転促進区域内の住戸数から一住戸あたりの平均買収費を計算すると、相野釜1,299万円、藤曽根1,305万円、二野倉1,064万円、長谷釜1,154万円、蒲崎1,004万円、新浜805万円となる。

図表3−2−16　移転促進区域内における宅地および農地の買取り計画
（「岩沼市防災集団移転促進事業計画書」2012年3月30日公表）

| 移転促進区域名 | 宅地等買取面積　（m²） | | | 買取単価（1m²当り）（円） | | | 買収費（千円） |
| | 宅地 | | 農地 | 宅地 | | 農地 | |
	住宅用地	その他		住宅用地	その他		
相野釜地区	147,458	1,802	88,494	9,800	9,800	500	1,506,995
藤曽根地区	29,371	0	43,628	7,700	7,700	500	247,971
二野倉地区	109,171	2,522	60,410	8,400	8,400	500	968,678
長谷釜地区	98,222	0	38,014	8,500	8,500	500	853,894
蒲崎地区	164,480	1,009	87,456	7,500	7,500	500	1,284,896
新浜地区	51,646	898	51,292	6,100	6,100	500	346,164
計	600,348	6,261	369,294				5,208,598

⑤　第2回集団移転に関する個別面談調査

　2012年5月23日から6月3日にかけて岩沼市総合体育館において第2回個別面談調査が行われた。このとき、諸手続きを経て決定された正式な価格ではないものの、買取標準価格が示された。この価格は被災前の75〜80％で、相野釜、二野倉・長谷釜は市街化区域・市街化調整区域の別、蒲崎・新浜は貞山運河の西側・東側で価格が細かく設定された。

　移転促進区域内の農地は「介在農地」、同区域外の農地は「純農地」と定義され、「介在農地」は2,250円〜12,800円/m²、「純農地」は貞山運河の東側が700円/m²、西側が740円/m²という参考価格が提示された[50]。

---

[50]　「集団移転に係る移転方法別必要経費と補助等一覧」。

図表 3－2－17　移転促進区域内の宅地及び介在農地の買取標準価格

地区名等	宅地 （円 /m²）	介在農地 （円/m²）
相野釜	11,300	3,380
相野釜（新拓・市街化区域）	15,200	12,800
相野釜（西原・市街化区域）	14,400	12,000
藤曽根	8,250	2,480
二野倉	9,380	2,810
二野倉・長谷釜（市街化区域）	13,600	11,200
長谷釜	9,000	2,810
蒲崎（貞山運河の西側）	8,250	2,480
新浜（貞山運河の西側）	7,880	2,250
蒲崎・新浜（貞山運河の東側）	7,500	2,250

　調査票の質問項目には、「1 世帯の状況について」、「2 移転促進区域内の土地の買い取りについて」、「3 移転促進区域外の土地の買い取りについて」、「4 今後の移転先と住まいについて」、「5 営農及び農業施設について」、「6 玉浦西地区の公共・公益施設等について」があり、この調査票の記載内容に基づき「（仮称）玉浦西地区まちづくり検討委員会」等において、集団移転先のまちづくりについて詳細検討を進めていくこととされた。

　特に、設問4は、移転区分と移転方法等に関して尋ねており、下記のようなものだった（図表 3－2－18）。

図表 3－2－18　移転区分と移転方法等に関する質問項目

移転区分		移転方法等		
A	集団移転先の土地を購入	A1 玉浦西地区（新たに造成する地区）		移転先で購入を希望する面積（　　坪・㎡）移転先で借地を希望する面積（　　坪・㎡）
		A2 三軒茶屋西地区（区画整理事業地内の移転先）		
B	集団移転先の土地を借地	B1 玉浦西地区（新たに造成する地区）		※借地の場合は、100坪が上限です。※玉浦西地区は、市街化区域（都市計画税が課税されます。）に編入されます。※土地の借地と購入を組み合せることも可能です。
		B2 三軒茶屋西地区（区画整理事業地内の移転先）		
C	集団移転先の災害公営住宅	(1)　集合住宅①1LDK・2DK②2LDK・3DK③3LDK		(1)　災害公営住宅家賃の算定を行うために、入居者全員の税情報を市（復興整備課）が調査することに同意しますか。①同意する　②同意しない※②を選んだ方は、税証明の提出が必要になります。
		(2)　戸建住宅①2LDK・3DK②3LDK③4DK		(2)　戸建住宅を選んだ方は、住宅の払下げを希望しますか。①希望する　②希望しない
D	個別移転	(1)　移転済み		(1)　移転先住所　※移転済みの場合は、住所の記入は不要です。（　　　　　　　　　　　　　　　　）(2)　住宅形態①自己所有　②賃貸住宅　③その他（　　　　）(3)　移転（予定）時期 平成　年　月　日（頃）
		(2)　今後移転予定		
E	その他	場所（住所）		※「1世帯の状況について」の被災後住所と同じ場合は、記入の必要はありません。
		A～Dを選択しなかった理由		

　アンケートの対象とした531世帯のうち、約92.5％にあたる491世帯が2012年8月31日時点で回答し、集団移転への参加意向を示したのは279世帯（56.8％）だった。その内訳は、「集団移転先の災害公営住宅」が118世帯（24.0％）と最も多く、「集団移転先の土地を借地」は104世帯（21.2％）で、「集団移転先の土地を購入」は57世帯（11.6％）だった。

　集団移転へ不参加の意向を示したのは212世帯（43.2％）で、内訳は「個別移転」が177世帯（36％）、「その他」が35世帯（7.1％）だった[51]。

⑥　防災集団移転促進事業の変更

　「岩沼市防災集団移転促進事業計画」は、2012年3月30日に公表（①）された後、同年11月2日に「第1回変更」（②）、2014年3月28日に「第1回変更

---

[51] 平成24年第6回定例会（3日目）2012年9月11日。2012年6月19日に開催された市議会の平成24年第4回定例会における渡辺泰宏建設部長の答弁の時点では、集団移転（土地購入及び借地）が190世帯、災害公営住宅が133世帯、個別移転が94世帯、その他が40世帯。「その他」の内訳は、現地再建が22、まだ判断しかねるが18。

の第1回軽微な変更」（③）がされている。

　住宅敷地の区画数は、玉浦西は①192 区画→②173 区画→③158 区画、三軒茶屋西は①29 区画→②29 区画→③13 区画に減少している。また、2014 年 4 月 27 日にほぼ全ての宅地の契約を完了し、分譲地が 35 区画、借地が 79 区画、分譲地と借地の併用が 32 区画、合計 146 区画で、12 区画が空き区画となっている[52]。

図表 3－2－19　防集により整備する住宅団地の面積・区画数等の変化

				①第1回目の公表 （2012年3月30日）	②第1回変更 （2012年11月2日）	③第1回変更の軽微な 変更（2014年3月28日）
玉浦西	住宅用地	住宅敷地	面積　㎡	70,500	56,300	57,094
			区画数	192	173	158
			平均面積　㎡	367	325	361
		公営住宅用地	6地区　戸数	156	126	111
			面積　㎡	44,800	36,800	41,307
		面積計	㎡	115,300	93,100	98,401
	関連 公共施設等 用地	道路	㎡	38,300	41,300	38,793
		集会施設	㎡	1,600	1,700	1,700
		広場	㎡	19,000	30,800	30,797
		その他	㎡	4,900	10,600	8,534
		面積計	㎡	63,800	84,400	79,824
	公益的 施設用地	公益的施設	㎡	16,500	22,100	21,388
		住宅団地に占める割合	％	8.4	11.1	10.7
		合計	㎡	195,600	199,600	199,613
三軒茶屋西	住宅用地	住宅敷地	面積　㎡	7,800	7,800	3,771
			区画数	29	29	13
			平均面積　㎡	269	269	290
		公営住宅用地	6地区　㎡	0	0	0
			㎡	0	0	0
		面積計	㎡	7,800	7,800	3,771
	関連 公共施設等 用地	道路	㎡	0	0	0
		集会施設	㎡	0	0	0
		広場	㎡	0	0	0
		その他	㎡	0	0	0
		面積計	㎡	0	0	0
	公益的 施設用地	公益的施設	㎡	0	0	0
		住宅団地に占める割合	％	0	0	0
		合計	㎡	7,800	7,800	3,771

　また、移転促進区域内における宅地と農地の買取り計画は、表 11、表 12 のように変化した。農地の買取り面積が、約 37ha だったのが、第 1 回変更で約 56ha に増加したことと、一律 500 円だった農地の 1 ㎡当り買取単価が、2,250 円（新浜）～4,396 円（相野釜）に増額されるなど、どの地区も買取面積・単価が増加している。

　買取単価と面積、移転促進区域内の住戸数から一住戸あたりの平均買収費を計算すると、第 1 回変更時点では、相野釜 2,309 万円、藤曽根 1,872 万円、二野倉 1,408 万円、長谷釜 1,486 万円、蒲崎 1,326 万円、新浜 1,306 万円となる。

---

[52] 平成 27 年第 3 回定例会（3 日目）2015 年 9 月 8 日。

141

図表 3－2－20　移転促進区域内における宅地および農地の買取り計画
（「岩沼市防災集団移転促進事業計画書（第 1 回変更）」2012 年 11 月 2 日公表）

移転促進区域名	宅地等買取面積　（m²）			買取単価（1 m²当り）（円）			買収費（千円）
	宅地		農地	宅地		農地	
	住宅用地	その他		住宅用地	その他		
相野釜地区	152,564	10,430	163,489	11,805	15,200	4,396	2,678,447
藤曽根地区	29,371	412	44,339	8,250	8,250	2,480	355,672
二野倉地区	110,265	0	83,617	9,486		2,810	1,280,985
長谷釜地区	99,390	0	69,182	9,150		2,810	1,099,351
蒲崎地区	164,233	2,395	130,316	8,250	8,250	2,480	1,697,868
新浜地区	52,248	0	70,880	7,697		2,250	561,637
計	608,071	13,237	561,823				7,673,960

図表 3－2－21　移転促進区域内における宅地および農地の買取り計画
（「岩沼市防災集団移転促進事業計画書（第 1 回変更の第 1 回軽微な変更）」
2014 年 2 月 27 日公表）

移転促進区域名	宅地等買取面積　（m²）			買取単価（1 m²当り）（円）			買収費（千円）
	宅地		農地	宅地		農地	
	住宅用地	その他		住宅用地	その他		
相野釜地区	152,564	10,430	163,489	11,805	15,200	4,396	2,678,447
藤曽根地区	29,371	412	44,339	8,250	8,250	2,480	355,672
二野倉地区	110,265	0	83,617	9,486		2,810	1,280,985
長谷釜地区	99,390	0	69,182	9,150		2,810	1,099,351
蒲崎地区	164,233	2,395	130,316	8,250	8,250	2,480	1,697,868
新浜地区	52,248	0	70,880	7,697		2,250	561,637
計	608,071	13,237	561,823				7,673,960

⑦　災害公営住宅の整備計画の変化

　防災集団移転促進事業計画書において、6 地区以外の地区（市営林住宅など）を含めた災害公営住宅用地は、①44,800m²→②36,800m²→③41,307m² と変化している。

　岩沼市における災害公営住宅の設計・工事は宮城県が業務を代行したが、そのための協定を結んだ 2012 年 9 月 28 日の時点では、6 地区とそれ以外の被災者のために合計 224 戸の住戸を玉浦西地区に建設することが計画されていた[53]。

　防災集団移転対象世帯、市営林住宅入居世帯、その他の世帯を対象に災害公営住宅に関するアンケートが行われた。その結果、2013 年 1 月時点で、災害公営住

---

[53] 宮城県「「災害公営住宅の整備状況」について（H24.10.01 記者発表資料）」

宅の入居希望世帯は合計217世帯、その内訳は、相野釜26世帯、長谷釜22世帯、藤曽根3世帯、二野倉17世帯、蒲崎38世帯、新浜9世帯で、防災集団移転対象世帯が115世帯、市営林住宅入居世帯が45世帯、その他世帯が57世帯だった[54]。これを受けて同年3月には、計画戸数が217戸に変更されている[55]。2013年3月24日には、岩沼市建設部都市計画課・復興整備課による「災害公営住宅に関する説明会」が開催されている（図表3－2－22）。

図表3－2－22　災害公営住宅整備計画図（2013年3月24日説明会）

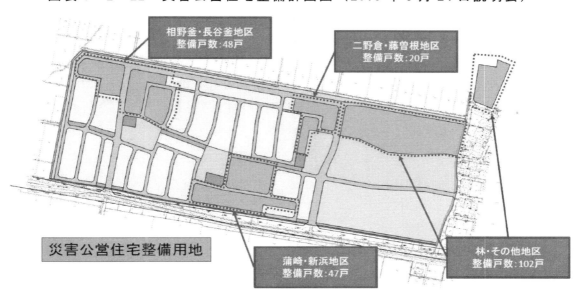

2013年7月から公営住宅入居の仮申し込みが始まり[56]、同年10月には、計画戸数が210戸に変更された。地区ごとの内訳は、相野釜・長谷釜地区が44戸、蒲崎・新浜地区が46戸、藤曽根・二野倉地区が21戸、6地区以外（林住宅・その他地区）99戸[57]となっている[58]。

（7）岩沼市の復興と課題

2013年12月21日には、第1期（相野釜地区）35戸の宅地引渡がはじまった。これは、被災地において大規模造成工事を伴う集団移転事業で初めてのことだった。2014年3月29日に第2期（蒲崎地区の一部12区画）、4月27日に第3期（長谷釜、二野倉、藤曽根、蒲崎及び新浜地区の94区画）と宅地引渡が続いた。

---

[54] 岩沼市「「災害公営住宅の整備状況」について（H25.11.11記者発表資料）」
[55] 宮城県「「災害公営住宅の整備状況」について（H25.04.11記者発表資料）」
[56] 宮城県「平成26年度災害公営住宅入居募集スケジュール」
[57] 玉浦西地区に67戸、三軒茶屋西地区に32戸。（岩沼市HP：「玉浦西地区第3期（長谷釜、二野倉、藤曽根、蒲崎、及び新浜地区）宅地引渡しについて／引渡し式のリーフレット」）
[58] 平成25年第5回定例会（1日目）　2013年12月3日。

また、2014 年 4 月 26 日には、第 1 期に引き渡された宅地で完成した住宅への入居が始まった。これは、宮城県内の被災地で初めての大規模集団移転先入居だった。

2015 年 7 月 7 日には、集団移転地にスーパー「フーズガーデン玉浦食彩館」がオープンし、同月 19 日には「まち開き」が行われた。このように、常にトッププランナーを走り続けた、岩沼市の防災集団移転でさえ、様々な問題を抱えている。

一つ目は、参加率である。玉浦西地区・三軒茶屋西地区への集団移転に参加する世帯数[59]は 515 世帯中 282 世帯でその割合は 54.8％となっている。実に 46.2％の人々が、集団移転ではなく、個別再建や現地再建を選んだ（図表 3－2－23）。被災 2 か月後に集団移転の意向を表明した長谷釜地区でさえ、集団移転への参加世帯は 82 世帯中 57 世帯で、70％弱の参加率である。被災前 20 世帯だった藤曽根地区は 3 世帯が名取市、9 世帯が市内の別の場所に個別移転し、2014 年 7 月 6 日には町内会の解散式が開かれた[60]。

---

[59] 住宅団地内に整備される公営住宅に移転するものを含む。
[60] 朝日新聞 2014 年 7 月 12 日。

図表 3－2－23　地区ごとの移転住居数・世帯数・住民数の変化

			第1回目の公表 （2012年3月30日）	第3回目の公表 （2012年11月2日）	第7回目の公表 （2014年3月28日）
相野釜	住居数	現在	116	116	111
		移転	87	63	53
	世帯数	現在	230	230	136
		移転	172	73	63
	住民数	現在	513	513	417
		移転	385	222	194
藤曽根	住居数	現在	19	19	19
		移転	14	13	7
	世帯数	現在	20	20	20
		移転	15	14	8
	住民数	現在	80	80	80
		移転	59	45	25
二野倉	住居数	現在	91	91	91
		移転	76	58	51
	世帯数	現在	101	101	101
		移転	84	64	56
	住民数	現在	359	359	359
		移転	300	199	185
長谷釜	住居数	現在	74	74	74
		移転	59	52	51
	世帯数	現在	82	82	82
		移転	65	58	57
	住民数	現在	274	274	274
		移転	218	142	140
蒲崎	住居数	現在	128	128	127
		移転	104	78	69
	世帯数	現在	133	133	130
		移転	108	84	77
	住民数	現在	490	490	487
		移転	398	241	221
新浜	住居数	現在	43	43	43
		移転	37	34	21
	世帯数	現在	46	46	46
		移転	40	35	21
	住民数	現在	167	167	167
		移転	144	111	60
計	住居数	現在	471	471	465
		移転	377	298	252
	世帯数	現在	612	612	515
		移転	484	328	282
	住民数	現在	1883	1883	1784
		移転	1504	960	825

　二つ目は、高齢化である。新しい街に住む約 1,000 人のうち、「65 歳以上が 33％を占め、市全体より 10 ポイントほど高い。街の完成を待ちきれず、子育て世帯の多くが別の場所で住まいを探した」[61]という状況である。もちろん、被災者は、人口減少と高齢化という問題を認識し、まちづくりのあり方を学ぶために、玄海島を視察するなど、議論を重ねている。

　しかし、防災集団移転促進事業で整備した団地の空き地・空き区画については、事業が完了するまで被災者以外の移住者受け入れができないという制限があり、思うようにまちづくりを進めることは難しい[62]。

――――――――――

[61] 朝日新聞 2015 年 7 月 20 日。

[62] しかし、事業完了してしまうと県外に仮住まいしている被災者や蒲浦・新浜に現地再建している被災者が土地の買い取りや各種支援を受けることができなくなる

三つ目は、沿岸部に残された集落の今後である。前述のように、沿岸 6 集落の中でも南に位置する蒲崎・新浜地区の貞山堀西側では半壊で残って、修繕すれば住み続けられる家屋も多くあり、現地再建希望者もいた。そのため、集団移転をするかについて意見がまとまらなかった。2012 年 2 月 16 日に、蒲崎・新浜も含めた 6 地区を移転促進区域とするという方針を岩沼市が発表したが、蒲崎・新浜では、2012 年 3 月 29 日の時点で約 20 世帯が現地再建を希望していた[63]上に、集団移転地についても、市道本町早股線沿いの早股、西砂押あたり、仙台東部道路付近への希望が多くあった。

　2012 年 12 月 17 日には「岩沼市災害危険区域に関する条例」が公布され、災害危険区域が建築基準法第 39 条の規定による災害危険区域の指定と、災害危険区域内における建築物の建築制限が行われた。蒲崎・新浜は第 1 種区域に指定され、新しく住宅を建築することができなくなった。2014 年 10 月時点で蒲崎・新浜あわせて 17 軒が現地に残っており、きちんと話し合いをして「できるだけ玉浦西のほうに移転していただけるように」進めたいという市の方針である。しかしながら、雑草刈や共有財産の管理などの問題もある。

　四つ目は、防集事業というスキームに乗るものと、乗らないものの隔たりである。

　旧寺島村（大字寺島）の寺島地区は、6 地区の次に被害が大きい「7 番目の地区」である。被災前は 42 戸の集落だったが、19 戸が住めなくなって解体した。同じ場所に新築した人もいるし、他の地区に出て行った人もいる。まだ仮設住宅にいる人もいる。最終的には 42 戸から 35～6 戸になると考えられる。しかし、防集事業の移転促進区域外のため玉浦西に住宅を建てることはできないし、移転元地の行政による宅地・農地の買取もないため、被災をうけて移転する場合は、自己資金に多くを頼らざるを得ない。

参考文献

東京大学都市持続生成研究センター　2012　「東日本大震災とペアリング支援」
　　『SUR』vol.21

井口経明　2013　「岩沼市の復興まちづくり」大西隆他編『東日本大震災復興まちづくり最前線』312-321 頁、学芸出版社

井口経明　2015　『「千年希望の丘」のものがたり～「鎮守の森」にかけた東北被災地復興～』プレスアート

宮城県岩沼市　2014　『2011.3.11 東日本大震災 岩沼市の記録～震災から 3 年地域再生と復興への軌跡～』岩沼市

日本都市センター編　2014　『東日本大震災からの経済復興と都市自治体財政の

　ため、事業完了時期については国や県と協議しながら慎重に決定する必要がある（平成 27 年第 3 回定例会（3 日目）2015 年 9 月 8 日）。
[63] 朝日新聞 2012 年 3 月 30 日。

課題』

第 3 節　山元町震災復興計画の策定と実施

（1）問題の所在

　本節では、宮城県山元町の復興計画の策定及び実施過程を取り上げる。

　図表 3－3－1 は、防災集団移転促進事業で整備する住宅団地の規模及び集約度である。集約度とは、ある住宅団地の整備戸数が、住宅団地が所在する自治体の整備戸数全体に占める割合とする。規模・集約度ともに小さい住宅団地が大部分である。図表 3－3－2 から、住宅団地の分布図を見ても、20 戸未満が過半を占める状況である。こうした結果は、東日本大震災における被災地が明治の合併以前の分散した集落に分住していたことと密接に関係している。東日本大震災において、防災集団移転促進事業における住宅団地の要件が 5 戸に緩和されたことは、このような被災地の実情に配慮したものと考えられる[1]。

　しかし、少数ではあるが大規模かつ集約度の高い住宅団地が生まれようとしている。第 2 節で論じた岩沼市玉浦西地区と山元町新山下駅周辺地区である。特に山元町では、震災復興計画においてコンパクトシティ構想を掲げ、防災集団移転促進事業等を活用して 3 か所の新市街地への集約を進めようとしている。その際、新市街地を繋ぐように内陸側に移転する JR 常磐線と、旧 JR 常磐線ルートに移設する県道相馬亘理線は多重防御を構成するなど、公共交通機能の再建と防災を併せ、都市機能、住居の集約を短期間で実現しようとしている。さらに、山元町では、沿岸被災自治体の中でいち早く、浸水地域の大部分に災害危険区域を指定した。区域を 3 分割し、第 2 種、第 3 種危険区域で新増築を許容するなど、独自の土地利用規制施策を講じた。山元町の試みは、2006 年のまちづくり三法の改正などに見られるように、様々な政策課題への対応策として「コンパクトシティ」を目指す動きの先駆けとして評価し得る。

　他方、JR 常磐線休止の影響等により、山元町の人口減少は岩手県及び宮城県の沿岸被災自治体の中でも突出し、山元町は住宅再建の目標戸数を下方修正するに至った。復興計画の実施段階では町長が議会の問責決議を受け、遂にはコンパクトシティ構想に批判的だった元町長が町長選挙に出馬し、町を二分する事態を招いた[2]。こうした点から、山元町におけるコンパクトシティ構想の進め方について批判的な意見も散見される。ただし、これらの批判が、山元町の制約与件に配慮しているかについては慎重な検討が必要である。本節は、国交省、コンサルタント、宮城県、札幌市、山元町庁内、多様な住民団体など諸アクターの動向を跡付

---

[1] 国土交通省都市局「東日本大震災の被災地における市街地整備事業の運用について（ガイダンス）」2013 年 9 月も、小規模な漁村集落等における円滑な事業実施のために改正したとしている。

[2] 2014 年 4 月の町長選挙は、現職の斎藤町長が 3983 票を得て当選したものの、元職の森久一候補は 194 票差の 3789 票を得た。『河北新報』2014 年 3 月 21 日、4 月 21 日。

けつつ、山元町復興計画の策定過程及び実施過程の特徴を明らかにする。

図表3－3－1　防災集団移転促進事業で整備する住宅団地の規模・集約度

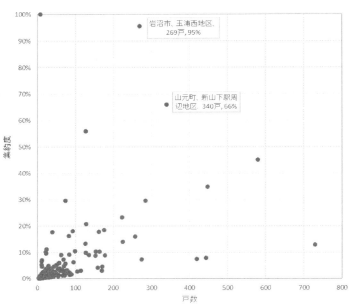

図表3－3－2　住宅団地の戸数分布

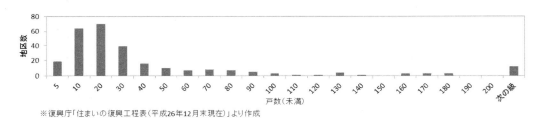

（2）策定過程
① 復興計画策定体制の構築
ア　町制の成立過程と行政区

　まず、山元町の成り立ちから紐解いていこう。1889年、八手庭、大平、小平、鷲足、山寺、浅生原、高瀬の7か村が合併して山下村となり、坂元、真庭の2か村が合併して坂元村となった。1955年には町村合併促進法に基づき、山下、坂元両村が合併して山元町が誕生した[3]。町内にある各集落は、かつて独立していた村としての名残をとどめている。町では、旧村等の境界に配慮して町内を22の行政区に分け、各区に報酬が支給される行政区長及び副区長（非常勤特別職の地方

---
[3] 山元町企画調整課（2005: 14）。

公務員)を置いている[4]。

　旧村に由来する行政区は、町の西側(陸側)を南北に走る国道6号線(旧陸前浜街道)沿いに連なるのに対して、戦後に宅地開発された山下駅(1949年開業)を擁する新興集落の花釜区等は、町の東側(海側)を南北に走るJR常磐線沿いに連なる。旧山下・坂元村の南北軸と、旧集落・新興集落の東西軸によって地縁が構成されている(図表3−3−3)。

図表3−3−3　行政区区分図

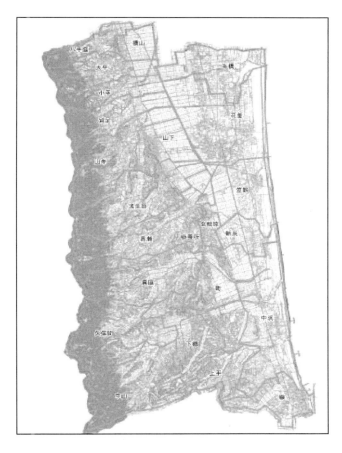

「山元町の復興まちづくりに関する意向調査」集計結果のまとめ、2011年9月、4頁

イ　第5次山元町総合計画の策定

　震災前の山元町が政策課題として意識していたのは、①少子化・高齢化、②人口減少、③「スプロール化[5]」である。高齢化率は32％に達し、国勢調査によれば、1995年における1万8,815人をピークとし、2010年には1万6,704人へと、15年間に2,000人以上減少した。また、岩手県及び宮城県の沿岸被災自治体の中

---

[4] 山元町行政区設置に関する規則(昭和45年3月19日規則第1号)第6条。
[5] 山元町企画調整課(2005: 14)。

で、都市計画区域が設定されているにもかかわらず、用途地域と市街化区域区分が震災当時無かった自治体は、岩手県岩泉町と山元町のみであり、行政上の効率性を損なっているとの認識が持たれていた。

こうした中、2010 年 4 月 26 日、「出生率県内最低」をカバーする福祉施策（による若年人口の流入）と「計画的な土地利用による活性化」[6]を選挙公約に掲げた宮城県職員の斎藤俊夫氏が町長に就任し、8 月 30 日には、人口減少・少子化・高齢化・にぎわいの創出を主要課題とする第 5 次山元町総合計画の策定作業が始まった。10 月 1 日、斎藤町長は、県職員の平間英博氏を議会同意の元に副町長に、同じく県職員の渡辺一晃氏を企画財政課班長に任命した。総合計画策定作業は、山元町震災復興計画案を検討する際のベースとなった。

ウ　東日本大震災における山元町の被害状況

東日本大震災における山元町の被害状況の特徴は、以下の三点である。

第一に、他自治体と比較した被害の甚大さである。人的被害は 778 人（死者 680 人、行方不明者 18 人、負傷者 90 人）[7]に達した。人的被害率 4.7％は女川町 8.4％に次いで宮城県内第 2 位である。建物被害は 3,302 棟（全壊 2,217 棟、半壊 1,085 棟）に登り、浸水面積 24 ㎢ は可住地面積 42.69 ㎢ の 56.2％に及んだ。町役場庁舎も被害を受け、震災後仮庁舎に移転した。

第二に、JR 常磐線が津波により流出した点である。町内にある山下駅と坂元駅が休止し、復興計画策定当初から JR 常磐線の復旧ルートが重要な検討課題となった。

第三に、浸水区域における建物の分布と被害状況である。図表 3－3－4 は、国土交通省による被災現況調査結果に基づく。棟数が最も多いのは浸水深 3m 以上の区域で、そのうち半数近くが全壊である。2 番目に棟数が多いのは、JR 常磐線山下駅西側を中心に広く分布した浸水深 1〜2m の区域で、3 割近くの建物が大規模半壊にとどまった。3 番目に棟数が多いのは浸水深 2〜3m の区域で、全壊の比率が被災地域全体と比べて高い。浸水深 1m 未満の区域の建物は、内陸深い位置を走る国道 6 号線（陸前浜街道）沿いの集落と、JR 常磐線山下駅、坂元駅周辺に形成された新興集落の間に広がる区域であり、農地利用が中心であった。

---

[6]　「平成 22 年第 1 回山元町議会臨時会会議録」2010 年 5 月 14 日、7 頁。
[7]　宮城県「東日本大震災における被害等状況　平成 26 年 2 月 28 日現在」。

図表3−3−4　浸水深と建物被災状況

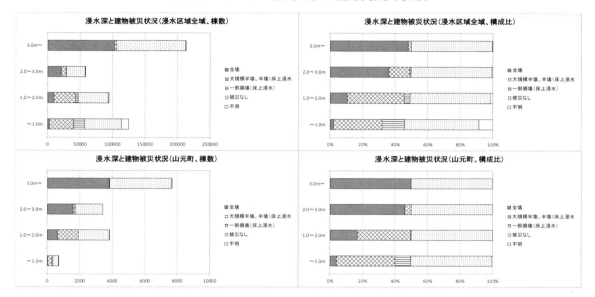

（出典）国土交通省「東日本大震災からの津波被災市街地復興手法検討調査のとりまとめについて」より筆者作成。

エ　発災直後から策定体制の構築まで

　山元町における震災復興計画の策定体制の構築は、外部からの支援体制の確立と連動して進められた。まず、3月30日、全国市長会が「東北地方太平洋沖地震に係る被災市町村に対する人的支援のための職員派遣について（依頼）」を発出し、職員派遣を全国の市区長に依頼した。市長会の要請により、4月19、20日には、山元町を対口支援することになる北海道札幌市の市長が被災地の被災状況を視察した[8]。

　4月7日、宮城県都市計画課は、復興事業費の積算[9]を第一目的とする、「復興まちづくり計画（案）」を県単独で作成すると発表し[10]、5社で構成されたコンソーシアムが受注した。山元町を担当したのは㈱オオバであり、5月の連休明けに被災自治体の首長、担当部局に対し「復興まちづくり」案（現地再建案、内陸移転・集約案など複数）を提示した。

　国土交通省は、3月30日に「被災の復旧・復興に関する検討会議」を設置した。国の第一次補正予算案（4月22日閣議決定）に、津波被災市街地復興手法検討調査費（いわゆる「直轄調査」）71億円が盛り込まれ、国交省地区担当者と調査業

---

[8] 2011年4月21日札幌市長記者会見資料「札幌市長による東日本大震災の現地視察報告について」
[9] 2013年6月11日「復興財源に関する意見」（第6回東日本大震災復興構想会議で村井知事提出）の積算資料となった可能性がある。
[10] 宮城県都市計画課「宮城県による被災市町『復興まちづくり計画』策定支援について」、2011年4月7日。

務を受託したコンサルティング会社が、被災自治体における復興計画策定の支援
にあたることとなった。

5月2日、JR東日本が国土交通大臣に「東日本大震災による津波被害を受けた
沿岸地区の復旧について（要望）」を提出した。復旧にあたり、「地域全体の復興
や『まちづくり』の計画策定」と一体となった、「津波対策の確実な実施」を可能
とする復旧ルートの選定が必要とした。

JR東日本の要望により、山元町は復興方針を早急に固める必要が生じた。5月
16日、斎藤町長は、朝日新聞のインタビューに答える形で、「行政経費を減らす
ため」のコンパクトな町が求められていたとし、住宅が全壊した住民の高台移転
と常磐線ルートの移設、市街地整備のための都市計画用途地域の設定を公に表明
した[11]。

一方、5月10日、区長会会長の岩佐徳義氏（牛橋区）の呼びかけにより、町内
の区長や商工会、農協、漁協などの関係者計16人が出席し、JR常磐線の復旧を
めぐり意見交換が行われた。現行ルートでの復旧は厳しいのではないかという見
方が大半を占めたものの、新興住宅地である山下駅周辺における浸水深は1メー
トル未満であり、「山下駅までは現行ルートで暫定的に復旧できないか」といった
要望も生じ、意見集約には至らなかった[12]。地区別被災状況の違いとJR復旧を
巡る地域間利害対立の重なりは、山元町内に大きな亀裂を構築することとなる。

5月19日に召集された平成23年第2回山元町議会臨時会で、「東日本大震災
災害対策調査特別委員会設置に関する決議」が採択された。同議会では、山元町
総合計画審議会条例（委員20名）を廃止する条例と、住民代表10名から組織さ
れる山元町震災復興会議設置条例が可決された。これは、山元町震災復興計画を、
第5次山元町総合計画を兼ねるものとしたことによる[13]。さらに、震災復興推進
課を設置するための関連条例案も可決された。

庁内の策定組織として、町長をトップとして、課長クラスで構成する「災害復
興本部」（計画策定の中心的役割、総合調整）と、各課の班長クラスからなる「震
災復興検討委員会」（計画の原案を検討・作成）によって復興計画を検討する体制
が構築された。庁内の策定組織と、震災復興有識者会議は、5月19日に要綱に基

---

[11] 「高台に中心市街地／コンパクトな町目指す／齋藤俊夫・山元町長」『朝日新聞』
2011年5月16日。もっとも『河北新報』5月18日では、斎藤町長は新ルートと、
既存ルート復旧の双方を併用案として提示していた。しかし、常磐線北部整備期成
同盟会に対し、JR東日本仙台支社長が被災地回避ルートを基本とする（『議会だよ
り山元第150号』）との発言を示した頃から、町長から併用案について積極的な発
言が見られなくなっていった。6月初旬に開かれた国交省東北運輸局主催による実
務者レベルの連絡調整会議では、内陸移転案を前提とする調整が進められていたと
いう。

[12] 「東日本大震災／JR常磐線復旧へ、ルートを検討／宮城・山元町行政区長ら」『河
北新報』2011年5月11日。

[13] なお、高橋厚震災復興会議会長は、廃止された山元町総合計画審議会の会長であ
る。

づいて設置された[14]。

5月20日、国交省において、直轄調査で各自治体を担当するコンサルティング会社を決めるプロポーザルが実施された。山元町について、㈱国際興業が被災現況調査（通称、①調査）、㈱オオバが復興パターン概略調査（通称、②調査）、市街地復興パターン詳細調査（通称、④調査）を受託した。

5月31日、札幌市が、山元町の震災復興計画策定業務を支援するため、2人の技術職員（土木職、建築職）を派遣した上で、都市計画部内に、都市計画部長を室長とする山元町復興支援室を設置したと公表した[15]。なお、都市計画部長の星卓志氏は、山元町震災復興本部参与に就任した。

6月1日震災復興推進課が設置され、課長に県庁職員である鈴木光晴氏が就任した。同課は当初、課長級2名、班長1名、班員4名、合計7名体制でスタートした。このうち、宮城県職員は、課長級1名、班長1名、班員1名、合計3名が派遣された。このほかに札幌市職員2名（建築職、土木職）とUR1名が派遣された。

6月3日に宮城県が発表した「宮城県震災復興計画（第1次案・事務局原案）」は、沿岸部を北から「三陸地域」「石巻・松島地域」「仙台湾南部地域」に分けた。前二者について高台移転・職住分離を柱としたのに対して、仙台湾南部地域は多重防御を柱とした[16]。県と山元町の密接な関係を踏まえるならば、県は、山元町を仙台湾南部地域のモデルと位置付けていたと考えられる。

6月17日、河北新報のインタビューに答えた斎藤町長は、コンパクトシティを改めて掲げるとともに、都市計画の用途地域の設定を「短期間でやるには超法規的」に行う必要があると述べた。

② 震災復興基本方針
ア 第1回震災復興有識者会議及び震災復興会議（6月19日）

6月19日、第1回震災復興有識者会議及び震災復興会議が開かれた。町長は「分散型の都市構造」を改め「コンパクトな都市計画を重視した復興を目指したい」と挨拶した。町は、会議に提出した資料において、JR常磐線及び県道相馬亘理線について「新たな居住地とあわせたルートを考える必要がある」と明記した[17]。

この頃に町が実施した「山元町の復興まちづくりに関する意向調査」（6月22日〜30日、最終結果の公表は9月）を見ると、今後希望する居住地について、全体では過半数が「町にまとまった安全な居住地を用意してもらう」を選択したの

---

[14] 「山元町震災復興有識者会議開催要綱」2011年5月19日告示第19号、「山元町震災復興本部及び山元町震災復興検討委員会設置要綱」2011年5月19日訓令第2号。

[15] 2011年5月31日札幌市長記者会見資料「宮城県山元町への職員の派遣について」

[16] 宮城県「宮城県震災復興計画（第1次案・事務局原案）」2011年6月3日、38頁。

[17] 2011年6月19日震災復興有識者会議資料19頁。

に対して、山下駅周辺の花釜地区では「被災前の元の場所」41.0％が最多であった（図表3－3－5）。なお、今後の交通機関について「元の位置で復旧すべき」を選択したのは、全体で10.2％、坂元駅周辺の新浜及び中浜区では、各0.0％、6.3％と非常に少ないのに対して、花釜区では29.8％が選択した。

図表3－3－5　居住地の希望（2011年6月）

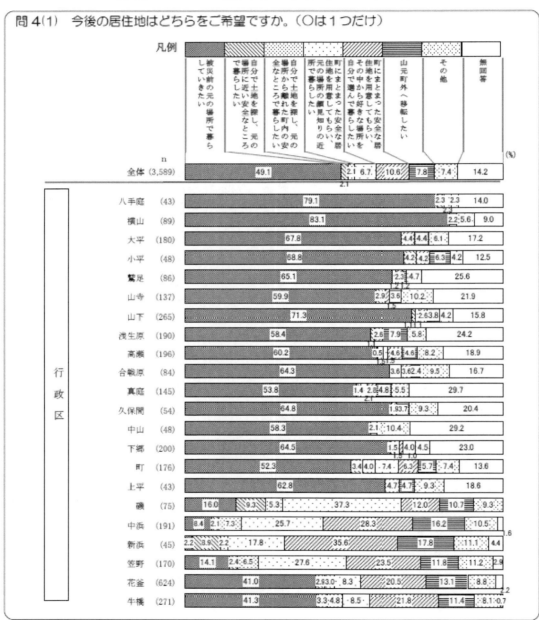

（出典）「山元町の復興まちづくりに関する意向調査」5頁。

イ　「全体会」の立ち上げ（7月4日）

7月4日、星卓志参与の発案による「関係者全員ミーティング」（全体会）が初

めて開かれた。山元町役場の担当者に加え、直轄調査地区担当、札幌市都市計画部長、㈱オオバ等、外部の支援者が一同に集まり、原則として月、1回から2回の頻度で実施された[18]。全体会が災害危険区域、被災者支援、アンケート作成などの実務的な調整を進めるに連れ、庁内の震災復興検討委員会（課長補佐級）の役割は低下した。

全体会では、開発候補地の抽出と災害危険区域の検討が同時に進んでいた。特に、災害危険区域の検討は差し迫った状況であった。建築基準法第89条に基づく建築制限の期間は、「東日本大震災により甚大な被害を受けた市街地における建築制限の特例に関する法律[19]」により延長されていたものの、9月11日には一旦終了する。山元町は、この終了に合わせ、建築基準法第39条に基づく災害危険区域を設定しようとしていた[20]。

ウ 山元町震災復興基本方針の決定（8月4日）まで

7月24日、山元町震災復興基本方針（素案）が有識者会議・復興会議に提出された。素案では、堤防及び県道相馬亘理線による多重防御、新市街地は「国道6号の西側」に集約する方針が提示された。「まちの骨格イメージ」図では、浸水区域を避けるようにして内陸側に迂回するJR常磐線の復旧ルートが太い矢印で描かれ、矢印上に「居住地ゾーン（新規住宅地）」を示す小円が4つ[21]ほぼ等間隔で並んでいた。

7月29日、JR常磐線山下駅・亘理間早期開通促進住民の会（会長：岩佐徳義牛浜行政区長）が「『JR常磐線山下駅・亘理間早期開通促進』に関する請願」を町長に提出した。請願には6月から集めた2069人分の署名簿が添付されたが、町長は難色を示した[22]。

8月4日、山元町震災復興基本方針が決定した。基本方針素案からの主な修正点は二点である。第一に、新市街地に関して文案が、「国道6号の西側」から「国道沿い」に修正された。第二に、後に第3種災害危険区域となる「津波被害が比較的小さい住宅が立ち並ぶ地域」に「地区計画を導入する」ことが明記された。同日、第2回常磐線復興調整会議（国交省東北運輸局）[23]で、山元町の復興まちづくりイメージ案に基づき、浜吉田駅から福島方面のルートを現ルートより内陸

---

[18] 星卓志（刊行予定）

[19] 2011年4月8日の宮城県の要望による。

[20] 実際は建築制限を延長したのち、11月11日に災害危険区域を指定した。

[21] 北から、山下集落周辺、役場周辺、宮城病院周辺、坂元集落周辺。名称は、津波により被災された方々への今後の住まいに関する意向調査結果報告21頁に基づく。

[22] 「東日本大震災／JR常磐線復旧、宮城・山元町長に要望／山下駅周辺住民」『河北新報』2011年7月30日。

[23] メンバーは、JR東日本、沿線市町、県、国（復興局・東北地方整備局・東北運輸局）等。

側に設置することが確認された[24]。

③　震災復興計画
ア　土地利用構想案の提示（8月28日）まで

　8月28日の第3回震災復興有識者会議及び第4回震災復興会議に、「土地利用構想（案）」が示された。同案において、JR常磐線の具体的な復旧ルートと開発候補地が初めて明らかになった。さらに、「土地利用構想実現のための手法の例」において、災害危険区域の3分割設定と、既存集落を対象とした地区計画の導入、防災集団移転促進事業の活用が明記された。

　まず注目すべきは災害危険区域の設定である。災害危険区域は、今回の津波の浸水深に応じ、第1種区域（浸水深が概ね3mを超える地区）、第2種区域（浸水深が概ね2m〜3mの地区）、第3種区域（浸水深が1m〜2mの地区）の3つに分けられた。第1種区域は建築禁止、第2種区域は基礎の上端の高さが1.5m以上の住宅の建築が可能、第3種区域は基礎の上端が0.5m以上の住宅の建築が可能とされた。

　区域分割の基準となる浸水深及び例外的に建築を認める場合の基礎上端の高さは、直轄調査の被害状況調査により、浸水深2mまでが流出・全壊せずしなかったことに基づくものである[25]。さらに、第3種区域に適用された上端規制（0.5m）は、通常の布基礎の高さに過ぎず、地下室などを掘り下げる構造物をつくらない限りにおいて、従前地（「既存山下駅集落西側エリアを想定」[26]）での住宅建築を可能とした。これは、従前地再建を希望する住民要望に応じたものである。

　さらに、開発候補地の検討フレームも明らかにされた。要約すれば、①津波浸水深2m以上の地域を除外、②都市計画区域や農用地区域等、法規制条件に配慮、③既存市街地及び既存集落との近接性等を考慮、④安全で安定した住宅地盤の確保、⑤上下水道が整備又は計画されたエリアへの近接性を考慮、⑥主要幹線道路（国道6号線）へのアクセスの容易性（1キロ以内）について考慮するとなっていた。なお、「町の歴史や地域コミュニティの形成経緯等を考慮」する一文も加えられた。ただし、昭和の合併前（旧山下町・旧坂元町）に対する配慮に留まっていたと考えられる。

---

[24]　「浜吉田駅から福島ルートは内陸側に　JR常磐線復興調整会議」『建設工業新聞』2011年8月8日。

[25]　「平成23年第3回山元町議会定例会（第3日目）」議事録、25頁による斎藤町長の答弁も参照のこと。

[26]　「第3回山元町震災復興有識者会議」議事録、4頁。

図表3－3－6　開発候補抽出図

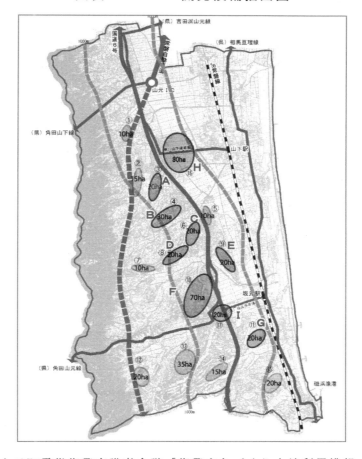

（出典）第3回山元町震災復興有識者会議「復興まちづくり土地利用構想（案）（2011年8月28日）」6頁。

　開発候補地は国道6号線沿い1km以内の範囲で8か所あり、このうち5か所が「新居住用地」とされた（図表3－3－6）。さらに、5か所のうち北端の新居住用地に新山下駅を配置し、山元町役場周辺の既存集落と新居住用地と合わせて、「新山下駅周辺地区」とした。南端の新居住用地には新坂元駅を配置し、他の新居住用地と坂元支所周辺の既存集落を合わせて、「新坂元駅周辺地区」とした。さらに、中間にある国立病院機構宮城病院周辺の新居住用地は「医療・福祉地区」とし、3地区に括った図が示された（図表3－3－7）。

図表3-3-7　開発候補地の検討①（震災復興基本方針と土地利用構想案）

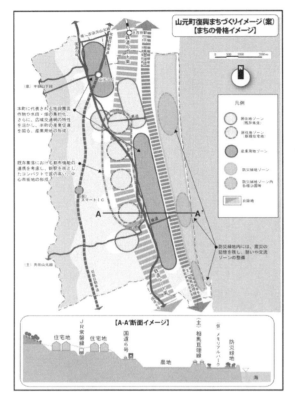
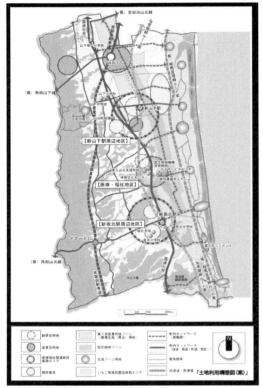

　　2011.7.24震災復興基本方針案　　　　　　　　2011.8.28土地利用構想案

イ　山元町震災復興基本計画基本構想案の提示（11月13日）まで

　9月2日から9月10日まで、震災復興基本方針に関する住民説明会を開催したほか、パブリックコメントを実施した。住民説明会では、同方針の他に、上記の土地利用構想案が説明された。最も意見が多かったのはJR常磐線に関するものであり、旧山下駅周辺の行政区の住民より、原位置復旧を要望する意見が多く出された[27]。

　住宅再建に対する支援策についても説明されたが、被災者生活再建支援法による給付、防災集団移転促進事業による移転元用地の買取り、土地・住宅取得資金の利子補給、移転費補助など、既存制度によるものだった。ほとんどの区域が移転促進区域に該当しない第3種危険区域の住民は防災集団移転事業に基づく支援制度の対象とならなかった。

　住民から寄せられた意見に対し、町は、第2種、第3種危険区域の移転希望者に対して独自の支援制度で助成する意向を示した。他方、第3種危険区域で現地再建が許容された住民に対しては、具体的な支援策が構築されることはなかった。

---

[27] 「『山元町震災復興基本方針』に関する住民説明会　意見交換結果」2011年9月、3頁。

9月12日に開かれた平成23年第2回山元町議会定例会では、都市計画法第16条第2項に基づく「山元町地区計画等の案の作成手続に関する条例案」が上程され、16日、全員賛成で可決された。しかし、後に第3種危険区域に対する地区計画は見送られることになり、この条例は新市街地の地区計画（2015年3月決定）のためのものとなった。

　10月25日に議会全員協議会で災害危険区域条例案が説明され、26日にかけて住民説明会が開催された。現地再建希望者、移転促進区域外の住民に対する支援はなく、支援格差が非常に大きかった。

　2011年第3次補正予算案が閣議決定された10月28日、平成23年第4回山元町議会臨時会に災害危険区域条例案が上程された。しかし、複数の議員が全員協議会から3日後の議案上程が急である点を批判した。さらに、条例案が、区域の線引きを告示事項とし、かつ、今後告示を変更する判断を町長に委ねている点に対して批判が集中し、議会側から条例案に見直し条項を盛り込むべきとの提案がなされた。町長は「災害防止上必要な施設の整備の状況に応じ、その効果について検討を加え、必要である場合は見直しを行うものとする」との一条を追加する修正案を提示し、賛成10、反対5で可決された。11月11日、災害危険区域が指定された。

　11月13日、第6回震災復興会議に山元町震災復興基本計画基本構想案が提示され、5か所の新居住地が具体的な形で明示された。会議には、8月24日から9月9日まで実施された、「今後の住まい等に関する調査」の結果が報告された（図表3－3－8）。新市街地への移転と現地再建の希望者数は同水準であり、特に流出・全壊を免れた世帯で、現地再建の希望者の占める割合が高かった。

図表3－3－8　居住地の希望（2011年8月）

	調査数	被災前の元の場所で暮らしたい	自分で空いている土地又は建物を探し、町内で暮らしたい	町が計画している新たな居住地（町営住宅を含む）で暮らしたい	山元町外へ移転したい	その他	無回答
全体	1807	586	182	579	238	279	74
	100%	32%	10%	32%	13%	15%	4%
流出	492	50	83	225	51	95	22
	100%	10%	17%	46%	10%	19%	4%
全壊	875	264	88	281	146	137	29
	100%	30%	10%	32%	17%	16%	3%
大規模半壊	298	184	9	54	29	32	9
	100%	62%	3%	18%	10%	11%	3%
半壊	86	54	2	14	7	10	3
	100%	63%	2%	16%	8%	12%	3%
一部損壊	43	32		4	2	4	5
	100%	74%		9%	5%	9%	12%
被害なし	4	2			1		1
	100%	50%			25%		25%

「津波により被災された方々への今後の住まいに関する意向調査」結果報告（2011年）16頁。複数回答あり。

ウ　山元町震災復興計画に関する説明会（11月15日〜21日）

　11月15日から11月21日にかけて山元町震災復興計画に関する住民説明会が開催された。この時期、町が整備する新市街地とは別の場所——主として同一行政区内——への独自移転を掲げる住民運動が起こっていた。旧集落の伝統を重んじる独自移転運動は、将来の人口減少・高齢化を見据えたコンパクトシティ構想と厳しく衝突することとなる。

　意見交換において、瀧ノ山地区、新田西地区、笠野地区からの独自移転要望に対し、町は「ここで示した3つのゾーン以外での新市街地については50戸以上のまとまりが確保出来れば検討する」と回答した[28]。「50戸」は、「良質な市街地の形成、行政コストの削減、あるいは持続可能なコミュニティの形成などといった復興計画の方針」に基づき、市街化調整区域における開発許可基準を参考とした基準であった[29]。これに対し、嶋田博美笠野区長は、区内の意向調査（63戸）を元に、区内の合戦原赤坂地区への独自移転要望を、11月中旬に山元町に提出した。

エ　山元町震災復興計画の議会審議

　災害危険区域の指定を終え、JR常磐線の内陸移転についてJR、関係自治体との調整を終えた山元町は、12月7日の第7回震災復興会議で山元町震災復興計画案を固めた。

　12月12日に開会した平成23年第4回山元町議会定例会において、山元町震災復興計画について（議案第65号）が審議された。同議会では、「請願第3号　山元町災害危険区域の範囲縮小に関する請願」、「請願第4号　『JR常磐線山下駅・亘理間早期開通促進』に関する請願」も付託されていた。

　一般質問後、委員会での審査に移った議会審議は難航した。中でも、震災復興計画（議案第65号）が付託された東日本大震災災害対策調査特別委員会は12月18日及び19日に開催されたが、12月20日の議会で「議事の都合により」会期を12月26日まで6日間延長することとされ、21日から23日まで審査が続いた。この時、2010年に制定された山元町議会基本条例第10条（自由討議）に基づき、初めて議員間の自由討議が行われた。12月26日、議会に委員会審査結果が報告された。採決の結果、議案第65号は修正可決、請願第3号は採択、請願第4号は不採択となった。

　以下、審議と採決の概要を述べる。まず、「請願第3号　山元町災害危険区域の範囲縮小に関する請願」（総務民生常任委員会に付託）は、災害危険区域の指定により住宅再建が困難になり、人口流出をもたらし、住民は重要情報を公開されず妥当性を判断できない状態で過大な災害危険区域が指定されたとして、範囲縮小

---

[28] 「「山元町震災復興計画」に関する住民説明会　意見交換結果」2011年11月、18頁。同じ趣旨の町長の答弁は「平成23年第4回定例会」議事録、51頁。
[29] 「平成24年第3回山元町議会定例会（第2日目）」議事録、7頁。

を求めた[30]。請願者の田代侃氏[31]が委員会で説明し、条例に線引きの内容が示されていない点、他団体では「住民の意見を吸い上げ、合意形成をおこなっている」点、浸水深 2m 以上、海岸から 1km の指定が多いのに対して、山元町は浸水深 1m 以上、海岸から 2km である点を指摘した。委員会では請願の内容は妥当であり採択すべきものとされ、本会議において全員一致で採択された[32]。

　「請願第 4 号 『JR 常磐線山下駅・亘理間早期開通促進』に関する請願」（産建教育常任委員会に付託）は、JR 常磐線山下駅・亘理間早期開通促進住民の会が、現存の山下駅まで早期復旧することを求めた。議会採決では、笠野区及び花釜区の議員 4 人[33]のうち 3 人が賛成したが、反対 10 人で不採択となった。請願者であった旧山下駅周辺の花釜、牛橋、笠野区の住民[34]は、震災復興計画後に立ち上げられる「土曜日の会」のコアメンバーとなる。

　次に、「議案第 65 号 山元町震災復興計画について」に関して、委員会による修正点が報告され、全員一致で可決された。内容は図表 3－3－9 のとおりである。

図表 3－3－9　復興計画案に対する議会の修正点

		山元町震災復興計画基本構想（案）12/7第7回震災復興会議	12/26議会による修正
1	10頁 4グランドデザイン、(2)土地利用計画、②安心して暮らせる住宅・宅地の供給・安全な住まいの確保	なし	災害危険区域については、津波防災施設の整備等を推進することにより区域の縮小を図ります。
2	12頁 4グランドデザイン、(2)土地利用計画、⑥災害に強い交通ネットワーク整備・津波被害の及ばないJR常磐線の整備	JR常磐線は、津波被害の小さかった国道6号側へ移設し、まちづくりにあわせた整備をJR側と調整していきます。ま	JR常磐線は、津波被害の小さかった国道6号側へ移設し、多重防御にも配慮した構造にするとともに、まちづくりにあわせ早期整備をJR側と調整していきます。
3	13頁 土地利用計画図	JR常磐線ルートを細い線で明示。 ※宮城病院周辺を大きく迂回し、国道6号線の東側を走る。	JR常磐線ルートの線を太くして幅を持たせる。 ※国道6号線の西側を走る可能性を残す。
4	18頁 5重点プロジェクト、(5)防災力向上プロジェクト 【津波多重防御機能等道路整備事業】	県道相馬亘理線の嵩上げにより、2線堤の機能を持つ道路を整備します。	県道相馬亘理線を嵩上げすることにより2線堤として整備するとともに、3線堤の機能を持つ幹線町道等の整備を図ります。
5	18頁 5重点プロジェクト、(5)防災力向上プロジェクト	なし	【緊急避難施設整備事業】 大津波に対し十分な避難時間の確保をできない場合を想定した津波避難施設を整備します。

（出典）筆者作成。

　1 点目の災害危険区域、3 点目の JR 常磐線ルートに関する修正は、花釜区を中心に、災害危険区域及び JR 常磐線の復旧ルートに対して根強い異論が存在することを踏まえたものである。さらに、河北新報によれば一部の議員から「早期開

---

[30] 「平成 23 年第 4 回山元町議会定例会（第 1 日目）」議事録、18 頁。
[31] 東北工業大学名誉教授、後に「土曜日の会」メンバー。
[32] 『議会だより山元第 153 号』2012 年 1 月 1 日。
[33] 『議会だより山元第 152 号』2012 月 12 月 1 日。
[34] 『いちご新聞』第 1 号、2012 年 6 月。

通の観点から6号東側を通るルートの検討を求める意見が相次いだ[35]」。他方、山元町は整備コストの膨張を嫌うJRとの調整を考慮する必要があった。震災復興計画は、JRとの調整の余地を残した復旧ルート（図表3－3－10）によって可決されたのである。

図表3－3－10　開発候補地の検討②
（震災復興基本計画基本構想案と震災復興計画）

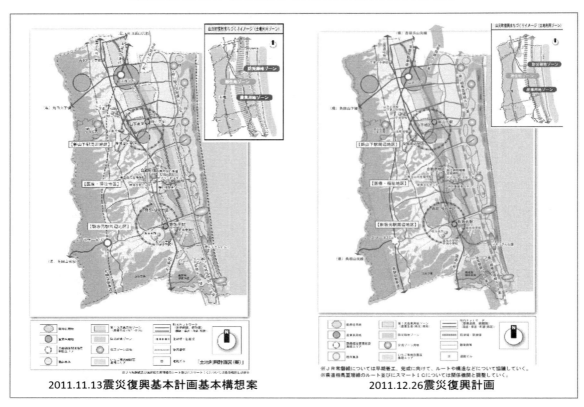

2011.11.13震災復興基本計画基本構想案　　2011.12.26震災復興計画

（3）実施過程（2013年末まで）
① 町役場機構の再編

　2012年2月8日の平成24年第1回山元町議会臨時会で、山元町職員定数条例の一部を改正する条例[36]が可決された。地方自治法第252条17に基づき自治体派遣職員を受け入れるものであり、職員定数は210人から250人に増員された。この結果、職員の実人数は215人、震災前の2010年174人から41人増となっ

---

[35] 「避難施設整備など復興計画修正可決／宮城・山元町」『河北新報』2011年12月27日。
[36] なお、同時期に山元町副町長定数条例の一部を改正する条例が上程され可決され、二人目の副町長として東京都OBの成田隆一氏が2012年5月21日付で任命された（2013年6月30日退職）。また、平成24年第4回山元町議会定例会（12月11日召集）において、職員定数は250人から280人に再増員された。

た。図表3－3－11から増分内訳をみると、他自治体職員は44人の増となる一方、プロパー職員の実人数は震災前の職員数抑制方針[37]を継続し、震災前から3人減少した。

図表3－3－11　職員数の変化（概要）

	既存部署				新設部署				全体			
	課長	班長	班員	計	課長	班長	班員	計	課長	班長	班員	計
2010年	15	26	133	174	0	0	0	0	15	26	133	174
2012年	16	23	128	167	7	8	33	48	23	31	161	215
増減	1	-3	-5	-7	7	8	33	48	8	5	28	41
内訳（プロパー）	1	-4	-21	-24	3	4	14	21	4	0	-7	-3
内訳（他自治体）	0	1	16	17	4	4	19	27	4	5	35	44

※図21をもとに集計

図表3－3－12から震災復興企画課、震災復興整備課の課長・班長、つまり復興事業の企画調整部門を他自治体派遣職員が占めたことが分かる。さらに、図表3－3－13から復興事業の関連部署の詳細を見ると、特に班長級の職員に他自治体職員が多いことが確認できる。

---

[37] 「平成24年第1回山元町議会臨時会（第1日目）」議事録18-19頁による総務課長答弁。

図表 3－3－12　課・室別職員数の変化

課・室	班	新設	2010 課長・室長	2010 班長	2010 班員	2010 計	2010 課計	2012 課長・室長	2012 班長	2012 班員	2012 計	2012 課計	増減	他 課長・室長	他 班長	他 班員	他 計
総務課	総務班		2	1	8	11	14	1	1	12	14	14	0		1		1
総務課	安全対策班			1	2	3											
総務課危機管理室	危機管理班	新設						1	1	3	5	5	5		1		1
企画財政課	企画班		1	1	2	4	11	1	1	5	7	11	0		2		2
企画財政課	財政班			1	4	5			1	3	4						0
企画財政課	行政改革推進班		注1		2	2		注14									
税務納税課	課税班		1	1	7	9	13	1	1	10	12	15	2		4		4
税務納税課	納税班			1	3	4			1	2	3						0
町民生活課	窓口班		1	1	4	6	9	1	1	3	5	8	-1				0
町民生活課	生活班			1	2	3			1	2	3						0
産業振興課	農政班		1	1	3	5	9	1	1	4	6	9	0		2		2
産業振興課	地域振興班			1	3	4			1	2	3						0
産業振興課	農地整備班	新設							1	1	2	2	2		1		1
まちづくり整備課	整備班		1	1	4	6	12	2	1	4	7	12	0		2		3
まちづくり整備課	施設管理班			1	5	6			1	4	5				1		1
まちづくり整備課	震災復旧班	新設							1	5	6	6	6		2		2
会計課	会計班		1	1		3		注15	1	1	2		-1				0
坂元支所	総括班		1	1	2	4		1		2	3		-1				0
保健福祉課	福祉班		1	1	5	7	45	1	1	5	7	42	-3				0
保健福祉課	健康づくり班			1	8	9			1	6	7						0
保健福祉課	介護班			注2	2	2			1	4	5						0
保健福祉課	南保育所保育班			1	7	8			1	9	10						0
保健福祉課	東保育所保育班			1	9	10					0						0
保健福祉課	北保育所保育班			1	8	9			1	12	13						0
保健福祉課被災者支援室	被災者支援班	新設						1	1	5	7	7	7		3		3
地域包括支援センター	総括班		注3	1	3	4		1		2	3		-1				0
上下水道事務所	庶務班		1	1	2	4	8	2	1	2	5	10	2				0
上下水道事務所	施設班			1	3	4			1	4	5				1	2	3
議会事務局	議事班		1	1	2	4		1	1	1	3		-1				0
農業委員会事務局	総務班		注4	1	1	2		注16	1	1	2		0				0
教育委員会学務課	総務班		1	1	2	4	23	1	1	3	5	21	-2		1		1
教育委員会学務課	用務員				7	7				7	7						0
教育委員会学務課	給食従事員				11	11				8	8						0
教育委員会学務課	栄養士				1	1				1	1						0
生涯学習課	生涯学習班		2	1	10	13		2	1	9	12		-1		1		1
震災復興推進課	計画調整班	新設															
災害復旧室	復旧整備班	新設															
震災復興企画課	企画調整班	新設						1	1	5	7	7	7	1	1	3	5
震災復興企画課事業計画調整室	計画調整班	新設						1	1	5	7	7	7	1	1	3	5
震災復興整備課	復興整備班	新設						2	1	6	9	9	9	1	1	4	6
震災復興整備課用地・鉄道対策室	事業用地班	新設						1	1	3	5	5	5	1	1	2	4
計			15	26	133	174		23	31	161	215		41	4	5	35	44

※広報やまもと2010年4月号、2012年4月号より作成。注1：企画班長兼務、注2：地域包括支援センター総括班長兼務、注3：保健福祉課長兼務、注4：産業振興課長兼務、注5：総務課参事兼務、注6：総務課参事兼務、注7：企画班、注8：会計課長兼務、注9：保健福祉課技術参事兼務、注10：介護班長兼務、注11：産業振興課長兼務、注12：産業振興課農政班班員兼務、注13：震災復興推進課理事兼務、注14：企画班、注15町民生活課長兼務、注16産業振興課長兼務

図表 3-3-13 復興関連部署の職員構成

（再掲）宮城県、札幌市、横浜市、山元町、その他自治体職員

	課・室	班	職層 課長・室長・参事	職層 班長	職層 班員	職層 計	再掲 課長・室長・参事	再掲 班長	再掲 班員	再掲 計（括弧内は任期付職員数）
2011.9	震災復興推進課	計画調整班	2	1	4	7	宮1、山1	宮1	宮1、山3	
	計		2	1	4	7	宮1、山1	宮1	宮1、山3	宮3、山4
2012.4	震災復興企画課	企画調整班	1	1	5	7	宮1	宮1	山2、他3	
	・震災復興企画課事業計画調整室	計画調整班	1	1	5	7	札1	札1	札2、山2、他1	
	震災復興整備課	復興整備班	2	1	6	9	山2	宮1	札2、山2、他2	
	・震災復興整備課用地・鉄道対策室	事業用地班	1	1	3	5	横1	横1	宮1、横1、山1	
	計		5	4	19	28	宮1、札1、横1、山2	宮2、札1、横1	宮1、札4、横1、山7、他6	宮4、札6、横3、山9、他6
2013.5	震災復興企画課	企画調整班	1	1	8	10	宮1	宮1	山3、他5	
	・震災復興企画課事業計画調整室	事業計画班	1	1	4	6	札1	札1	宮(1)、札1、山2	
		計画調整班		1	4	5		札1	宮(2)、札1、山1	
	震災復興整備課	復興整備第一班	1	1	9	11	山1	山1	宮(2)、札1、山1、他5	
		復興整備第二班		1	10	11		宮1	宮(3)、山4、他3	
	・震災復興整備課用地・鉄道対策室	事業用地班	3	1	6	10	横1、山2	宮1	宮(2)、山3、他1	
		用地・鉄道班		1	5	6		横1	宮(1)、横1、山1、他2	
	計		6	7	46	59	宮1、札1、横1、山3	宮3、札2、横1、山1	宮(11)、札3、横1、山15、他16	宮4、宮(11)、札6、横3、山19、他16
2014.5	震災復興企画課	企画調整班	1	1	8	10	宮1	宮1	山5、他3	
	・震災復興企画課事業計画調整室	事業計画班	1	1	4	6	札1	札1	宮(1)、札1、山2	
		計画調整班		1	4	5		札1	札1、山2、他1	
	震災復興整備課	復興整備第一班	1	1	5	7	山1	山1	宮(1)、山1、他3	
		復興整備第二班		1	6	7		宮1	宮(1)、山3、他2	
		事業管理班		1	1	2		山1	山1	
	・震災復興整備課建築営繕室	建築班	2	1	7	10	横1、山1	横1	宮(1)、札1、他5	
	・震災復興整備課用地・鉄道対策室	事業用地班	1	1	6	8	山1	宮1	宮(2)、山2、他2	
		用地・鉄道班		1	6	7		横1	宮(1)、横1、山2、他2	
	計		6	9	47	62	宮1、札1、横1、山3	宮3、札2、横2、山2	宮(7)、札3、横1、山18、他18	宮4、宮(7)、札6、横4、山23、他18

※「広報やまもと」に掲載された機構及び職員配置図より作成。

② 実施過程（2012 年－2013 年）
ア　2012 年

　1 月 25 日、河北新報が町独自の補助について報じた。町整備の住宅団地への移転者に対する住宅取得費用を、町独自で最大 150 万円補助する。第 2 種、第 3 種危険区域居住者が、元の場所で嵩上げをして住宅再建する場合に、工事費用の 1/2、限度額 100 万円を補助する、というものであった[38]。この独自支援の財源をいかに捻出するかが大きな焦点となった。

　1 月 31 日、復興交付金事業計画の第 1 回提出が締め切られた。山元町復興交付金事業計画（第 1 回）では、21 事業、総事業費 432 億円に対して復興交付金 54 億円（2012 年度分まで）となった。防災集団移転促進事業は約 1400 世帯分、事業費 150 億円、災害公営住宅整備事業は山下地区が 440 戸分、事業費 102 億円、宮城病院地区が 80 戸分、19 億円、坂元地区が 80 戸分、19 億円である。がけ地近接等危険住宅移転事業は、利子補給 700 件、引越費用 200 件、事業費 51 億円を見込んだ。添付された位置図では、震災復興計画での 5 か所から絞り込まれた 3 か所の新市街地が明示された。

　しかし、1 月以降の復興交付金のヒアリングで、復興庁から「個人の資産形成に資するような部分の費用に対して、交付金は認められない」という見解が示され、住宅再建に対する独自補助事業に復興交付金を充当することが不可能になった。災害危険区域を広く取っても、被災住民への支援財源に繋がらないことが明らかになったのである。以降、山元町では、宮城県震災復興基金交付金を代替財源[39]とする調整を進めていく。

　3 月 25 日、復興大臣が宮城県との意見交換会で、がけ地近接等危険住宅移転事業の見直しを表明した。津波によって家屋が全部流出し、解体済みの場合が新たに対象となった[40]。これは、第 3 種災害危険区域の住民が同事業の交付対象となったことを意味した。

　6 月 1 日、土曜日の会が、記録・情報発信を目的として「いちご新聞」の発行を始めた。同新聞に掲載された田代侃氏のコラムを要約すると以下の通りとなる。
　①JR 山下駅は、津波シミュレーション結果によれば、海岸防潮堤及び県道相馬亘理線の嵩上げにより安全が確保されているので、内陸移転は必要がない[41]。
　②災害危険区域は住民の合意形成を前提として集団移転跡地に指定するべき。
　③今回の指定は、実浸水深 1m 以上と広範に設定し、住民の合意形成をしていない。

---

[38] 「東日本大震災／住宅取得に 150 万円補助、集団移転を促進／宮城・山元町方針」『河北新報』2012 年 1 月 25 日。
[39] 「平成 24 年第 2 回山元町議会定例会（第 2 日目）」議事録 11 頁。なお、宮城県震災復興基金の原資は総務省が設置した「取崩し型復興基金」（2011 年 10 月 17 日）である。
[40] 復興庁「平野復興大臣 国と県の意見交換会（宮城県）後記者会見録」
[41] 『いちご新聞』第 1 号、2012 年 6 月。

④第 3 種危険区域は安全上の実効性はなく、JR 山下駅の内陸移転の口実として設定された[42]。

⑤防災集団移転促進事業による買取りは、対象を宅地のみに限定し、移転跡地利用計画が無く、移転元と移転先の土地価格差が大きい[43]。

⑥新山下駅周辺地区の都市計画は、花釜区及び笠野区の災害危険区域に残る集落から津波避難路が最短のものではない[44]。

⑦県道相馬亘理線の新ルートの設定では、県道の海側に 20 戸程度住居群が残る[45]。

7 月 12 日から 31 日まで、集団移転・災害公営住宅に関する最終意向確認が実施された。1 月の調査と比較すると、第 1 種、第 2 種災害危険区域では、住宅団地への移転は微増（21％→25％）に留まる一方、単独移転が大幅に増えた（32％→45％）。また、現地再建は 2％にまで減少した。第 3 種災害危険区域でも、山下駅、坂元駅の復旧の目途が立たないことへの失望感を反映し、単独移転が増加（14％→24％）した。また、がけ地近接等危険住宅移転事業が活用できるようになったこともあり、現地再建は減少（43％→38％）した（図表 3－3－14）。

図表 3－3－14　居住地の希望（2012 年 1 月〜2 月と 7 月）

	区分	来場者の割合	住宅団地に移転	災害公営住宅に移転	町内移転	町外移転	元の場所で修繕	元の場所で新築	その他（未定）	合計
2012年1月下旬〜2月下旬	災害危険区域（第1種・第2種）	対象世帯の77%	239 21%	339 30%	126 11%	233 21%	48 4%	14 1%	127 11%	1126 100%
	災害危険区域（第3種・区域外）	対象世帯の46%	30 5%	158 27%	18 3%	63 11%	193 33%	61 10%	66 11%	589 100%
	合計		269 16%	497 29%	144 8%	296 17%	241 14%	75 4%	193 11%	1715 100%
	区分		住宅団地に移転	災害公営住宅に移転	単独移転		現地再建		合計	
2012年7月	災害危険区域（第1種・第2種）	対象世帯の79.2%	285 25%	318 28%	518 45%		25 2%		1146 100%	
	災害危険区域（第3種・区域外）	対象世帯の45.6%	49 9%	150 29%	123 24%		194 38%		516 100%	
	合計		334 20%	468 28%	641 39%		219 13%		1662 100%	

※2012年1月下旬〜2月下旬「今後の住まいに関する個別面談」は広報やまもと2012年4月号、2012年7月「集団移転・災害公営住宅に関する最終意向確認」は広報やまもと2012年9月号より作成。

8 月の平成 24 年第 4 回山元町議会臨時会で、坂元道合地区の災害公営住宅を整備するための補正予算案が、地盤不良地に整備する点が問題とされ否決された（賛成 4、反対 9）。9 月に工法を調整し再提案されたが、再度否決された（賛成 2、反対 11）。

同議会では、複数の議員が町執行部に独自移転要望について検討を求めた。町

---

[42] ②から④『いちご新聞』第 2 号、2012 年 7 月。
[43] 『いちご新聞』第 3 号、2012 年 8 月。
[44] 『いちご新聞』第 4 号、2012 年 11 月。
[45] 『いちご新聞』第 9 号、2013 年 3 月。

長は「実現できるんであれば早い機会に実現したい[46]」等検討する姿勢を示したが、町が整備する 3 か所の住宅団地を優先する方針を変えなかった。

　10 月 9 日、合戦原赤坂地区に集団移転を希望する会が、町震災復興企画課に 37 世帯の名簿を提出し、独自の集団移転を要望した[47]。磯地区の住民も町に独自移転を要望した。

　10 月 17 日に締め切られた山元町復興交付金事業計画（第 4 回）において、防災集団移転促進事業は、対象世帯数を第 1 回申請の約 1400 世帯から 1232 世帯に変更し、事業費は 150 億円から 107 億円に減額修正した。がけ地近接等危険住宅移転事業は、利子補給の想定単価 708 万円から 400 万円に、想定件数を 700 件から 330 件に変更したことにより、事業費は第 1 回申請の 51 億円から 19 億円に減額修正した。

　一方、同事業計画において、津波復興拠点整備事業が初めて盛り込まれた。新山下駅周辺地区は、事業費 88 億円、整備面積 18.3ha、整備戸数 137 戸である。新坂元駅周辺は、事業費 52 億円、整備面積 7.4ha、整備戸数 62 戸である。

　津波復興整備拠点整備事業の利点は、国土交通省都市局のガイダンス[48]によれば以下の通りである。すなわち、①復興交付金の対象事業、②用地造成は想定浸水深まで嵩上げでき、自治体から民間・公共団体への再分譲や賃貸が可能、③住宅用地は、防災集団移転促進事業や災害公営住宅整備事業の移転先用地として活用でき、再分譲の対象者は被災者に限られない、④都市計画決定を伴うものの用地買収方式であり、区画整理のような「照応の原則」に囚われない[49]。

　2012 年 11 月 27 日の復興整備計画（第 1 回変更）を見ると、一部区域では防災集団移転促進事業と津波復興拠点整備事業を重複させて適用していたことが確認できる。つまり、移転者が当初想定より減少し防災集団移転促進事業を適用できなくなった宅地について、津波復興拠点整備事業に基づき被災者以外の住民に振り向けていたと考えられる（図表 3－3－15）。このことは、防災集団移転促進事業の国庫補助金を返納する事態を回避できるのみならず、震災前に策定されていた山元町第 5 次総合計画の政策意図（若年世代の流入促進）にも適合的であった[50]。

---

[46]　「平成 24 年第 3 回山元町議会定例会（第 3 日目）」議事録 43 頁。

[47]　「山元・笠野住民団体／独自の集団移転要望／賛同 37 世帯名簿町に提出」『河北新報』2012 年 10 月 10 日。

[48]　国土交通省都市局『東日本大震災の被災地における市街地整備事業の運用について（ガイダンス）』（2012 年 1 月）。

[49]　日本都市計画家協会『復興特区制度活用ガイド ver.2.0』（2012 年 1 月）、5－8 頁。なお、本ガイドは国土交通省都市局総務課長との意見交換を経て策定された。

[50]　地権者の合意や換地設計を要さない津波復興整備拠点事業の選択は、新市街地の都市計画決定を短縮する効果（当初予定 2013 年 3 月から 2012 年 11 月へ）もあった。成田隆一（2013: 48-54）。

図表3-3-15　防災集団移転促進事業と津波復興拠点整備事業の重複適用

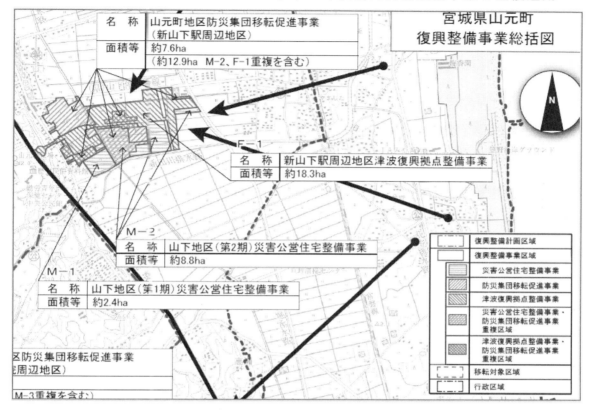

（出典）「山元町復興整備計画（第1回変更）」2012年11月27日。

　12月の平成24年第4回山元町議会定例会では、再び、複数の議員が独自移転要望に対する検討を求めた。町長は、整備の3か所と独自移転要望の地区を同時に進めることは、「今の復興部門の体制の中では難しい」[51]と述べた。さらに、笠野・磯両区では50戸以上の集落形成が確実にはなっていないことを明かした[52]。

イ　実施過程（2013年）

　2013年1月15日、総務省は、宮城県による要望に対し、「津波被災地域における住民の定着促進」を名目として震災復興特別交付税を1,047億円増額することを決めた[53]。

　県は被災市町に、住宅再建に対する独自支援について、財源が不足しているものを照会した。町は、防災集団移転促進事業及びがけ地近接等危険住宅移転事業の国庫補助金交付決定前に移転したため、補助対象とならなかった早期移転者に対する町単独の独自支援分を積み上げて回答した。

　2月25日、宮城県は、「東日本大震災復興基金交付金（津波被災住宅再建支援

---

[51] 「平成24年第4回山元町議会定例会（第2日目）」議事録59頁。
[52] 「平成24年第4回山元町議会定例会（第3日目）」議事録3頁。
[53] 2013年1月15日、平成24年度補正予算案閣議決定による。

171

分）の概要」を発表した[54]。さらに、3月18日に「東日本大震災復興基金交付金
（津波被災住宅再建支援分）の使途の拡充について」を発表した[55]。

　県が示した要件は以下の通りである。まず、対象者について、①震災発生時に
津波浸水区域内の持ち家に居住していたこと、②同一の市町内に住宅を再建する
こと、③防災集団移転促進事業などの国の事業の対象とならないことである。対
象事業は、①住宅・土地取得に係る利子補給や補助、②移転経費に対する補助、
③宅地のかさ上げ等に係る利子補給や補助である。3月18日の使途拡充により、
大規模な改修工事を想定して「制度の趣旨に即して対象とすることが必要である
ものと市長、町長が認めるもの」が追加された。なお、山元町に対する交付限度
額は、町が積み上げた満額の43億2250万円[56]となり、新たな独自支援を行うた
めの財源となった。

　3月25日、平成25年第1回山元町議会定例会で、磯大壇地区に集団移転を希
望する会・合戦原赤坂地区に集団移転を希望する会による「磯大壇地区・合戦原
赤坂地区への防災集団移転に関する請願」が、全会一致で採択された。

　7月3日、合戦原赤坂地区に集団移転を希望する会の嶋田博美会長が、震災復
興企画課に27世帯の名簿を提出し「政治的な決断」を求めた。町長は取材に対
して7月中に移転の可否について結論を出す方針を示した[57]。

　7月20日から25日まで、津波被災住宅再建支援制度の拡充及び新市街地整備
に関する説明会が開催され、新たな独自補助を含む住宅再建支援策が示された。
8月5日、町は独自支援関連の要綱を制定し[58]、移転者に対する支援を拡充する
とともに、現地再建者に対する支援制度（従前地の修繕・新増築に対する利子補
給又は実費補助制度）を創設した（図表3－3－16）。

---

[54] 2013年2月25日宮城県知事記者会見。

[55] 2013年3月18日宮城県知事記者会見。

[56] 2013年2月25日宮城県知事記者会見資料別紙。

[57] 「東日本大震災／宮城・山元町笠野27戸の独自集団移転／可否、町が月内に結論」
　　『河北新報』2013年7月4日。

[58] 山元町東日本大震災による津波被災住宅再建のための移転費補助金交付要綱、山
　　元町東日本大震災による津波被災住宅再建のための利子補給等補助金交付要綱、山
　　元町東日本大震災による津波被災住宅再建のための費用実費等補助金交付要綱、山
　　元町東日本大震災に伴う住宅再建補助金交付要綱。

図表 3－3－16　現地再建に対する支援

		住宅の嵩上げ補助	移転費用等の補助	住宅建設費用の利子相当分の補助又は建物等実費補助
第1種危険区域		ない		
第2種危険区域 第3種危険区域	新増築	補助率1/2、限度額100万円	限度額78万円	利子補給限度額444万円又は建物実費補助限度額100万円
	修繕	ない		
災害危険区域外	新増築	補助率1/2、限度額50万円	限度額40万円	利子補給限度額220万円又は建物実費補助限度額50万円
	修繕	ない		

（出典）『広報やまもと』2013 年 9 月号より筆者作成。

　9 月 3 日、河北新報が、宮城病院周辺地区で 5 月中旬の文化財調査の途中、医療廃棄物が見つかっていたことを報じた[59]。同病院による処理作業が必要となり、着工が遅れることとなった[60]。

　10 月 29 日、議会の東日本大震災災害対策調査特別委員会において、町長は独自の集団移転に応じないことを表明した。その根拠として、9 月に集計した最終意向確認の結果で、新市街地への移転希望者が前年 9 月の調査から 93 世帯（新山下駅周辺 64 戸、新坂元駅周辺 24 戸、宮城病院周辺 5 戸減）減少し 758 世帯となり、全世帯の 31%にとどまった点を挙げ、3 か所の新市街地で十分受け入れ可能であると答弁した[61]。

　12 月 13 日、町議会は町長問責決議を全会一致で可決した。河北新報によれば、議会は、町長が独自移転要求を 2 年近く検討した末に拒否した点、2 度否決した坂元道合地区の災害公営住宅整備計画を再度議題としようとした点を問題視した[62]。問責決議は、①町長との合意形成を図ろうとしない、②職員との意思疎通に欠ける、③議会軽視を指摘した。

---

[59] 「山元／集団移転先に医療廃棄物／宮城病院周辺　92 年以前投棄か」『河北新報』2013 年 9 月 3 日
[60] 宮城病院による処理作業は 2014 年 11 月に完了した。
[61] 「東日本大震災／宮城・山元町笠野、磯両地区の独自集団移転／町は応じず／既存計画で十分と判断」『河北新報』2014 年 10 月 30 日。
[62] 「山元町議会／齋藤町長問責可決／復興計画「議会を軽視」」『河北新報』2013 年 12 月 14 日。

図表 3－3－17 住宅再建に対する支援策の変遷

（単位：万円）

《2013.7 説明会以降・現在》

防災のための集団移転促進事業に係る国の財政上の特別措置等に関する法律による補助対象(1)(2)、かけ地近傍危険住宅移転事業(3)、復興危険住宅移転事業(3/4+1/8)と震災復興特別交付税(1/8)

（利子）　（実費）

山元町独自の補助制度（災害危険区域外に居住していた世帯の移転費用を含む）

		宅地買取				移転費用				住宅土地利子				住宅利子				土地購入等				太陽光				かさ上げ			
		①	②	③	外	①	②	③	外	①	②	③	外	①	②	③	外	①	②	③	外	①	②	③	外	①	②	③	外
移転	団地		●			78	78		40	利子700万実費 200	利子700万実費 200		利子350万実費 100					200	200	200	200	10	10	10	10				
	公営		●			78	78		40	利子700万実費 200	利子700万実費 200		利子350万実費 100																
	他町内		●			78	78		40	利子700万実費 200	利子700万実費 200		利子350万実費 100					50	50	50									
	町外		●			78	78		40																				
従前地	修補							78	40					利子444万実費 100	利子444万実費 100	利子220万実費 50													
	新増築							78	40					利子444万実費 100	利子444万実費 100	利子220万実費 50										補助率1/2, 限度額 補助額1/2, 限度 額50			

《2013.7 津波被災住宅再建支援制度の拡充及び新市街地整備に関する説明会》

		宅地買取				移転費用				住宅土地利子				住宅利子				土地購入等				太陽光				かさ上げ			
		①	②	③	外	①	②	③	外	①	②	③	外	①	②	③	外	①	②	③	外	①	②	③	外	①	②	③	外
移転	団地		●			78	78		40	利子700万実費 200	利子700万実費 200		利子350万実費 100					200	200	200	200	10	10	10	10				
	公営		●			78	78		40	利子700万実費 200	利子700万実費 200		利子350万実費 100																
	他町内		●			78	78		40	利子700万実費 200	利子700万実費 200		利子350万実費 100					50	50	50									
	町外		●			78	78		40																				
従前地	修補							78	40					利子444	利子444	利子220													
	新増築							78	40					利子444	利子444	利子220													

《2012.7 集団移転・災害公営住宅に関する農林水産省への確認》

2011年第3次補正、利子補給拡充

		宅地買取				移転費用				住宅土地利子				住宅利子				土地購入等				太陽光				かさ上げ			
		①	②	③	外	①	②	③	外	①	②	③	外	①	②	③	外	①	②	③	外	①	②	③	外	①	②	③	外
移転	団地		●			78	78		40	利子708	利子708							150	150	150	150								
	公営		●			78	78		40	利子708	利子708															補助率1/2, 限度額 補助額1/2, 限度 額100			
	他町内		●			78	78		40	利子708	利子708																		
	町外		●			78	78		40																				
従前地	修補																												
	新増築																												

《2011.10 災害危険区域条例制定に関する住民説明会》

		宅地買取				移転費用				住宅土地利子				住宅利子				土地購入等				太陽光				かさ上げ			
		①	②	③	外	①	②	③	外	①	②	③	外	①	②	③	外	①	②	③	外	①	②	③	外	①	②	③	外
移転	団地		●			78	78	?		利子406	利子406	?																	
	公営		●			78	78	?		利子406	利子406	?																	
	他町内	?	?	?		?	?	?																					
	町外																												
従前地	修補																												
	新増築																												

（4）小括

　まず、山元町復興計画の策定過程における特徴は以下のとおりである。

　第一に、計画策定における初期条件の特殊性である。被害は他団体と比較しても甚大であった上に、流出した JR 常磐線の復旧ルートを早期に検討しなければならなかった。

　第二に、総合計画策定中に検討課題となった少子化・高齢化・スプロール化を解決する手段として、コンパクトシティ構想を復興計画のスローガンとした。

　第三に、移転先候補地の集約や災害危険区域の指定において、水平的、垂直的な支援を要した。町が目指すコンパクトシティ構想を実現するための技術を持つ職員に乏しい山元町において、国交省の直轄調査及び宮城県、札幌市の支援は不可欠であった。

　第四に、山元町は、防災集団移転促進事業に基づく移転促進区域を超える広範な地域を災害危険区域に指定するとともに、浸水深に応じて区域を 3 分割した。ただし、第 2 種・第 3 種区域内においては現地再建を許容し、地区計画の導入をセットで考えていた。

　第五に、内陸部と沿岸部で住民の意見が分かれたほか、沿岸住民の中で意向が分かれていた。第 3 種危険区域となった旧山下駅周辺の住民と、それ以外の行政区の住民は、JR 常磐線復旧ルート、住宅の再建場所で異なる意向を示した。

　次に、実施過程における特徴は以下のとおりである。

　第一に、当初は土地区画整備事業による造成を考えていたが、財政負担や権利者調整を考慮して、津波復興拠点整備事業を選択した。被災者の移転が想定を下回った時に備えて、防災集団移転促進事業と重複して適用した。

　第二に、財務省・復興庁の反対により、震災復興交付金を住宅再建に対する支援策に充当することが叶わなかった。図表 3－3－17 から、町が整備する住宅団地への移転とそれ以外の間で支援格差が大きかったことが分かる。特に、第 3 種地域に指定された現地再建者に対する支援が限定されることとなった。宮城県震災復興基金交付金を財源とし、独自支援策は段階的に拡充するものの、現在の形に整備されたのは発災から 2 年後の 2013 年 8 月であった。

　第三に、第 3 種危険区域に対する地区計画の導入は、現地再建者の減少により見送られた。JR 常磐線山下駅の休止による人口流出に加え、がけ地近接等危険住宅移転事業の交付対象となったことによる。

　第四に、集落の伝統を重視する独自移転要望は、将来課題を見据えたコンパクトシティ構想と厳しく衝突した。しかし、町長は 2013 年 10 月まで結論を明確にしなかった。ただし、独自移転要望者は時間の経過とともに減少していった。

　第五に、町が整備する住宅団地のうち、新山下、新坂元両駅周辺地区は 2013 年 7 月に着工したが、宮城病院周辺地区は医療廃棄物の処理が必要となり着工が遅れた。

参考文献

成田隆一　2013　「インタビュー　復興のまち　宮城県山元町から復興における
　　さまざまな取組み」『土木施工』第 675 巻第 3 号、2013 年

星卓志　刊行予定　「コンパクトシティを目指す宮城県山元町の震災復興計画策
　　定プロセスと札幌市による対口支援」『東日本大震災合同調査報告　建築編 11
　　都市計画編』

山元町企画調整課　2005　『山元町誌第 3 巻』

第4節　大船渡市における防災集団移転促進事業と地域住民

（1）はじめに

本節は、大船渡市における復興計画の策定および実施について、同市の防災集団移転促進事業（防集事業）を中心に取り上げる。

大船渡市の防集事業の特徴は、大きく三点が挙げられる。まず、比較的小規模な集団移転が集落ごとになされた点、そして、その多くが既存宅地と移転宅地が一体となって小規模な市街地を形成する手法をとった点、さらには、地域住民が防集事業にて主導的な役割を演じた点である。特に二点目については、新規に大規模な宅地造成を行わず、既存住宅地の空き地等に移転先を差し込んだことから、「差し込み型[1]」の集団移転と呼ばれた。

この「差し込み型」をはじめとした大船渡市の防集事業は、概ね順調に推移した。それでは、これがどのようにして進められたのか。ここでは、特に行政と住民との関係に着目しながら、具体的事例とともに検討する。

（2）大船渡市による復興計画策定と住民意向の把握
①　津波被害と復興基本方針決定

図表3−4−1　大船渡市略図（『大船渡市統計』平成27年度をもとに一部加工した）

---
[1] たとえば、『東海新報』2012年3月6日。

大船渡市は、岩手県の南東部に位置する人口約 4 万人の都市であり[2]、2001 年の旧大船渡市・旧三陸町の合併により誕生した。市内の地域は、昭和の合併以前の旧町村域をもとにした、大船渡市域 7 地区（盛町、大船渡町、末崎町、赤崎町、猪川町、立根町、日頃市町）、旧三陸町域 3 地区（三陸町綾里、三陸町越喜来、三陸町吉浜）の計 10 地区により構成されており、中心市街は盛町および大船渡町地区である。また、各地区には「地区公民館」が建設されており、同公民館が地区単位としても数えられる。この場合は、赤崎町が赤崎地区、蛸ノ浦地区に分かれるため、全 11 地区となる。なお、「地区公民館」のほかに、集落単位に「地域公民館」が設置されている。

　東日本大震災では、沿岸部を中心に大きな被害に見舞われた。海岸線は典型的なリアス式海岸となっており、入り江に形成された市街地や集落に 10 メートル前後からの津波が押し寄せたためであった。

地区	死者・行方不明者	住家被害（世帯）	
		全壊	半壊等
盛町	15	87	520
大船渡町	156	1112	686
末崎町	64	509	366
赤崎町	58	540	377
猪川町	12	1	180
立根町	7	1	225
日頃市町	1	0	41
三陸町綾里	27	145	185
三陸町越喜来	88	389	144
三陸町吉浜	5	5	59
計	433	2789	2783

図表 3－4－2　東日本大震災による大船渡市の被害
出典：『大船渡市　東日本大震災記録誌』53 頁

　ただし、市本庁舎は盛町地区の高台に位置しており、津波被害を直接受けず、また地震被害も軽微であった。このため、同市の復興に向けた動きは比較的早いものとなった[3]。3 月 23 日に事務局として災害復興局が、4 月 11 日には市長を本部長とする市災害復興推進本部が設置され、同月 20 日には「災害復興基本方針」が決定された。同基本方針では「市民参加による復興」の推進を打ち出すとともに、生活再建策としての住宅確保について、住宅再建支援や公営住宅建設を行うほか、「高台への住宅移転や宅地のかさ上げ」の実施を謳っている。

　高台移転方針は、3 月後半という早期から進められたものであった。3 月 22 日、

---

[2] 総務省統計局「国勢調査報告」にて 2015 年 10 月現在 38,068 人（速報値）、2010 年 10 月現在では 40,737 人であった。
[3] 以下、大船渡市 （2015: 203 頁以下）。

戸田公明・大船渡市長は菅直人・総理大臣と電話会談を行った。この際、戸田市長は高台移転時の政府支援を要望し、さらに同日の記者会見では「私見」としてではあるが、「住宅は高台や、海より奥に持って行くことが必要[4]」であるとして、浸水地域住居の高台移転を積極的に推進することを表明した。なお、3月下旬から4月上旬にかけて災害復興局は、復興計画策定や防集事業実施の参考として、北海道奥尻町（北海道南西沖地震）および新潟県小千谷市[5]（新潟県中越地震）の視察を行っている。住民参加のノウハウ吸収を目的としたものである[6]。

②　復興計画策定の遅延

　復興計画の策定にあたって、「大船渡市災害復興計画策定委員会」（以下、策定委員会）が設置された。同委員会は、有識者や議会議員、市内の各種団体等の28名により構成されたものであり、5月12日の第1回委員会での互選の結果、塩崎賢明・神戸大学大学院教授が委員長に、齊藤俊明・大船渡市商工会議所所長が副委員長に選出された。また、策定委員会の下部には、4つの専門部会（市民生活部会、産業経済部会、都市基盤部会、防災まちづくり部会）が組織され、各種団体からの推薦および一般公募による部会委員によるワークショップ形式により議論が進められた。

　このような体制の下、第1回委員会にて、復興計画のもととなる「復興計画基本骨子」（以下、基本骨子）を5月中に、復興計画本体も7月中に決定することが示された。戸田市長は「計画策定を7月とした理由は、国の復興構想会議の第一次提言が6月に出される予定であり、県でもそれに呼応した計画が出てくるので、そこにあわせて市でも計画を示したい。国の第二次、三次は後々にも出てくるのであろうが、市ではなるべく早期に示したい[7]」として、復興のスピード感を強調した。

　しかし、実際には復興計画策定は遅れた。8月18日の第4回委員会にて、戸田市長が「国などの財政支援が不明瞭な中で市として責任ある計画の策定はまだ早いと判断し[8]」たと説明したように、国の施策の遅れがそのまま自治体に影響したかたちとなった。結局、基本骨子は7月8日に決定されたものの、復興計画の策定は10月31日までずれこんだ。約12兆円に及ぶ東日本大震災関係経費が計上された、2011年度第3次補正予算案閣議決定の10日後のことである。

---

[4] 『東海新報』2011年3月23日。
[5] 小千谷市における防災集団移転促進事業については、林直樹・齋藤晋・朝野賢司・杉山大志（2011）。
[6] 大船渡市（2015: 203）。
[7] 「第1回大船渡市災害復興計画策定委員会議事要旨」（大船渡市ウェブサイト）。
[8] 『東海新報』2011年8月19日。

③　住民意向の把握

　上述スケジュールの遅延期間は、もとから進められていた住民意向の把握を強化するため当てられた[9]。大船渡市における住民意向の把握や意見交換は、次のようなかたちで行われている[10]。

　一つには、アンケートによる「復興に向けた市民意向調査」の実施である（回答期間4月22日〜5月2日）。同調査では、策定委員会の開催前に実施されたものであり、被害状況や復興への期待のほか、「被災した住宅の再建予定」が項目として加えられた。

	同じ場所に再建築	高台に移転	補修等により入居	民間の賃貸住宅	公営住宅	目処が立たない	その他	（人数）
盛町	11.1	17.5	41.3	4.8	12.7	11.1	1.6	（63）
大船渡町	18.6	24.3	16.8	5.8	6.2	17.7	10.6	（226）
末崎町	11.1	46.7	15.1	0.9	7.6	15.1	3.6	（225）
赤崎地区	8.0	50.5	22.9	1.6	4.3	9.6	3.2	（188）
蛸ノ浦地区	12.0	56.0	0.0	4.0	4.0	16.0	8.0	（25）
猪川町	0.0	0.0	50.0	0.0	0.0	0.0	50.0	（2）
立根町	0.0	0.0	0.0	0.0	0.0	0.0	100.0	（1）
三陸町綾里	34.8	30.4	0.0	0.0	8.7	13.0	13.0	（23）
三陸町越喜来	11.6	53.5	11.6	2.3	5.8	8.1	7.0	（86）
三陸町吉浜	0.0	0.0	0.0	0.0	0.0	0.0	100.0	（1）
全体	13.1	39.6	18.1	2.9	6.5	13.5	6.3	（840）

図表3−4−3　被災住宅再建に対する地区別住民意向（％）
出典：大船渡市ウェブサイト

　図表3−4−3は、地区別の住宅再建意向をまとめたものである。沿岸部では末崎町、赤崎地区（赤崎町）、三陸町越喜来地域の約半数が高台移転の希望を示し、反対に盛町や大船渡町といった市街中心部では高台移転希望の割合は比較的少ない。同調査は全数調査ではないものの、地域によって再建意向に顕著な差異が見られる。

　次いで、6月には地区公民館単位（11地区）にて「（第1回）復興に向けた地区懇談会」（6月6日〜24日）が開催された。同懇談会での成果は、策定中であった基本骨子（案）へ反映されている。たとえば大船渡市では、復興に関する地域での合意形成をはかるため「復興委員会」が住民間で組織されたが、これは同懇談会での提言をもとにしたものである。同懇談会を前に、三陸町越喜来にて「越喜来地区震災復興委員会」が、三陸町綾里田浜にて「田浜震災復興委員会」が設

---

[9]　『東海新報』2011年7月16日。
[10]　このほか、2011年7月に「市民ワークショップ」、同年9月に「大船渡市こども復興会議」が開催され、また計画案に対するパブリックコメントも募集された。

立された[11]。前者は地区復興政策の提言を、後者は防集事業の意見集約を主な目的に、自主的に立ち上げられたものである。これらの動きは、基本骨子に「市民による復興に向けた自助（自らのことは自ら行うこと）、共助（互いに助け合うこと）の取り組みを推進するため、地区・地域ごとの復興推進組織の設置を促します」として組み込まれ、同部分は復興計画にもそのまま受け継がれた。これを受け、各地で「復興委員会」が設立され、地域での住民合意形成に大きな影響を持つようになった[12]。

　さらに「復興に向けた地区懇談会」は、第2回懇談会が8月24日から9月15日にかけ、より地域を細分化した13地区にて開催された[13]。第2回懇談会では、すでに地区ごとの「土地利用方針図（案）」が示されており、復興計画に関するより具体的な質疑がなされた。ただし、同時期の土地利用方針は「国の予算づけ、施設復旧がみえてきておらず、まだ決定には至っていない[14]」状態であり、たとえば道路のかさ上げ位置や高さは明確化されていなかった[15]。このため、より具体的な議論は、復興計画策定の目途が着く10月以降となった。

　以上のように大船渡市は復興計画策定にあたって住民意向の把握に努めたが、これに並行して、「復興委員会」設立に見られたように、地域住民間にて自立的な復興への動きが存在した。特にその後の防集事業では同傾向が顕著となり、地域住民が主体となって希望世帯のとりまとめや移転候補地の選定、買収の内諾とりつけまでが行われた（以下、これを「住民主導型」防集事業と呼ぶ）。一方、「住民主導型」防集事業が難しい地域については、例外的に行政がこれをとりおこなうことになった（以下、これを「行政主導型[16]」防集事業と呼ぶ）。

　それでは、どのように大船渡市の防集事業が進められたのか。以下では、「住民主導型」「行政主導型」防集事業について、具体的事例をとりあげながら見ていく。

（2）地区別の防集事業計画と実施
① 末崎町碁石（「住民主導型」・非「差し込み型」）
　大船渡市では、復興計画策定の目途が着いた2011年10月より、地区や地域組織、また仮設住宅を単位とした、高台移転等に関する説明会を開始した[17]。その中で強調されたのは、防集事業における主体的な住民参加である。地域づくりの専門家やアドバイザー派遣といった支援を行う一方で、コミュニティ単位での移

---

[11] 『東海新報』2011年6月7日および21日。
[12] 『東海新報』2011年10月29日。
[13] 大船渡および末崎がそれぞれ2地区に分け開催された。
[14] 「第5回大船渡市災害復興計画策定委員会議事録」、戸田市長の発言（2011年8月29日）。
[15] 『東海新報』2011年9月18日および「『第2回復興に向けた地区懇談会』の開催結果について」（大船渡市ウェブサイト）。
[16] 『東海新報』2012年6月21日。
[17] 『東海新報』2012年1月21日。

転希望者の取りまとめや移転先の用地選定を地域に「お願い」するという方針がとられた[18]。同方針は、上述「復興委員会」の事例と同じように、もとは地域住民の自主的な取り組みを市が取り込んだものである。

　大船渡市において地域住民による高台移転の動きが最も早く見られた地域の一つが、末崎町碁石（泊里）である。2011 年の 5 月上旬までに、地域公民館の役員で構成された「泊里地区振興協議会[19]」が中心となり、防集事業による高台移転の検討を開始した[20]。独自に意向調査を実施し、移転希望者世帯の意見集約を行ったほか、高台移転候補地の検討も進めた。そして泊里地域約 90 世帯中 33 世帯が移転の希望を示し、同地域の高台 5〜6 箇所を候補地とした案をとりまとめ、6 月 23 日に開催された末崎地区の第 1 回「復興に向けた地区懇談会」にて市当局に提示するに至った。同懇談会では、「高台への集団移転の実現性が高いのなら、地域を熟知している地元住民で移転場所を選びたい。泊里地域では振興協議会で検討しており、意識調査の結果 33 戸が移転に賛同し、具体的な案をつくっている。移転場所は、従来のコミュニティが生かせるところ[21]」との提言がされた。

　碁石にて住民による移転計画が進められた一つの理由は、震災によるコミュニティ崩壊への危機感からであった。コミュニティ維持の問題は、応急仮設住宅への入居にても発生している[22]。大船渡市では被災前地域での応急仮設住宅への入居が優先されたが、地域によって着工・完成時期に差異が出たため、他地域の仮設住宅へ入居する事例も一部見られた。しかし碁石では、泊里地区振興協議会が差配した結果、地域住民が 2 箇所の仮設住宅にまとまって入居することになり、高台移転に関する意見集約にも良い影響を与えたという。

　2011 年夏頃より外部専門家[23]が入り、高台造成等について具体的なアドバイスを受けるとともに、協議会による移転予定地の地権者約 20 人との交渉がはじまった。地権者との交渉は、翌 2012 年 3 月までにまとまり、内諾を得ている。

　このように、碁石では住民組織である泊里地区振興協議会が主導した結果、意見集約や移転地選定、そして用地交渉等が早期に進んだ。しかし、残念ながら、これが早期着工・完成にはつながらず、末崎地区では最も遅いものとなった（大臣同意取得 2012 年 12 月 25 日、工事着工 2014 年 6 月 24 日、工事完了 2015 年 7 月 18 日）。

---

[18] 「大船渡市議会議事録」2012 年第 1 回定例会 3 月 7 日、佐藤高廣・大船渡市災害復興局長の発言。

[19] 2012 年 4 月より「碁石地区振興協議会」に名称変更している。

[20] 『東海新報』2011 年 6 月 23 日。

[21] 「『復興に向けた地区懇談会』の開催結果について」（大船渡市ウェブサイト）22 頁。

[22] 大船渡市内の状況は、『東海新報』2011 年 4 月 26 日。

[23] 佐藤隆雄・防災科学技術研究所客員研究員や日本大学生物資源科学部建築・地域共生デザイン研究室が中心となった。なお、本文にて後述するように、佐藤氏は大船渡市災害復興計画策定委員会委員でもあった。

工期が遅れた理由の一つには、コミュニティ維持を優先した結果、移転先敷地の新規開発が必要となり、また曲線状に配置されたアクセス道路建設等の予算確保にも難航したことが挙げられる[24]。工期の遅れの影響は大きく、当初、災害公営住宅建設[25]を含めた33世帯の高台移転希望世帯のうち、約10世帯が同地区での高台移転を断念することとなった。なお、末崎町碁石の防集事業は、いわゆる「差し込み型」防集事業というよりも、比較的規模が大きい新規造成を行う、通例的な防集事業であった点は留意される。

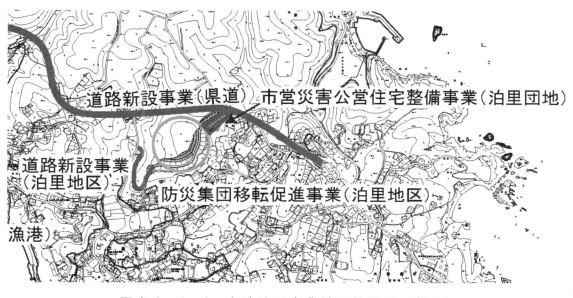

図表3－4－4　末崎地区事業計画位置図（部分）
出典：大船渡市復興計画推進委員会配付資料（2014年9月30日現在）

② 三陸町越喜来・浦浜南（「住民主導型」・「差し込み型」）
　大船渡市の「差し込み型」防集事業のアイデアは、2011年7月の有識者による発言に遡る[26]。7月7日開催の第3回大船渡市災害復興計画策定委員会にて、委員であった佐藤隆雄・防災科学技術研究所客員研究員は、当時の市防集事業構想について「今の絵だと大規模な宅地造成をするイメージとなる」として、たとえば三陸町越喜来の「崎浜は、上の方の集落の畑などに埋め込んでいけばうまく収まる気がする」とした[27]。続けて、「防災集団移転促進事業や小集落移転促進事業などをかけて、一戸一戸手当てし、埋め込み型の公営住宅とする方が、安く早くできる。道筋をなるべく早く被災者に示していく必要がある」と述べている。同

---

[24] 『東海新報』2014年12月17日。
[25] なお、末崎町碁石の災害公営住宅は、戸建てによる整備がされている。これは、泊里地区振興協議会の要望（『東海新報』2012年2月21日）の成果である。
[26] 『毎日新聞』岩手地方版2016年4月3日。
[27] 「第3回大船渡市災害復興計画策定委員会議事録」。

構想が、のちの「差し込み型」防集事業につながった。

では、「差し込み型」防集事業はどのような特徴が見られるのか。ここでは三陸町越喜来の浦浜南を事例としてとりあげる。

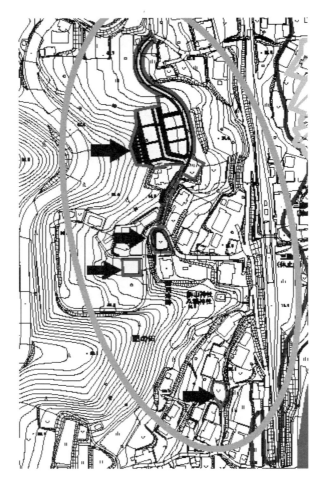

図表3－4－5　越喜来地区事業計画位置図
（矢印部分が防集事業の移転先宅地）
出典：大船渡市復興計画推進委員会配付資料
（2014年9月30日現在、一部加工した）

図表3－4－5は浦浜南の事業計画位置図の部分図である。注目すべきは、移転先の宅地区画の全11区画が一つにまとまっておらず、大きく4箇所に分散している点である。移転先は分散しているが、事業上は一つの「集団移転」として扱われた。これは「差し込み型」防集事業の特徴の一つであり、その実施に先立って大船渡市は国土交通省に確認を行った。その結果、国交省による防集事業のガイドラインでは、「事業計画における住宅団地の規模は移転促進区域から移転する住居の戸数によって決まるが、必ずしも移転先を1つの住宅団地とする必要はな

く、移転先を複数の住宅団地に分散することも可能である[28]」と明記され、「差し込み型」の移転が認められることとなった。

　浦浜南において、高台移転の合意形成や候補地の選定等は、地域の自治会（南区自治会）が主体となった[29]。2014年2月に被災者の意向調査をアンケートにて行い、希望の集約を行うとともに、移転先候補地の募集・選定、そして土地所有者との交渉を進めた。結果、浦浜南では、敷地面積の関係上、移転先は1箇所にはまとまらず、4箇所に分散することとなった。このうち3箇所は既存空き地をそのまま利用したものである。

　なお、南区自治会は、宅地の設計段階でも市側との交渉を行い、防集事業利用者との調整役を担った。たとえば、住宅から海が見えるように宅地に段差を付与し、また「角地」を増やすため宅地間に避難用通路がつくられたのは、自治会による交渉の成果である。

　浦浜南の防集事業は、2012年10月24日大臣同意取得、2013年11月13日工事着工、2014年12月26日工事完了した。

③　大船渡町平（「行政主導型」・非「差し込み型」→「差し込み型」）

　大船渡市の防集事業は、上述の2事例のようにほとんどが「住民主導型」であったが、大船渡町の防集事業は例外的に「行政主導型」となった。大船渡町は市中心部にあって被災規模が大きく、また被災者の多くが別々の応急仮設住宅に散ってしまった結果、公民館が解散されるなど、地域住民が主体になることが難しかったためである[30]。

　大船渡町平の防集事業は、当初102区画として計画された。これは、2012年4〜5月、市によって実施された第2回「今後の住まいに関する意向調査」の結果を参考にしたものであり、移転希望者募集開始（2013年8月）の際には多少区画数を減じたものの、それでも66区画の募集となり、高台を切り崩す大規模な造成を予定するものであった。

28　国土交通省都市局「東日本大震災の被災地における市街地整備事業の運用について（ガイダンス）」（2013年）1-15頁。

29　以下は、当該地区の自治会長へのヒアリングをもとにしている。なお、三陸町地域の自治会長は地域公民館長を兼ねず（大船渡地域では兼職となる）、また自治会長が地域のとりまとめを行う。

30　「大船渡市議会議事録」2012年第2回定例会6月20日・戸田公明・大船渡市長の発言および『東海新報』2013年8月3日。

図表3－4－6　平地区住宅団地土地利用計画図
出典：大船渡市復興計画推進委員会配付資料（2013年8月）

　しかし、実際の応募数は、わずか5区画に留まった。報道によれば、大船渡町住民の多くが、当時どの防集事業に応募するか決めかねていたという[31]。市当局は、大船渡町地域の住民意向を正確に把握できなかったといえる。これにより、平の防集事業は、大幅な計画変更を余儀なくされた。最大の変更点は、移転先用地の変更である。

　策定委員会の後継組織である「復興計画推進委員会」では、委員から平の防集事業見直しを求める発言が相次ぎ[32]、これを受けて大船渡市は同防集事業を「差し込み型」に変更することとなった[33]。このことも影響して、同地区の防集事業は遅れることとなった。

---

[31] 『東海新報』2013年9月11日。
[32] 「平成25年度第3回大船渡市復興計画推進委員会議事録」。
[33] 「平成25年度第4回大船渡市復興計画推進委員会議事録」。

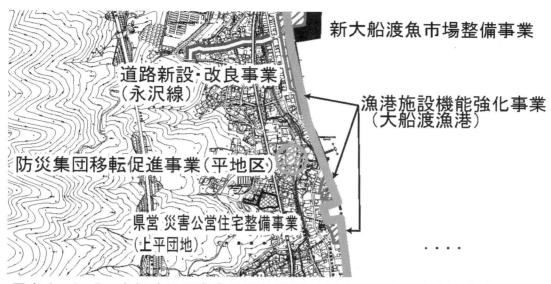

図表3-4-7　大船渡地区事業計画位置図（部分・平地区防集事業変更後）
出典：大船渡市復興計画推進委員会配付資料（2014年9月30日現在）

(3) おわりに

　大船渡市は防集事業の実施に当たって、住民意向を非常に重視した。その結果が、「住民主導型」防集事業の導入であったといえる。また、「差し込み型」の採用は、防集事業を小規模化することにより、その遂行を早めることにつながった[34]。

　大船渡市の事例は、概して「グッド・プラクティス」として理解されるものである。しかし、同様の手法はどのような場合にも適用できるものではない。まず、被災前後に変わらず地域コミュニティが機能する必要がある。さらには、自治体による住民意向の把握・集約には限界がある。

　これに関連して、角田陽介・大船渡市副市長が「お互いがいわゆる「顔の見える」関係を持つ小さな集落やコミュニティでは、地域の代表の方にお願いするとかなり確からしい情報を寄せていただける。しかし、市中心部にすむ都市型の住民については、住民同士のつながりがそれほど強くない傾向にあり、同じようなことは期待できない[35]」と述べている点は注目される。市街中心部であった大船渡町平の防集事業の事例は、まさにこの「都市型」のものであり、大船渡市域内にても大きな地域差があった点は留意されよう。

---

[34] 前掲『毎日新聞』岩手地方版2016年4月3日。
[35] 角田陽介（2014: 42）。角田氏は国土交通省からの出向で、2012年4月より2016年6月まで大船渡市副市長を務めた。

地区名		差込型	移転戸数					大臣同意取得日	工期完了日
			12/10/18	13/3/31	14/1/31	14/12/31	15/12/31		
大船渡町	下舘下	○	52	22	15	15	15	13/03/08	15/05/30
	平		102	68	3	3	3	13/03/08	15/05/06
末崎町	峰岸	○	21	21	21	21	21	12/12/25	15/06/30
	神坂	○	10	10	9	9	9	13/01/29	15/03/25
	細浦	○	18	13	13	13	13	12/12/25	15/01/28
	小細浦	○	8	8	8	8	8	12/07/26	13/12/06
	小河原 ①(平林・上山)	○	44	41	41	35	35	12/11/22	15/06/12
	②(鶴巻)					6	6		14/10/31
	梅神 ①	○	16	13	13	10	10	12/12/25	15/04/24
	②					3	3		14/11/20
	門之浜		13	13	13	13	13	12/07/26	14/03/25
	泊里		22	23	17	17	17	12/12/25	15/07/18
赤崎町	佐野 ①②	○	6	5	5	2	2	12/12/25	14/04/11
	③④					3	3		14/05/20
	中赤崎 ①(森っこ)		145	62	41	34	34	13/03/08	17/08/06
	②(洞川原)			20	3	3	3	13/03/08	17/08/06
	③(久保前高台)			20	9	7	7	13/03/08	16/03/15
	④(駅周辺)			5	5	5	5	13/03/08	15/03/13
	⑤(山口1)			19	19	10	10	13/03/08	16/09/30
	⑥(お子守様)			9	-	4※	-	13/03/08	-
	永浜 ①		40	33	32	1	1	13/03/08	14/09/15
	②					27	27		16/03/31
	清水 ①	○				3	3		14/09/10
	②③		7	6	6	2	2	12/12/25	14/03/25
	④					1	1		14/04/11
	蛸ノ浦	○	22	15	16	16	16	12/12/25	15/06/23
三陸町 綾里	田浜		12	12	12	12	12	12/07/26	14/05/16
	港・岩崎		27	23	23	23	23	12/10/24	14/06/25
三陸町 越喜来	泊		13	13	13	13	13	12/07/26	14/01/31
	浦浜南		12	11	11	11	11	12/10/24	14/12/26
	浦浜仲・西	○	12	10	10	10	10	13/03/08	14/12/26
	浦浜東・甫嶺※※	○	15	12	9	9	9	12/10/24	15/03/10
	崎浜	○	32	29	21	21	21	12/09/24	15/06/10
合計			649	536	388	370	366		

図表 3−4−8　大船渡市における防集事業と移転戸数の推移

出典：大船渡市復興計画推進委員会配付資料より作成（2015 年 12 月 31 日現在）。
　　　「差し込み型」の分類は、戸田公明「復興まちづくりと合意形成」
　　　　　（ERES 公開フォーラム 2012 年）によった。
　　※これのみ「山口 2」地区
　　※※甫嶺は当初単独で防集事業が計画されたが、のちに浦浜東地区と合同になった

参考文献

饗場伸　2014　「大船渡市三陸町綾里地区の復興まちづくり」『東日本大震災合同調査報告書　都市計画編』

角田陽介　2014　「大船渡市における復興の現状と課題」日本都市センター編『東日本大震災からの経済復興と都市自治体財政の課題』

茅野恒秀・阿部晃士　2013　「大船渡市における復興計画の策定過程と住民参加」、『社会学年報』42 号

佐藤隆雄　2012　「岩手県大船渡市に対する復興提言と 1 年経過後の検証」『住宅会議』85 号

佐藤隆雄　2012　「津波災害漁村の復興計画・事業から見えてきた課題と今後のあり方」『農村計画学会誌』31 巻 1 号

藤沢直樹他　2014　「碁石地区における住民参加型による高所移転　住宅地計画と住宅再建に対する支援」『季刊まちづくり』1307 号

藤沢直樹他　2013　「防災集団移転促進事業による住民参加型での高所移転住宅地計画づくりの合意形成の過程　岩手県大船渡市碁石地区での復興支援を通じて　その 1」『日本建築学会大会学術講演集（北海道）』

西本尚人他　2014　「津波被災集落における住民参加による高所移転住宅再建計画づくりの支援の過程　大船渡市末崎町碁石地区への復興まちづくり計画支援を通じて　その 2」『2013 年度日本建築学会関東支部研究報告集 II』

丸山真央　2014　「平成三陸大津波をめぐる合併自治体の対応　岩手県大船渡市三陸町調査報告(1)」山本唯人編『東日本大震災における支援活動と地域社会　岩手県大船渡市を中心に』「社会と基盤」研究会・岩手調査班

丸山真央　2014　「平成三陸大津波と「旧村」の自治　岩手県大船渡市三陸町調査報告(2)」山本唯人編『東日本大震災における支援活動と地域社会　岩手県大船渡市を中心に』「社会と基盤」研究会・岩手調査班

林直樹・齋藤晋・朝野賢司・杉山大志　2011　「震災後集団移転の成功要因　新潟県小千谷市十二平の経験に学ぶ」『電力中央研究所社会経済研究所ディスカッションペーパー』11013

大船渡市　2015　『大船渡市　東日本大震災記録誌』大船渡市

第4章　昭和三陸津波からの復興とその教訓

　第2章の定量分析結果と、第3章の比較事例研究から、「震災復興」の成否（特に復興速度）を左右する論点を抽出すると、主に以下の三点となる。

　第一に、集落・旧町村における住民意向集約・意思決定（≒市町村における復興方針）の速さである。集落・旧町村における住民意向は時を経て分裂がより深刻になるために早く意思決定するほうが執行は容易となる。さらに、意思決定単位（事業規模）が小さいほど意思決定、事業執行は早くなる。

　第二に、集落・旧町村における住民意向と市町村における復興方針の関係である。市町村が旧集落、あるいは平成の合併前旧市町村単位の住民意志に対し、どのような態度で対応したかと言い換えることができる。

　第三に、市町村の復興方針を巡る県、中央省庁（及びコンサルタント）との関係である。市町村の復興方針を県、中央省庁がどのように支援し、或いは阻んだのかと言い換えることができる。

　東日本大震災からの復興における比較事例研究（横軸）を補完するためには、歴史研究（縦軸）の視点が重要である。中でも、東日本大震災と発災地を同じくする昭和三陸津波からの復興は極めて重要である。非常に興味深いことに、昭和三陸津波においても、発災後の復興手法（高台か・防潮堤か）、復興主体（県か、町村か、事業組合か）に関する論点は驚くほど類似している。東日本大震災以降の既往研究を確認していくと、県や政党等の諸提案をまとめた首藤（2011）、農村漁村経済更正運動とのかかわりを論じた森山（2013）、過去の津波対策から得られる教訓について考察した中島・田中（2011）等の成果を挙げることができる。

　しかし、復旧・復興政策の策定・実施の全体を把握しようとしているものはほとんど見られない。中でも、各町村における復興計画策定や事業実施過程における政府間関係については未だ不明な点も多い。予め述べておくならば、各町村は発災直後（早いケースでは発災3日後）に臨時町村で復興方針に関わる意思決定を行い、独自の復興計画を策定すると共に、県や各省庁に対して活発に政治活動を行っていたのである。こうした「下からの」復興方針の提案や運動に対して、県・各省庁はどのように対応したのかを明らかにすることは、東日本大震災からの復興過程を評価する上で重要な軸を提供すると考える。さらに言えば、平成の市町村合併前における旧町村単位の意思決定をどのように位置づけるかにも役立つ事例となろう。

　以上の問題意識を前提としつつ、本章では、昭和三陸地震に対する復旧・復興計画・事業の経過について、特に被害の大きかった岩手県での対応を中心に検討し（第1節）、さらに岩手県の被災町村にて実際にどのような復興計画が策定・実施されたかを、県・町村関係に注目しながら明らかにする（第2節）。これらの考察により、復旧・復興政策における現代への教訓を読み解きたい。

参考文献

首藤伸夫　2011　「昭和三陸大津波直後の津波対策・復興計画への諸提案」『津波工学研究報告』28号、東北大学大学院工学研究科災害制御研究センター

中島直人・田中暁子　2011　「巨大津波に向き合う都市計画　津波に強いまちづくりに向けて」『都市問題』2011年6月号

森山敦子　2013　「昭和三陸津波の罹災地復興と産業組合　農山漁村経済更正運動を中心とした1930年代社会政策の進展に着目して」明治大学大学院理工学部建築学科修士論文

第 1 節　岩手県の復旧・復興対応と中央政府

（1）県復興局の創設と復旧予算の成立

　1933 年 3 月 3 日午前 2 時 21 分、三陸沖を震源とするマグニチュード 8.1 の地震が発生した。この地震による被害は主として岩手県・宮城県の二県であり、被害は図表 4－1－1 の通りである。

図表 4－1－1　昭和三陸地震における岩手県・宮城県の被害状況

	人的被害（人）				家屋被害（件）				
	死者	傷者	行方不明	計	流出	倒壊	焼失	浸水	計
岩手県	1408	805	1263	3476	2969	1111	201	2076	6357
宮城県	315	151	105	571	477	162		1645	2284

※『岩手県昭和震災誌』『宮城県昭和震嘯誌』より作成

　特に岩手県沿岸部は津波により大きな被害を受けており、最も甚大な被害を蒙った田老村田老地区（現・宮古市）では、震災前人口の 4 割強の死者・行方不明者を出し、ほぼ全ての家屋が流出・倒壊した。被害総額は、岩手県のみで 1100 万円以上になった。

図表 4－1－2　昭和三陸地震における岩手県の被害額内訳

被害項目	被害額（円）
商工関係	4,097,757
水産関係	5,471,500
農業施設	701,967
農作物関係	55,094
農地農業用施設	801,983
林業関係	410,690
学校	6,000
電力関係	92,149
計	11,637,140

※『岩手県災害関係行政資料』70頁より作成。
ただし同書では「その他被害額」が不明となっている

　災害の発生に対して岩手県当局は、震災当日の 3 月 3 日には警察および軍と連携を念頭に置いた「罹災応急救助計画」を立て職員等を派遣し、県として救援・救護活動を開始した。

　県の復旧・復興対応についても早期から開始された。震災翌日の 3 月 4 日、佐々木保五郎・岩手県会議長により県議協議会が招集されたが、そこでは石黒英彦・岩手県知事、前田慎吾・内務部長、森部隆・警察部長の県幹部 3 名も出席した。協議の結果、①「災害地復興機関」を県に設置して事業の連絡統制を図ること、②復興資金の借入について帝国議会開会中に実現することが、多数意見として確認された（岩手日報（以下、岩日）1933 年 3 月 5 日）。前者に関しては、3 月 7

日、「震災善後措置ニ関スル事務ノ統制敏活ヲ図ル」ため、県に「復興事務局」が設置された。局長を内務部長が務めるほか、各部・各係の担当者はそれぞれ県の部長職、課長職の充職となっている。

図表 4－1－3　岩手県復興局職制及び事務分担（1933 年 3 月 7 日〜4 月 5 日）

部局	役職・担当		事務分担
復興局	局長	内務部長	
総務部	部長	官房主事	
庶務係	係長	地方課長	罹災地警察署長、出先官吏、市町村長其ノ他各方面トノ連絡ニ関スル事項
			見舞客ノ応接、接待、見舞イ文書ノ処理其ノ他儀礼的事項
			震災記録調製ニ関スル事項
			他係ノ主管ニ属セザル事項
経理係	係長	庶務課長	罹災地復興ニ関スル各般ノ経理ニ関スル事項
救護部	部長	学務部長	
義捐金品係	係長	社会課長	御下賜金ノ伝達ニ関スル事項
			義捐金ノ募集ニ関スル事項
			義捐金ノ接受及配給ニ関スル事項
物資係	係長	農務課長	物資ノ調達及配給ニ関ス得ル事項
			義捐金ノ接受及配給ニ関スル事項
警務部	部長	警察部長	
警備係	係長	警務課長	警戒警備ニ関スル事項
情報係	係長	特高課長	情報蒐集及発表ニ関スル事項
			高等通報ニ関スル事項
救療係	係長	衛生課長	救療ニ関スル事項
			保健防疫ニ関スル事項
復興部	部長	内務部長（兼）	
規劃係	係長	商工課長	罹災地ノ復興計画ニ関スル事項
工営係	係長	土木課長	復旧工事及復興工事ニ関スル事項
			其ノ他各般ノ技術的サ業ニ関スル事項

※『岩手県災害関係行政資料』103-104頁より作成

　県当局は、復興事務局の設置に続いて、復旧・復興計画の立案を矢継ぎ早に進めた。3 月 8 日の県議との協議会を経て（岩日 1933 年 3 月 9 日）、被災 1 週間後の 3 月 10 日までに大まかなに復旧・復興事業計画案は策定された。先の 3 月 4 日の協議会で確認されたように、当時は第 64 回帝国議会（1932 年 12 月 6 日〜1933 年 3 月 25 日）の開催中であって、同議会中の予算審議に間に合うよう図ったためである。

　このように、岩手県では非常に早期に復旧・復興計画案が策定された。政府に提示された際の案では 1933 年度分として、国庫補給および低利資金融通を合わせて総額 3853 万 5314 円（岩日 1933 年 3 月 14 日）という大規模なものとなった。後述するように、これより同予算は縮小される傾向にあったものの、この際に作成された復旧・復興計画方針は概ね維持された。

　3 月 13 日までに石黒知事をはじめとする県当局幹部および県会議員は上京し、各省庁への陳情および折衝が開始された。その際、東北地方選出の代議士で結成

された「三陸地震海嘯災害救済会」（岩日 1933 年 3 月 9 日）は支援に廻り、結果として、復旧・復興関係予算は、当初内務省等で検討されていた予備費からの支出（岩日 1933 年 3 月 11 日）ではなく、開会中の帝国議会に追加予算として提出されることとなった（岩日 1933 年 3 月 14 日）。

　しかしながら、3 月 16 日より開始された各省の省議において、復旧・復興関係予算はおよそ 4 分の 3 に削減され（岩日 1933 年 3 月 20 日）、さらに大蔵省の査定の結果、最終的に政府から岩手県へ支出は 1117 万 9886 円（国庫補給・補助金[1]446 万 886 円、低利資金融通 671 万 9000 円）となった（岩日 1933 年 3 月 30 日）。

　ここまで大きく削減された理由は、岩手県の要求額がもとから膨大であったことに加えて、特に津波対策関連事業が「恒久施設」建設のための「新規事業」であり、1933 年度追加予算に計上することは好ましくないとされたためである。たとえば内務省は「防波陣防波堤及び三陸沿岸を通ずる自動車道路の如きは新規事業であるから技術官を派遣し実地踏査の上決定すべき」であると主張し、また農林省も防潮林に関して 1933 年度は調査費としている（岩日 1933 年 3 月 17 日および 19 日）。結局、津波対策関連事業について 1933 年度は調査費の設定にとどめられ、1934 年度へと先送りにされた。

　これに対し、折衝に当たっていた上野節夫・岩手県土木課長は「復興計画として県当局では復旧だけではなく津波の防御が必要であるので積極的復興計画を樹てその方法で道路の改修を計画し盛岡を中心に海岸道路網を完成し津波の防御として沿岸防波堤を築く事陸上の津波防御として防浪建築物の建造潮よけ堤防の築造流れてしまつた市街地区画整理を行ひ十米以上の高地に住宅を建てらせる事に計画しこの予算総額は六百万円を要求したが大蔵省に於て新規事業は全く認めず災害復旧程度に止められ」たと述べている（岩日 1933 年 3 月 22 日）。従前への復帰を講ずる「復旧」に対して、津波対策が「復興」として位置づけられた点には注意が必要である。

　ただし、このように「復旧」「復興」を分けて事業を行うというのは昭和三陸地震時の特殊な事例であったというわけではない。たとえば石黒知事が「但馬地方の震災にせよ最初は復旧事業に止め後年度に於て復興計画をたてそれを漸次遂行してゐる」（岩日 1933 年 3 月 28 日）と説明したように、1927 年 3 月 7 日に発生した北丹後地震（奥丹後地震）では同様の処理がされていた。石黒知事自身は、翌年度への先送りに対して「自分としては八年度の予算は削られたが将来の復興に引っ掛かりがついて居るから大成功だと思ふ」と評価している（岩日 1933 年 4 月 1 日）。

　なお、津波対策関係事業がすべて 1934 年度に先送りされたというわけではな

---

[1] 補助率に関しては概ね、救護・救療・警備費が全額、災害復旧土木事業および街路復旧事業が 8 割 5 分、その他の大部分が 5 割であった。

い。たとえば追加予算の審議の際、衆議院の予算委員会では、高橋是清・大蔵大臣が「時局匡救費ナルモノモ、成ベク之ヲ震災地方ニ多ク廻スト云フヤウナ考ヲ以テ（略）、又防潮堤ニ付キマシテハ、是モ矢張出来ルダケ時局匡救費ヲ三陸地方ニ多ク廻シテ、実行シタイト云フコトニ努メテ居ル[2]」と述べている。すわなち、1932年から開始されていた時局匡救事業費によって、防潮堤等、1933年度予算の「復旧」には当たらない事業に対しても支出しうる余地があった。内務省では震災直後より、三陸地方への時局匡救土木費の増額を決定している（岩日　1933年3月5日）。また、後述するように、復旧費目を流用することによって津波対策を行った例もあった。

　国庫補給・補助金は3月25日に追加予算として帝国議会を通過し、また低利資金融通は3月29日までに大蔵省預金部において金額が決定された。これを受けて岩手県では、3月31日に臨時参事会を、また4月8日から14日まで臨時県会を開催して、震災復旧関連追加予算を確定する。

　臨時県会[3]にて、石黒知事は「災害ノ善後策」として①復旧事業、②災害防止施設、③復興事業の三種を挙げ、今回は①にとどめる旨を説明した。ただし、「復興事業ニ付キマシテハ仮令今日政府ノ補助其他財的援助ガナクトモ復旧事業及災害防止ノ施設ト離ルベカラザル関係ヲ有スルモノデアリマスカラ今後県ハ各種団体等ヲ支援致シマシテ其ノ事業促進完成ニ協力致シタイ」と述べている。予算方針としては、県財政状況の悪化から、国庫補助を主眼とし、低利資金の使用は限定的なものと説明された。臨時参事会および臨時県会本会ではさしたる反対もなく、予算案は原案にて通過した。

図表 4－1－4

昭和八年度震災費歳入予算

科目	予算額（円）
国庫補給金	135,202
国庫補助金	4,242,387
寄付金	98,594
県債	5,608,000
貸付金収入	154,293
県費編入金	6,306
歳入合計	10,244,782

※『岩手県議会史』3巻463頁より作成

図表 4－1－5

昭和八年度震災費歳出予算

科目	予算額（円）
救護費	22,282
警備費	59,491
救療費	29,925
災害土木復旧費	1,736,194
産業復旧費	6,884,975
住宅復旧費貸付金	1,054,000
児童就学奨励費	43,942
復旧事業調査監督費	40,000
養老育児院建設費	8,000
歳入欠陥補填金	182,000
県債費	164,501
事業助成交付金	19,472
歳出合計	10,244,782

※『岩手県議会史』3巻464-465頁より作成

---

[2] 『第六十四回衆議院予算委員会議録（速記）第十五回』5頁（1933年3月24日）
[3] 『昭和八年四月岩手県臨時県会会議録』14頁以下

（2）復旧事業と対応

図表 4 - 1 - 6　震災復旧事業資金一覧

費目	資金総額（円）	内訳	
		補助金（円）	低利資金（円）
災害土木応急	70,000		70,000
災害土木復旧	1,685,600	1,432,600	253,000
街路復旧	100,000	85,000	15,000
住宅適地造成	345,000		345,000
漁船復旧	2,282,700	1,056,700	1,226,000
漁具復旧	2,068,680	671,680	1,397,000
水産共同施設復旧	522,600	222,600	300,000
水産個人製造所復旧	240,000		240,000
他水産関係復旧	96,125	54,125	42,000
耕地復旧	598,035	355,035	243,000
農産復旧・助成	340,423	136,423	204,000
家畜復旧	45,507	22,507	23,000
養蚕業復旧	69,775	39,775	30,000
炭材購入資金	134,000		134,000
工場店舗設備資金	253,500	101,500	152,000
工場店舗運転資金	153,000		153,000
産業組合住宅復旧	727,000		727,000
産業組合事業資金	700,000		700,000
住宅復旧資金	327,000		327,000
公共・社会施設関係復旧	254,942	47,942	207,000
警備費他	213,480	213,480	
歳入欠陥補填	745,000		745,000
計	11,972,367	4,439,367	7,533,000

※『岩手県昭和震災誌』709頁以下より作成（明白な誤記は修正を加えた）

　震災復旧予算の成立に並行し、岩手県では 4 月 6 日に復興事務局を改組して、あらたに復興事務局の直属として「総務課」を設置した（既存「総務部」は「庶務部」に改称された）。総務課の課長および一部の課員については、当て職ではなく専任として配置された。これは震災善後処理に対して臨時の職員増員が行われたためである[4]。

　総務課は主として、①県当局における復旧・復興事業の連絡統制や、②町村による復旧・復興計画および事業の指導・監督をつかさどる。

　後者について、総務課は、4 月中旬から約 20 日間で町村の復旧・復興計画の策定を指導し、以降は当該事業実施指導・監督に並行して、資金調達の指導および会計の監督するものとされた（岩日 1933 年 4 月 20 日）。

　また前者について、総務課長は復興部規劃係長を兼任した。規劃係は「復旧及復興計画ニ関スル事項」を管掌する。同係内には「土木関係小委員会」「住宅関係

---

[4] 岩手県では、地方事務官 1 名、属 4 名、技手 6 名の臨時職員が置かれた（1933 年勅令 82 号）。

小委員会」「水産関係小委員会」「勧業関係（除水産）小委員会」が設置された[5]。
各小委員会には県の関係各課長が配されており、ここで事業計画の調整が行われ
た。

　以下では、土木、住宅、産業分野における岩手県の復旧事業の概略を見ていく
ものとする。

①　土木復旧

　土木関係としては、①道路・橋梁、②港湾、③街路、④住宅適地造成の4種に
分けられる。このうち、高地移転のための住宅適地造成も「復旧」事業の一部と
して行われた。

　震災による被害の大部分が津波によるものであるため、県当局では早期より「海
嘯ニ依リ被害ヲ蒙リタル住家ハ再建ノ際ハ附近高地ニ移住スルヲ原則」とする方
針を決定した[6]。同方針は、内務省にも支持される（岩日 1933 年 7 月 27 日）。こ
のため、高台移転が困難な集落（釜石、大槌、山田等）を除き、個別的分散移転
のほか、18 町村 32 部落 2135 戸が集団移転となった。造成工事は町村が低利資
金融資を受けて行うが、造成の設計は岩手県が行い、内務省都市計画課の承認を
経ることとされた。

　興味深いことに、この住宅適地造成事業の一環として、田老村および気仙町で
は防浪堤が築造されている。このうち気仙町の防浪堤はほとんど町村負担金によ
るものであるが、田老村のものは全額が低利資金融通によるものであり、第 2 節
にて詳述されるように、当該予算の「付け替え」は県当局（復興局総務課）の指
示に基づいた。なお、高地移転後の集落と海岸および幹線への連絡道路建設にも
住宅適地造成資金が使用された。

　このように、住宅適地造成事業は「復旧」事業ではあったが、津波対策を念頭
に置いたため、「復興」事業に近い運用がされている。

②　住宅復旧

　高地の住宅適地造成は町村工事によったが、住宅復旧については、①産業組合、
②町村、③住宅組合の 3 種がその事業主体とされた。特に被害が甚大で集団移転
が必要な集落では産業組合による再建とする方針がたてられた。被災集落に既存
の産業組合がある場合にはそれを利用し、それがない場合には新規に四種兼営（信
用販売購買利用）産業組合を設立させて、低利資金を貸し付ける。同組合に住宅
を建設させるとともに、組合事業として「浴場、倉庫、共同作業場、共同製造加
工設備、集会場、調髪所、漁船漁具、漁業用小器具、衣類、冠婚、葬祭用具、簡

---

[5] 1933 年 4 月 14 日内規「復興規劃係内部ニ規劃小委員会ヲ設ク」（「震災善後事務処
　　理に関する規定集録」、「震災誌編纂資料」六冊の内三、岩手県公文書）
[6] 「震災復興計画書」（前掲「震災誌編纂資料」六冊の内三）、岩日 1933 年 3 月 12
　　日

易診療所、食道、共同炊事所、託児所等産業並び経済用品の利用をも経営しめ」ることにより、「共同の力に依り復興せしめ」ることが企図された（岩日 1933 年 3 月 10 日）。すなわち、産業組合を基礎とすることにより集落自体の復旧を目指すものであった。

　これは、1932 年から開始されていた農山漁村経済更生運動の影響を強く受けたものである。被災集落には「新漁村建設計画」を建てさせ、これをもとに各集落は「自力更生」をはかるものとされた。特に共同施設の充実が目指されている[7]。この際、大槌町吉里吉里は模範町村として選定され、事業が推進された（岩日 1933 年 7 月 9 日）。

図表 4－1－7　　住宅復旧における事業主体と建設戸数

事業主体		事業主体数	建設戸数
産業組合	信用販売購買利用組合	21	
	信用販売組合	1	1965
	信用組合	2	
町村		6	454
住宅組合		1	200
	計	31	2619

※『岩手県昭和震災誌』871頁以下より作成

③　産業復旧

　震災復旧事業の中で資金が最も多く割かれたのは産業復旧関係であった。被災地のほとんどは漁村であって漁船や漁具に大きな被害が出たことから、水産業の復旧は急務とされた。

　漁船・漁具等の復旧は、漁業組合・水産会への補助金および低利資金融通によって行われた。この際、組合等への低利資金融通について、県が直接供給するか、町村を経由するかで問題となった。県当局は、保証の点から町村経由とした案を、1933 年 4 月の臨時県会に提出する。同案は、これを付託された全員委員会では一部議員より異論が出たものの（岩日 1933 年 4 月 12 日）、原案にて県会を通過した。しかし、農林省は当初から県から組合等への直接供給を指示していたといわれており（岩日 1933 年 4 月 22 日）、漁業組合関係者からも激しい陳情が寄せられたため、県当局はすぐに方針転換を行うこととなる（岩日 1933 年 4 月 26 日）。

　6 月の県参事会の際、石黒知事は漁業組合等への資金の直接供給を行うことについて、以下のように説明した[8]。すなわち、①町村を跨がる規模の組合（後述）が存在しており町村を経由するのは不適当であること、また中には②「町村ト内輪モメシテ居ル」漁業組合もあるとしている。そもそも、③組合に県が直接供給した前例はなく、臨時県会当時これが可能かどうか不明であったとしている[9]。参

---

[7] 「産業組合ニ依ル村落復旧計画」（「県債借入関係　震災資金関係」、岩手県公文書）

[8] 『岩手県参事会々議録』昭和 8 年、岩手県公文書

[9] 町村を経由しない場合は資金回収の点に不安があり、このため県からの直接供給が

199

事会では、県会の議決を覆すことになるため反対の声も上がったが、結局県の方針が承認された。

　石黒知事の上述の説明にあったように、当時必ずしも漁業組合は町村との関係は良好なものばかりではなかった。このこともあり、県当局は復旧事業の開始に際して、県内の漁業組合再編をはかることとなる（岩日 1933 年 6 月 29 日）。その最初として、田老村内の 3 漁業組合（田老、乙部、摂待）は、被災地視察の際の「知事の説得」によって合併がはかられた（岩日 1933 年 7 月 15 日）。

　また、水産復旧対策の一つの中心として、沿岸 4 郡 36 町村に跨がる産業組合も設立された。「販売購買利用組合岩手県水産社」である。漁業組合との連携を念頭に、遠洋漁業から加工販売までを広域的な共同事業で行うことによって、「永遠に平和幸福なる理想的漁村を実現せんことを計画した[10]」ものであった。

　当該水産社についても県当局の「新漁村計画」一部として位置づけられており、農山漁村経済更生運動における漁村「自力更生」施策の一環とされた。当時は漁業組合が協同組合化する過渡期であり、漁業組合の再編についてもこれら施策の目的を同じ方向性を有していた。

（3）復旧事業の「完成」と復興・振興

　災害復旧事業は概ね順調に進行した。県当局による震災 1 年後（1934 年 3 月）の進捗状況の把握では、災害土木復旧工事にやや遅れは見られるものの（図表 4－1－8）、住宅適地造成工事は 6 割、水産業復旧が 9 割、また他産業の復旧事業の大半が完了したとしている。石黒県知事は「復興事業は特殊のものを除く外は完成の域に達しました」と評価した（岩日 1934 年 3 月 3 日）。これら進捗状況を受け、岩手県震災復興局は 1934 年 3 月 31 日付にて廃止された。

図表 4－1－8　災害土木復旧工事進捗状況（1934 年 3 月現在）

	竣工	工事中	未着手
道路	86	80	88
橋梁	31	24	30
河川	3	14	18
港湾		18	31

※『岩手県昭和震災誌』955 頁以下より作成

　このように、岩手県における「復旧」事業は着実に遂行されたものの、これに比較して「復興」事業の進捗は遅れた。

　1933 年度予算で先送りされた津波対策は、1933 年 6 月より内務省都市計画課にて協議が進められた（岩日 1933 年 6 月 28 日）。岩手県は内務省に対し、防浪

───────────────────

　決定されてからも、これに対する大蔵省の認可は遅れた（岩日 1933 年 10 月 12 日）。
[10]　『岩手県昭和震災誌』追輯 26 頁

堤や避難道路等の用途に約 900 万円を要求したが、内務省は要求が膨大であると
して当初より予算削減方針をとっている（岩日 1933 年 6 月 29 日）。第 65 回帝国
議会を控え、岩手・宮城両県合わせて計 744 万 5594 円（内務省分 454 万 3451
円、農林省分 290 万 2143 円）が復興予算として大蔵省に廻附された（岩日 1934
年 2 月 24 日）。しかし大蔵省は財政難を理由として、これを 1935 年度予算へ先
送りする（岩日 1934 年 3 月 1 日・3 月 17 日）。石黒知事の説明によれば、「復興
費の補助は前例もなく追加予算の性質でもない」点も問題になったという（岩日
1934 年 3 月 19 日）。結局、復興予算としての津波対策は 1935 年度より行われた。

　なお、1934 年は東北地方一帯が冷害に見舞われ、大飢饉が発生した年である。
岩手県でも冷害に加えて雪害や水害に襲われ、米穀収穫量は例年の半分以下とな
った。石黒知事は岩手県の被害額を、昭和三陸地震と同程度と述べている（岩日
1934 年 9 月 6 日）。岩手県当局は、前年の昭和三陸地震に続いて凶作への対応に
追われることとなった。

　この際、凶作被害等に対する「恒久的」施策として、同 1934 年 9 月に東北 6
県知事の連名で「東北地方振興ノ為ニスル根本対策ノ樹立ニ関スル申請書」が内
閣各大臣宛に提出される。同申請を受けて同年 12 月に「東北地方ノ振興方策ニ
関スル重要事項ヲ調査審議ス」るため「東北振興調査会」が政府に設置された
（1934 年勅令 346 号）。

　この東北振興調査会の諮問を受け、岩手県当局は東北振興策の答申案作成にか
かる。県の答申では、当初案から「震嘯災害防止施設の実施」が挙げられている
（岩日 1935 年 1 月 23 日）。その結果、東北振興調査会が 1935 年 10 月に作成し
た「東北振興計画要綱[11]」の中においても、「災害防除ニ関スル事業」として「防
砂防潮施設事業」が盛り込まれた。昭和三陸地震からの復興は、政府による「東
北振興」の一環としても位置づけられることになった。

参考文献

青井哲人　2013　「再帰する津波、移動する集落　三陸漁村の破壊と再生」『年
　報都市史研究』20 号、山川出版社
今泉芳邦　1997　「漁業協同組合の成立過程　昭和 10 年代の三陸漁村における
　事例分析」『岩手大学教育学部研究年報』57 巻 1 号
岩手県編　1934　『岩手県昭和震災誌』岩手県
岩手県編　1964-1965　『岩手県史』9 巻・10 巻、杜陵印刷
岩手県議会事務局編　1961　『岩手県議会史』3 巻、岩手県議会
岩手県土木課編　1936　『震浪災害土木誌』岩手県土木課
京都府編　1928　『奥丹後震災誌』京都府
災害関係資料等整備調査委員会編　1984　『岩手県災害関係行政資料』災害関係

---

[11] 『昭和財政史資料』第 3 号第 56 冊、国立公文書館蔵

資料等整備調査委員会

首藤伸夫　2011　「昭和三陸大津波直後の津波対策・復興計画への諸提案」『津波工学研究報告』28号、東北大学大学院工学研究科災害制御研究センター

首藤伸夫　2012　「昭和三陸地震津波」北原糸子・松浦律子・木村玲欧編『日本歴史災害事典』吉川弘文館

田中暁子・永瀬節治　2014　「『吉里吉里新漁村建設計画』と共助の力　昭和三陸津波からの復興の教訓」『都市問題』105巻3号、後藤・安田記念東京都市研究所

室谷精四郎編　1935　『宮城県昭和震嘯誌』宮城県

森山敦子　2013　「昭和三陸津波の罹災地復興と産業組合　農山漁村経済更正運動を中心とした1930年代社会政策の進展に着目して」明治大学大学院理工学部建築学科修士論文

山口弥一郎　2011　『津浪と村』三弥井書店

第2節　住宅再建における県・町村関係

　岩手県永年保存文書「昭和八年三月三日以降　津浪関係書類　下閉伊支庁　秘書課文書係」には「復興計画案　普代村（昭和8年4月2日収受）」等、町村レベルで早期に復興計画案がまとめられた痕跡が見られる。たとえば、綾里町田浜地区において「村の復興会」が中心となって高台移転した住宅地のインフラ整備を行ったこと[1]や、船越村復興委員会が 1933 年 3 月 24 日に設置されたこと[2]など、町村レベルにおいて復興計画立案に向けた動きが存在していた。さらに、釜石町長からの「防火地区建築物補助並資金融通方に関し請願」を受けて、岩手県知事が内務大臣になど、町村からの陳情書が岩手県永年保存文書や国立公文書館に保存されている。

　本節では、以上のような一次資料を収集し、読み解くことで、昭和三陸津浪からの復興時の県—町村関係について、岩手県を中心として明らかにする。岩手県全体を俯瞰した上で、宮古市田老総合事務所に保管されている当時の資料を用いて、田老村の街路復興・市街地整備・防浪堤を組み合わせた復興計画の実現過程について明らかにする。

（1）岩手県の復興計画と高台移転
①　県復興計画における高台移転

　昭和三陸津波の発災直後、岩手県から町村への通牒は、罹災戸数・人口等や、仮小屋掛材料の必要数など、救護に必要な情報収集が主であった。3月3、4日には、連絡統制や救護配給事務の指揮監督のために、高瀬商工課長、戸田庶務課長、湯本学務部長、櫛田官房主事、中野警務課長、奥田教育課長、久尾地方課長等が被災地に派遣されている。

　災害救援に関する応急対策が一段落した 3 月 7 日、岩手県は復旧復興計画樹立に向けて、「復興事務局」を設置した。事務局設置と共に復旧・復興の具体的な計画策定がはじまり、3 月 10 日に案が概ねできあがった[3]。

　岩手県土木課が発表した震災復興計画は、周期的に三陸沿岸に襲来する津波の被害をなくすために、海では完全な防波堤を築造、陸では各港の連絡道路を改修、市街地では区画整理を行い海岸に沿って鞏固な防波建築や防波壁を設置することが必要であるとした。そして、このために、（1）復興道路改修費（2,134,840 円）、（2）港湾修築費（3,402,600 円）、（3）防波土堤（壁）並に防波建築費（2,842,734円）、（4）区画整理費（724,510 円）、町村道路改修費（2,183,918 円）、合計 11,288,602 円の震災復興土木費を想定している。

---

[1] 三陸町老人クラブ連合会編（1988: 70）
[2] 北原糸子他（1998: 56）
[3] 「昭和 8 年 3 月 3 日地震海嘯に関する概況」岩手県永年保存文書、簿冊：昭和 8
　年 4 月臨時県会関係書 5569

そして、（３）の防波施設については、「防波施設定規」によって、大まかな方針と規格が示されていた[4]。

1. 海嘯による被害を蒙った住家は再建の際は付近の高台への移住を原則とする。
2. 海嘯による被害を防備する必要がある土地では、地形に応じた対応をする。
　　イ）海に直面する市街地は、防波建築を施す
　　　建築物は鉄筋コンクリートその他鞏固な不燃質構造とし幅員 7m 突以上高、満潮面上 10m 以上とする
　　ロ）海に直面する村落は、前面に防波壁を設ける。背面に余裕のある場所では防波植林を行う。
　　　防波壁の高さは満潮面上可成 5m 突以上とし植林は幅員 20m 突以上とする
　　ハ）山腹又は傾斜地では階段式とする。
　　　下断面より防波壁天端迄の高さは 4m 以上とする
　　ニ）平坦地では満潮面上高さから 8 メートル以上の土堤をつくり、その内外又は内側に幅員各 20 メートル以上植林する。

　岩手県の復興計画が固まったのと同時期である 3 月 11 日には、県土木課長から宮古土木管区主幹宛てに通牒がだされている。その内容は、流失した住宅の再建の際は絶対に津波の被害を蒙らない高台に移転させる必要があるので、各被害地の移転地として土木管区が適当と考える地点や簡易水道等敷設の大まかな設計書や見取平面図を調製して 24 日までに土木課に提出するように求めるものだった。

　これを受けた宮古土木管区主幹は管内の沿岸町村長に、罹災地での本建築に関する通牒を 12 日に出し、高台移転地調査のために県衛生課の職員が出張する予定なので、その調査終了まで本建築は取りやめるように住民への周知を求めた。

　石黒岩手県知事は、3 月 11 日夜に上京し、12 日から震災復興計画案を政府に説明して資金融通などについて援助を求めた。当時、帝国議会の会期が残り少なく、追加予算として提案できるか微妙な情勢だったが、昭和 8 年度追加予算として復旧事業に関する費目が計上された。

　しかしながら、大蔵省の査定の結果、防波土堤や防波建築など、「復興」にかかわる事業は追加予算に計上されず、わずかに、内務省と農林省に海嘯災害予防調査費が各 2 万円計上された。この追加予算案は 1933 年 3 月 24 日午後、衆議院本会議を通過した。

　つまり、岩手県は高台移転だけでなく、防波堤等の防波施設を組み合わせた減災を考えていたが、復興に関する事業は追加予算に計上されなかった。

---

[4] 「震災復興計画書 岩手県 昭和 8 年 3 月」岩手県永年保存文書、簿冊：震災誌編纂資料六冊の内三 1648

復興費が追加予算に計上されないと判明する以前の 3 月上旬から中旬に、防波堤（田老村など）や防浪建築（釜石など）をともなう現地再建を構想していた自治体は、それを諦めたのか、それとも、何らかの手段で実現したのか。その決定過程を明らかにする。

② 町村における臨時復興委員の設置

1933 年 3 月 27 日付の「臨時復興委員設置の件」において、臨時復興委員を既に設置した町村や、被害が極めて軽微な町村以外は速やかにこれを設置することを、前田慎吾岩手県内務部長が各町村に求めている。そして、後日、このための標準規程を送付している。

標準規程に準拠した町村では、土木部、産業部、保健衛生部の 3 部がつくられた。土木部は、地区の整理に関する事項、村道の改修に関する事項、埋立に関する事項、護岸に関する事項、産業部は産業復興に関する事項、資金融通に関する事項、住宅の復興に関する事項、保健衛生部は飲料水に関する事項、清潔保持に関する事項、伝染病予防に関する事項、その他一般衛生に関する事項、救護に関する事項について審議することとされていた。

田老村では同年 3 月 31 日の村会で、この標準規程に準拠した田老村臨時復興委員規程が議決されている。田老村以外に、普代村臨時復興委員規程も標準規程とほぼ同内容であり、被災町村の大多数において、県の指導に従って臨時復興委員が設置されたと考えられる。

③ 釜石の復興委員会

その一方、津波火災で海岸通りの繁華街を焼失した釜石町では、標準規定が県から通牒される以前に、緊急町会で復興計画が協議され、土木復興委員、住宅市区整理委員、産業復興委員、金融復興委員、罹災者救護委員の 5 委員会が設置された[5]。

緊急町会は 3 月 5 日午後 1 時から開催され、救助資金 3 万円と罹災者住宅建築資金 60 万円の借入、官林 10 万石の払下、中根湾口への防波堤築造、耐浪建築物の建築を陳情することが決まった[6]。

3 月 9 日午後 3 時に開催された釜石土木復興委員会では、被災で壊滅した場所町・仲町等の復興が協議され、火災津波地震に対して最も合理的な対策をし、面目を一新した市街地をつくることになった[7]。

翌 10 日午後 7 時に開催された同委員会では、「大釜石町建設」のための地区改正が議論された。当時の地盤を二尺以上盛土して、大渡・只越・場所前・仲町・東前・門前・澤村をつらぬく幹線道路を完備し、市制を敷くのに最適な道路とす

---

[5] 「復興委員を挙げ立ち上がる釜石」岩手日報 3 月 11 日
[6] 「住宅建築資金 60 万円を借入 釜石の緊急町会」岩手日報 1933 年 3 月 6 日
[7] 「津波震火に耐ふ 合理的市街 釜石土木復興委員会」岩手日報 1933 年 3 月 10 日

ることになった。そのために、齋藤憲吉、菊池巳之太郎、澤田櫂兵衛、加茂久一郎の4氏が請願書を携えて11日上京し、市街地建築物法の施行と一戸当たり三千円の住居建設の低利資金融通を県及び内務省に請願することになった[8]。

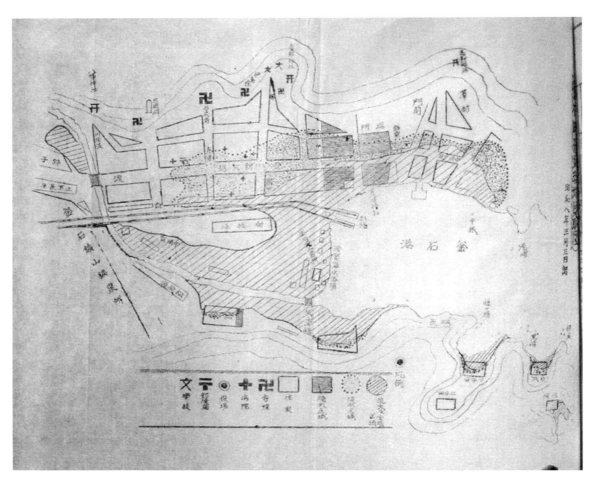

図表4−2−1　釜石町罹災現場見取図　昭和8年3月3日調[9]

（2）住宅適地造成
① 住宅適地造成資金の融通
　1933年3月30日に、岩手県内務部長から沿岸各町村長宛てに「住宅適地造成資金利子補給に関する件」という通牒が出された。津波により流失・倒壊・浸水した区域にある住宅を高台移転するための適地造成に対する政府の低利資金融通及びその利子補給を希望する町村は、4月7日迄に申請することが求められた。そしてこの低利資金融通の条件として、「設計調書並に工事監督は県に一任すること」や「住宅適地の造成は移転に必要なる敷地の均工及連絡道路の改修に限る」

---

[8] 「これを機会に大釜石建設　復興委員会で決定」岩手日報 1933年3月12日
[9] 岩手県永年保存文書、簿冊：昭和八年公営住宅及住宅組合

ことが附されていた[10]。つまり、防浪堤などの施設整備に対して住宅適地造成資金を融通することは想定されておらず、その設計や工事監督には岩手県が強く関与することになっていた。

　この通牒に応じて寄せられた町村の希望をまとめて、4月14日に住宅適地造成資金が配当されている。

図表 4−2−2　住宅適地造成資金配当（4/14）[11]

町村	配当額（円）	同上の内	
		工事費（円）	雑費（円）
野田	5,984	5,440	544
宇部	1,584	1,440	144
普代	9,680	8,800	880
小本	8,976	8,160	816
田野畑	6,512	5,920	592
田老	63,712	57,920	5,792
船越	26,400	24,000	2,400
大槌	22,176	20,160	2,016
鵜住居	19,536	17,760	1,776
唐丹	33,792	30,720	3,072
廣田	15,664	14,240	1,424
小友	7,568	6,880	688
末崎	17,072	15,520	1,552
大船渡	7,568	6,880	688
赤崎	15,312	13,920	1,392
綾里	32,912	29,920	2,992
越喜来	16,016	14,560	1,456
吉濱	2,288	2,080	208
合計	312,752	284,320	28,432

10　「住宅適地造成資金利子補給に関する件」田老総合事務所資料、簿冊：昭和八年起債関係書類綴 5164

11　「住宅適地造成資金配当の件」岩手県永年保存文書、簿冊：昭和八年公営住宅及住宅組合 5967、「住宅適地造成資金配当調」同上 5968, 5969

5 月 31 日には、3 町村に住宅適地造成資金が追加配当された。

図表 4－2－3　住宅適地造成資金追加配当（5/31）[12]

町村	配当額（円）	同上の内	
		工事費（円）	雑費（円）
種市	5,456	4,960	496
釜石	16,720	15,200	1,520
気仙	7,568	6,880	688
合計	29,744	27,040	2,704

　なお、計画の進捗とともに配当額は変化し、宇部村と大船渡町は住宅適地造成資金融通の配当自体なくなっている。

　綾里村の配当額は、当初（1933 年 4 月 14 日）は 32,912 円だったが、その後増配され、1935 年 10 月末時点で 55,979 円となっている。綾里村では湊・石浜・田ノ浜・白浜、4 つの集落で住宅適地造成が行われたが、1935 年 10 月末時点で 142 戸と 4 集落の中で最も移転戸数の多い湊集落の工事費が膨らんでいる（当初工事費 20,472 円、雑費 2,047 円、合計 22,519 円だったが、1935 年 10 月末時点で工事費 45,111 円、雑費 4,489 円、合計 49,600 円）。

　綾里村の住宅適地については、1933 年 4 月 29 日の岩手日報に、将来津波の災厄から逃れられる住宅適地がなく山を切崩すしかないこと、これには多額の経費を要するので配当される低利資金のみでは造成し得ないこと、埋め立て工事費として預金部に 15 万円の融通を申請しているが供給は覚束ないので配当額だけで間に合わせるよう協議中であることが報じられている[13]。

　1934 年 2 月 11 日の岩手日報によると、綾里村字湊の宅地造成は用地買収その他で長引いていたが、工事に着工した[14]。

　後述する田老村の配当額は、当初の 63,710 円から 73,710 円に増配された後、11 月 27 日に 66,000 円に減配され、1935 年 10 月末時点で 68,840 円と変化している。

②　住宅適地造成への県の関与

　前述のように、1933 年 4 月 14 日に住宅適地造成資金の配当額が決まったが、この配当額を知らせる県内務部長から田老村長宛ての通牒には、「土木管区をして測量設計調査」をすることが申し添えられていた。4 月 27 日には、県土木課長、畠山技師、社会課大窪主事補など計 9 名が田老村にて調査を行い、災害復旧計画

---

[12]　「住宅適地造成資金配当の件」同上 5688、「住宅適地造成資金配当調」同上 5689
[13]　「末崎綾里の復興状況」岩手日報 1933 年 4 月 29 日
[14]　「湊は工事着手　綾里宅地造成」岩手日報 1934 年 2 月 11 日

について協議した[15]。

4月20日は種市村八木、21日は久慈、22日は野田、23日は普代に岩手県復興事務局員（係官3名）が出張して、罹災住宅移転地調査を行った[16]。4月24日には、岩手県土木課渡辺技師が釜石にて同調査を行った[17]。

4月14日に配当額が決まった18町村43集落では、4月中に岩手県の職員が出張して実地調査が行われた。5月31日に配当額が決まった町村も含め、6月末には21町村43集落の設計が一応終わっていた。しかし、岩手県が各月末に出していた『震災復旧事業進捗状況』の「住宅適地造成」という項目には、6月末の段階では気仙町、綾里村、吉浜村、田野畑村、種市村は考究の余地がある、7月末の段階では「気仙町、船越村、田野畑村、種市村の分に付再調中」、8月末の段階では気仙町（長部）、田老村（田老）は設計調査中と書かれており、岩手県が一方的に計画を決めたのではなく、状況の変化に合わせて柔軟に対応したと考えられる。

---

15 「災害復旧計画の件」田老総合事務所資料、簿冊：昭和八年復興関係書類 4533
16 「八木罹災住宅移転地調査」岩手日報 1933 年 4 月 21 日夕刊
17 「釜石住宅敷地渡辺技師調査」岩手日報 1933 年 4 月 26 日

図表 4−2−4 『震災復旧事業進捗状況』の「住宅適地造成」に関する記述

1933年4月30日	約2000戸を収容する適地造成の計画を樹て28ヶ町村に対し割当を決定し各実地調査を了し目下図上計画中。5月中に計画を了し住宅建設計画と相俟って着工せしむ
1933年5月31日	約2000戸を収容する適地造成の計画を樹て18ヶ町村に対し割当を決定。実地踏査測量目下図上設計中にして内6ヶ町村、13ヶ所（大船渡町茶屋前・下船渡、末崎村細浦・泊里・門浜、綾里村石浜・白浜・田ノ浜、赤崎村宿、廣田村泊・六ヶ浦、小友村三日市・唯出）は設計出来、赤崎・廣田・小友の3ヶ村に対しては近く設計図を交付の予定。
1933年6月30日	21ヶ町村43部落に約2000戸を収容する適地造成の計画を樹て一応全部の設計を作成せり。気仙郡下の6ヶ町村13ヶ所分（大船渡町茶屋前・下船渡、末崎村細浦・泊里・門浜、越喜来村浦浜・崎浜・下甫嶺、赤崎村宿、廣田村泊・六ヶ浦、小友村三日市・唯出）は近々設計書交付の予定。気仙町、綾里村、吉浜村、田野畑村、種市村の分に付き猶考究の余地あり再調中。
1933年7月31日	21ヶ町村43部落に約2000戸を収容する適地造成の計画を樹て一応全部の設計を作成。内気仙郡下廣田、小友、末崎、赤崎、越喜来、吉浜、唐丹の7ヶ町村、上閉伊郡下大槌、鵜住居の2ヶ町村、下閉伊郡下普代村、九戸郡下野田村は町村に設計書交付。気仙郡綾里村、上閉伊郡釜石町、下閉伊郡小本村は近く交付の予定なるが、気仙町、船越村、田野畑村、種市村の分に付再調中。
1933年8月31日	20ヶ町村44部落に約2000戸を収容する適地造成の計画を樹て8月末現在二於て （一）設計交付のもの 広田村（六ヶ浦、泊）、小友村（唯出、三日市）、末崎村（細浦、門ノ浜、泊里）、大船渡町（茶屋前、下船渡）、赤崎村（宿）、綾里村（湊、石浜、田浜、白浜）、越喜来村（浦浜、崎浜、下甫嶺）、吉浜村（本郷）、唐丹村（本郷、小白浜）、鵜住居村（両石）、大槌町（吉里々々、安渡）、小本村（小本）、普代村（普代、太田名部）、野田村（小田川、山崎）、種市村（川尻、大浜） （二）設計交付準備中のもの 唐丹村（片岸、花露辺）、釜石町（台村、狐崎、嬉石、坊主山、澤村）、鵜住居村（両石ノ四）、大槌町（安渡ノ三、小

	枕）、船越村（田ノ浜、前須賀）、田野畑村（平井賀ノ一、二、島ノ越ノ一、二）、種市村（八木） （三）設計調査中のもの 気仙町（長部）、田老村（田老）
1933 年 10 月 31 日	20ヶ町村44部落に約2000戸を収容する住宅適地を造成せしむべく、田老村を除く19ヶ町村43部落の設計出来（内気仙町長部は未決定） 10月末現在に於いて工事完了、若くは工事中のもの、廣田村六ヶ浦・泊、小友村唯出、綾里村白浜、唐丹村本郷・小白浜、大槌町吉里々々、小本村小本、普代村太田名部、種市村八木あり他の部分も逐次着工の見込 田老村は防浪堤築造計画にして目下設計中
1933 年 11 月 30 日	20ヶ町村44部落に約2000戸を収容する住宅適地を造成せしむる計画にして既に全部の設計出来（内田老村は防浪堤を築造計画）順次工事に着手せるが11月末現在に於いて工事完了若しくは工事施行中のもの 廣田村六ヶ浦・泊、小友村唯出、末崎村細浦・泊里、綾里村白浜・石浜・田浜、吉浜村吉浜、唐丹村本郷・小白浜・花露辺、大槌町吉里々々・安渡・小枕、鵜住居村両石、小本村小本、田野畑村平井賀・島ノ越、普代村太田名部、種市村八木・大浜・川尻、以上12ヶ町村23部落にして、他の部分に就きても逐次着工の豫定なり 尚計画中の大船渡町茶屋前及下船渡は造成の要なきに至りたるを以て中止せり

　5 月 10 日に岩手県が発表した「住宅移転計画進捗状況」は、県の設計途中で出されたもので、確定案ではない。図表 4 − 2 − 5 に示した通り、現地復旧の外ない、一部の用途の高台移転が困難、両論併記で方針を決めかねている、などの理由で、高台移転以外が計画された集落がいくつか存在する。

図表 4－2－5　「住宅移転計画進捗状況」で高台移転以外の計画が記された集落

集落名（町村名）	記述
細浦（末崎村）	現地の東南高台を切崩して移転の予定なるも商家は県道の切替及停車場完成の上にあらざれば移転を困難とする模様なり
宿・生形・山口（大船渡町）	背面に高地あるも集団移転は地形上困難なるべし
町方（釜石町）	石應寺裏 2000 坪 40 戸、台村 2000 坪 40 戸、役場裏 1000 坪 20 戸 以上は主として非商業家屋の移転候補地にして環状線の連絡道路を必要とするも多額の工事費を要し財源其他に付研究を要す 尚市街地建築物法適用に依る建築線等は実測済みなり
両石（鵜住居村）	側面の高台三ヶ所移転する計画と現地の約一町後方に移転し防浪堤を設くるの計画とありて両者に付尚研究を要す
安渡（大槌町）	約 30 戸分移転適地あるも其他は適地なく現地復旧の外なし
町方（大槌町）	市区改正の計画あるも漁商家は其の営業上の関係に依り現地復旧の外途なき模様なり
山田町	停車場予定地付近に一部の商家は移転すべきも他は現地復旧の外なき模様
大澤村	背面の高地に適地あるも現地復旧の意見あり決定せず
重茂村	未決定なり　現地復旧の意見強き模様なり
田老村	背面の丘陵地帯を適当地とするも日常の生活に支障ある模様なり 田老川の護岸を強固にし其の後方に幅員 10 間の防浪林帯を設け其の後方に防浪堤（高さ 4 間　延長 600 間）を設け乙部川の切替を行い、現在の乙部川を中心として住宅地を設定するの計画なり、尚充分研究を要すべし

　住宅適地造成の設計図は県が作成し、内務省都市計画課の承認を受けたうえで、1933 年 8 月 8 日から町村に交付された[18]。

　なお、内務省が岩手県当局と協力して 20 町村 56 集落の空中写真をとり地勢を把握し、詳細なる実地調査に基づき策定した計画が完成したと、1933 年 7 月 26 日の朝日新聞、27 日の岩手日報・河北新報で報じられている。この計画は、安全な高台に集落を移転し、その中央にシビックセンターをつくるもので、末崎村泊里で草案がつくられ、他の集落もこれに準ずることになったと書かれている。

---

[18] 「住宅適地造成計画進捗過程便覧（1933 年 9 月 13 日現在）」岩手県永年保存文書、簿冊：震災誌編纂資料六冊の内三　1635

1933 年 8 月末時点での住宅適地造成計画の進捗状況（20 町村 44 集落）は、田老村田老と気仙沼長部が「設計調査中」となっているが、それ以外の集落は設計が出来、順次住宅適地造成工事がはじまった[19]。

　津波から一年後に岩手県が出した『昭和 9 年 3 月 3 日津浪記念日における復旧事業状況』には、住宅適地造成について、次のように書かれている。

　　「津浪の襲来高く激甚なる地域中 18 箇町村 41 部落に対し将来再び斯の災禍を蒙るが如きことなからしむる為住宅地帯を今次並前回明治 29 年の際に於ける浸水線を標準とし以上の高所に引上げしめ又適地なき場所に対しては防浪堤築造等の施設を講ぜしめ自力に依る適地移転を除く復旧総戸数 2234 戸を収容し得る計画の下に町村をして適地を造成せしむることとし事業費 34 万 5000 円を見込み資金の供給を図り測量設計の上昨年 8 月より順次工事に着手せるが既に工事完了のものあり進捗状況左記の通にして総体の約 6 分通の出来を見たり」

　この文章から、明治三陸津波・昭和三陸津波の浸水線以上への高台移転だけでなく、適地のない場所では、防浪堤築造等も住宅適地造成計画として認められたことがわかる。

　前掲の図表 4－2－5、1933 年 5 月の時点で高台移転以外が検討されていた集落のうち、両石（鵜住居）、安渡（大槌町）では高台で住宅適地造成が行われた。重茂村の姉吉集落は（住宅適地造成事業ではないが）「全部山手へ移転」することが 1933 年 10 月 6 日の岩手日報で報じられている。末崎村細浦と釜石町の町方、大槌町の町方、山田町、田老村、気仙町長部では、災害時に避難しやすいように街路を整理する街路復旧工事と住宅適地造成・災害土木工事・耕地事業・護岸工事などを組み合わせて現地復旧した。なお、末崎村細浦と釜石町の町方では、海や県道・駅などの近くに住む必要のない一部の住宅は高台に移転した。

　気仙町長部と田老村では、住宅適地造成の一環として防浪堤が築造された。

　長部では、山手への移転を求める「県案」と現地復旧を主張する地元で意見が対立していた。1933 年 5 月 10 日『住宅移転計画進捗状況』には、長部について「現地の西北側に隣接する丘陵を切崩し宅地造成の予定」と書かれているが、これは県が主張した移転地と考えられる。結局、地元要望を取り入れて、条件付きで従来の場所に宅地造成することになった。防浪堤 118 間・築堤 110 間の財源は（少なくとも 1934 年 10 月 1 日発行『岩手県昭和震災誌』の時点では）大部分が

---

[19] 「震災復旧事業進捗状況（昭和 8 年 8 月 31 日現在）」岩手県永年保存文書、簿冊：震災誌編纂資料 六冊の内三 1578；「震災復旧事業進捗状況（昭和 8 年 10 月末現在）」岩手県永年保存文書、簿冊：「昭和八年 津浪関係書類綴 下閉伊支庁 秘書課文書係」1578；「昭和 9 年 3 月 3 日津浪記念日に於ける復旧事業状況」岩手県永年保存文書、簿冊：震災誌編纂資料 六冊の内三 1618

町負担金だった。この負担金が問題になり入札が延期されるなど、工事着手まで時間がかかったものの、1934年4月16日に工事が始まった[20]。

田老村については後述するように、住宅適地造成資金から防浪堤を築造し従前の場所に宅地を造成することが、1933年11月25日頃に認められた。

（3）住宅復旧

漁村では産業組合、それ以外の町村では公営住宅及び住宅組合によって住宅復旧することになった。産業組合建物復旧資金は農林省主管で72万7000円（内低利資金融通72万7000円）、罹災住宅復旧資金は内務省所管で32万7000円（内低利資金融通32万7000円）だった。

どちらの資金で住宅復旧するかは、岩手県経済更生課と社会課の協議によって決められた。大船渡町、吉浜村、小友村、野田村、山田町、田老村、釜石町（漁村部落を除く）、米崎村、磯鶏村、宮古町が公営住宅及び住宅組合、それ以外の罹災町村は産業組合によって住宅が建設されることとなった[21]。

公営住宅は当時の資料によっては「分譲式公営住宅」と記述されることもある。震災復旧のために建設された公営住宅は、町村が住宅を経営し、1933年3月3日の震災、これにともなう津波や火災で住宅を失った罹災者に使用させるものである。住宅使用者は使用料を支払い、その住宅の建設費に充当した罹災住宅復旧資金の償還が終わると、住宅使用者に所有権が移転される。

まず、公営住宅及び住宅組合による住宅復旧について、罹災戸数の五割に対し一戸当たり500円と概算の上、必要戸数・金額を県が罹災町村に照会し、県社会課が希望を取り纏めた。

岩手県学務部長は4月5日に罹災地町村長に「住宅低利資金所要額に関する件」について通牒している。この時点では融通条件や額等が未定で、その確定を待って手続き方法を照会する予定であることを断ったうえで、罹災者の住宅建設のために低利資金融通を希望する場合は、公営住宅・住宅組合に区分して建設戸数と所要金額の申請を求める内容だった。4月15日には、「罹災住宅復旧資金融通に関する件」を岩手県学務部長が田老村長に通牒している（同様に各罹災町村長に通牒したものと考えられる）。この通牒は、公営住宅建設に関する資金融通方法が決まったので、計画樹立の上、手続きを進めることを求める内容だった。さらに、①追って住宅組合を設立させて、これに対して町村転貸する方法も認められる予定であること、②分譲式公営住宅と住宅組合のどちらで住宅復旧するかは町村が選べること、しかしながら、③住宅組合は事業遂行上特別な注意を必要とする上

---

[20] 「長部宅地造成愈々工事入札 県部落民の要望容れ」岩手日報1934年2月11日；「復興の足並み2 沿岸展望 気仙の巻」岩手日報1934年2月25日、「長部宅地造成愈々工事に着手」岩手日報1934年4月13日

[21] 「罹災復旧事業進捗状況の件」岩手県永年保存文書、簿冊：昭和八年公営住宅及住宅組合、5698

に同組合法による諸手続きは公営住宅に比べて煩雑であることが申し添えられている。

　この通牒に添付された「罹災復旧分譲式公営住宅建設に関する方法」には、幾つか融通条件が示されていた。例えば、次のようなものがあった。

- ・　罹災復旧住宅は昭和8年3月3日の震災海嘯又は火災により家屋を流失・消失・全壊した罹災者中、到底自己資金のみを以て住宅を建築し難い者に限り貸与すること。ただし、後年、罹災者たる使用希望者がいなくなった場合は罹災者以外のものに貸与することもできる。
- ・　建築する住宅は出来る限り小規模とし建築費が少額になるようにすべきこと。ただし住宅は20年間の担保たるべきものなので堅牢なものにすべきこと
- ・　罹災復旧住宅は県土木課公営住宅担当技術員が設計すること。ただし、なるべく使用者である罹災者の希望及び業態、家族人員、建築費、敷地の状況を参酌すること
- ・　罹災住宅復旧資金を充当できる附属設備は、井戸、物置、便所、塀、風呂場、畜舎等。ただし、住宅の附属設備を共同使用するように建設することもできる。
- ・　公設浴場を設ける場合は各住宅に浴場を設備しなくてもよい

　罹災住宅復旧資金の配当は、米崎村、磯鶏村、宮古町は希望せず、吉浜村、野田村は予定数より希望が少なかった。各町村からの希望戸数・金額を調整し、4月20日頃に図表4－2－6のように融通予定額が決定された。

図表 4-2-6 震災地住宅復旧資金町村貸付予定調

町村名	罹災戸数				当初予定配当		所要申込数		配当予定数	
	全壊	流失	焼失	計	戸数	金額	戸数	金額	戸数	金額
大船渡町	19	2		21	11 戸	5,500 円	40 戸	20,000 円	11 戸	5,500 円
米崎村	10			10			希望　なし		―	―
吉浜村	4	11		15	8 戸	4,000 円	7 戸	3,500 円	7 戸	3,500 円
小友村	13	31		44	20 戸	10,000 円	53 戸	31,800 円	22 戸	11,000 円
野田村	1	59		60	30 戸	15,000 円	15 戸	7,500 円	15 戸	7,500 円
山田町	72	220		292	135 戸	67,500 円	145 戸	67,500 円	133 戸	66,500 円
田老村		492	20	512	250 戸	125,000 円	300 戸	200,000 円	260 戸	130,000 円
釜石町	156	183	199	538	200 戸	100,000 円	648 戸	385,600 円	206 戸	103,000 円
磯鶏村	6	7		13			希望　なし		―	―
宮古町	10	3		13			希望　なし		―	―
計	291	1,008	219	1,518	654 戸	327,000 円	1,208 戸	715,900 円	654 戸	327,000 円

　　特に配当予定戸数の多い田老村・山田町・釜石町には県社会課の係員が出張し、各町村復興委員に住宅計画を説明するとともに、土木課、総務課係員と一緒に住宅地選定実行調査を行った。

　　罹災住宅復旧資金による住宅建設について、岩手県は「資金償還並担保を確実ならしめ将来の管理を円滑ならしむる為　主として分譲式公営住宅の方法に依らしむる」[22]という方針だったが、釜石町は住宅組合による住宅復旧を選択した。吉浜村も当初は住宅組合による住宅復旧を希望していたが、8月18日付の吉浜村長からの申し出によって公営住宅に変更されている。

　　公営住宅建設予定町村には、6月6日に岩手県学務部長・内務部長の連名で「何町（村）震災復旧住宅條例準則」が送付された[23]。

　　田老村では、1933年8月3日の第五回村会にて、県の準則にもとづいて「田老村震災復旧住宅條例」が可決されている。他の町村でも同様に震災復旧住宅條例が設定されたと考えられる。

---

[22]　「罹災復旧事業進捗状況の件（昭和8年6月28日起案）」岩手県永年保存文書、簿冊：昭和八年公営住宅及住宅組合

[23]　「罹災住宅復旧資金に関する件」田老総合事務所資料、簿冊：昭和八年　村会関係書類綴 3610

この條例の第2條は、住宅の使用料を規定するもので、県の準則では甲・乙・丙・丁の4種類が例示されているが、田老村の條例は戊号住宅も設定され、全部で5種類の使用料区分がある。使用料金は、準則では何円何銭と書かれており、具体的な数字は書かれていないが、田老村では、甲：5円67銭、乙：4円23銭、丙：3円78銭、丁：2円85銭、戊：2円と、一か月当たりの使用料が定められた。このように、町村の事情に合わせて、準則の内容を多少アレンジする余地は残されていたと考えられる。

なお、公営による住宅復旧が計画された6町村の内、大船渡町、野田村では、結局公営住宅は建設されなかった。

（4）田老村における防浪堤の建設と現地復興
① 田老村の被災状況

1933年3月3日に津波が襲来し、田老村は罹災戸数505戸、罹災者数2,739人、死者548人、行方不明者363名、傷者122人という大きな被害を蒙った[24]。

このように被害が大きくなってしまった理由として関口は、①前回の海嘯の体験者が少なかったこと、②暗夜に加えて寒気が酷烈だったため避難を躊躇したり、一旦避難したけれども帰宅して就寝した者がいたりしたこと、③避難場所である高台等まで相当の距離があったこと、を記している[25]。

また、建築雑誌1933年6月号に掲載された笹間一夫「防浪漁村計画」に、田老村の幹線道路は山に平行に走っているものしかなかったので、津波の際に最寄りの山に逃れるためには道なきところや不規則な路地を逃げなければいけなかったことが、死者が多くなった理由としてあげられている。

---

[24] 「田老村海嘯災害一覧表（昭和8年5月21日現在）」田老総合事務所資料、簿冊：昭和八年　復興関係書類綴 4575

[25] （慰問やお見舞いに対する関口の礼状 1933年4月）岩手県永年保存文書、簿冊：昭和八年三陸海嘯関係書 1314

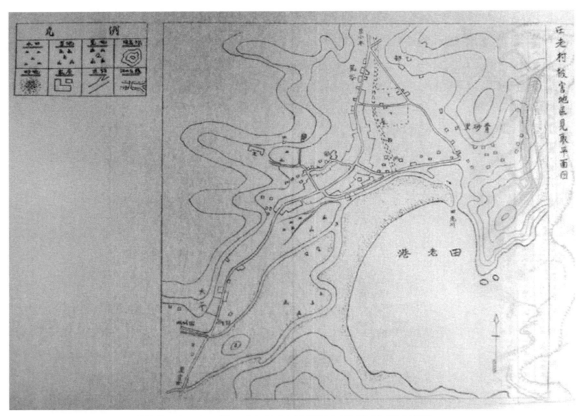

図表 4－2－7 田老村被害地区見取平面図[26]

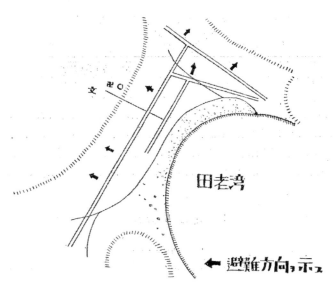

図表 4－2－8 田老村の道路配置と避難方向

（出典：笹間一夫「防浪漁村計画」『建築雑誌』827 頁）

---

[26] 「田老村被害地区見取平面図」田老総合事務所資料、簿冊：昭和八年 起債関係書類綴 5076

このように甚大な人的・物的被害を受けたものの、村役場と田老小学校という主要な公共施設が被害を受けなかったことは、不幸中の幸いだった。

　田老村の吏員は、村長、助役、収入役各 1 名、書記定員 5 名（1 名欠員）のところ、津波によって当時の助役牧野典惣治氏が逝去してしまった。それからしばらく助役は欠員だった。それまでの助役は名誉職だったが、事務量が増えたこともあり適材が得難い状況だったので、広く人材を選び事務の整理、村治の進展をはかるために助役を有給にするために、1933 年 6 月 30 日から 7 月 3 日まで開催された第 4 回村会において、助役有給條例が設定された。

　また、同村会で、津波からの復旧及び復興事務のために専門技術を要することが多いので、万全を期すために土木技手一人を設置すべく、有給吏員定数規則改正もなされた。そして、田老村諸給与條例も改正され、月給は助役 60 円、土木技手 50 円と決められた。

　同年 7 月 21 日には平間米吉氏が土木技手に採用された。8 月 4 日には木村平右衛門氏が書記を辞し助役に就任した[27]。

　村会は、後述するように、被災 3 日後の 3 月 6 日に、非常災害応急対策に要する件を協議するために臨時村会が招集されている。3 月 31 日には昭和 8 年第 2 回村会が開催され、追加更正予算や臨時復興委員規定など、震災復旧・復興に関する件が議論された。(4 月 21 日には村会議員選挙が執行され、有権者数 923 人、有効投票数 722 票、12 人が当選)

② 住宅移転に関する国や岩手県の提案
ア 震災予防評議会

　震災予防評議会は東京帝国大学地震研究所とともに、その官制が 1925 年 11 月 14 日付での官報で公布された。震災予防評議会は①文部大臣の監督に属し、その諮問に応じて震災予防に関する重要な事項を審議し、②震災予防に関する重要な事項について関係各大臣に建議することができるとされた。

　昭和三陸津波発生以前は、「大地震に伴う火災防止に対する積極的精神の振作に関する建議（1928 年 7 月 20 日、総理、文、大、陸、海大臣宛）」などを各大臣に建議している。

　昭和三陸津波発生後の 1933 年 3 月 22 日に震災予防評議会の第 10 回評議員会が麹町区永田町文部大臣官邸にて開催されている。この評議員会には、佐野利器や内田祥三、今村明恒などの評議員のほかに、客員として内務書記官都市計画課長飯沼一省、同社会部保護課長藤野恵、内務技師都市計画課員菱田厚介も出席していた。「津波災害防止に関する件」が審議され、①急を要する事項の大綱を定め

27　「助役有給條例設定の件」「有給吏員定数規定改正の件」「田老村諸給与條例中改正の件」「土木技手採用の件」田老総合事務所資料、簿冊：昭和 8 年 村会会議録綴；「昭和 8 年度田老村事務報告書」田老総合事務所資料、簿冊：昭和 9 年 村会会議録綴 3701

て建議書を立案し、会長がその成案を承認したら直ちに建議することこと、②津波災害予防に関する具体的注意書を作成するために特別委員を設け、出来上がった案を本会議でさらに審議することが決まった。

　①の建議案作成は中村（清）、内田祥三、石本巳四雄、加藤武夫、今村明恒が担当し、3月31日に内務、農林両大臣に建議している。その内容は、「津浪の災害を防止するは住宅、学校、役場等の建築物を津波の慮少き高所に移転せしむるを最上の策とす。移転困難なる場合に於ては波浪防禦、危険防止に関して相当なる施設をなすを要すべく、又仮令移転の必要なき場合に於ても此の種の施設をなすを可とすべし」というもので、高台移転を基本とするが、移転困難な場合は、適切な施設で津波に備えることを求めた。

　②の注意書は、中村左衛門太郎と今村明恒が必要に応じて現地調査をしたうえで原案を作成することとされた。また、岡田武松、物部長穂、石本巳四雄は、所属する官衙研究所における調査結果をふまえて立案に参加することとされた。

　今村明恒と中村左衛門太郎は、1933年4月2日に東京を出発し、津波災害予防の注意書の原案作成のための実地調査を、5日頃から宮城・岩手両県で行った。6日は釜石鉱山鈴子旅館に一泊し、7日早朝、宮古方面へ調査に向かった。7日午後3時50分自動車で宮古に到着し、下閉伊支庁を訪れて少し休憩した後、伊東宮古町長、佐川支庁長等の案内で鍬ヶ崎附近の被害状況を視察し、7日は宮古の熊安旅館に一泊した。8日には田老に赴き調査を行ったと考えられる。その後、10日までに東京に帰るというハードスケジュールだった[28]。

　関口は1933年4月8日から14日にかけて開催された臨時県会に出席するため、出盛している。そのため、今村の田老での現地調査に関口は同行していない可能性が高い。しかし、臨時県会出席中に盛岡の県知事官舎で関口が今村に会見し、調査結果を聞いたという記録が残っている。

　この調査結果は『津波災害予防に関する注意書』として取りまとめられ、1933年4月26日に上野公園内帝国学士院会館において開催された第11回評議員会で審議されている。この評議員会には、評議員のほかに、客員として、内務書記官会計課長飯沼一省、同省技師櫃木寛之、本多次郎、礒谷道一、農林書記官会計課長田淵敬治、同省林務課長田中八百八、同山林局業務課長貴島圭三、同事務官中尾章吉、同技師太田康治、徳久三種、柴戸良五郎、西澤治郎、山北濱三郎、東京帝国大学工学部助教授濱田稔が参加していた。

　この評議員会で注意書の案文が朗読され、図を用いながら詳細に説明され、質疑応答・意見交換がなされ、これを受けて案が修正された。成案は4月30日に確定し、会長から内務・農林両省長官へ建議され、5日文部大臣に報告された[29]。

---

[28]　「地震二博士が三陸沿岸再調査」岩手日報1933年4月2日、「津波の碑文などに懇切な注意を語る　三陸地震調査に来県した地震学の権威今村博士」岩手日報1933年4月9日

[29]　「震災予防評議会第10回評議員会記事」『地震』第6回第1号, 71-73頁, 1934年

この注意書は、6月に文部省震災予防評議会編『津波災害予防に関する注意書』として出版されたが、それ以前に、関口はその内容に目を通している。今村が、「注意書は貴地方へ適用致度き目的を以て編纂致したるものに付き成るべく速かに貴覧に供する方便利ならんと存じ」、5月1日に関口に一部送付しているのである。関口は、臨時県会で会見したときに聞いた内容が頗る参考に値する所があったとして、寄贈された注意書を村役場の職員に回覧している[30]。

　注意書の第三章「浪災予防法」で最も推奨すべき方法とされたのは、「高地への移転」だった。漁業あるいは海運業等のための納屋事務所等を海から遠ざけ難い場合もあることを認めつつ、住宅、学校、役場等は必ず高台に設けるべきと説いている。そして、その他の浪災予防法として、防浪堤、防潮林、護岸、防浪地区、緩衝地区、避難道路、津波警戒、津波避難、記念事業が列挙されている。

　田老村について、第四章「浪災予防法応用の例」として、次のような予防法が提案されている。

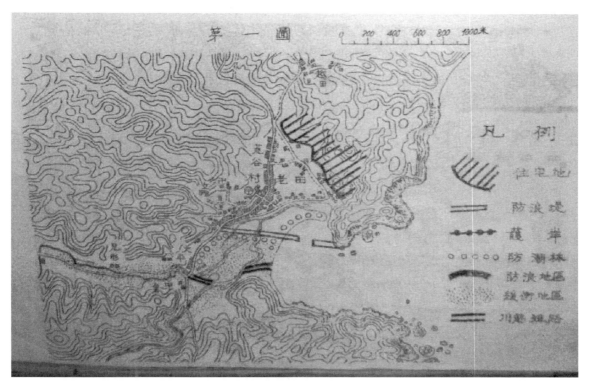

図表4－2－9　『津波災害予防に関する注意書』の田老に関する予防法

　「住宅地を北方斜面十二米以上の高地に移す、此の為めには多少の土工を要すべし、若し次に記すが如き防浪堤を築き且つ緩衝地區を接くるを得ば住

1月、「第11回評議員会記事」同上、73-74頁

[30]　（5月1日の手紙と5月4日の供覧）田老総合事務所資料、簿冊：昭和八年　復興関係書類綴

宅地を多少（例へば十五米）低下せしむるも差支なからん。

　田老川及び其の北方を流るる小川の下流をして東方へ向ふ短路を取つて直ちに田老灣に注がしめ、別に防浪堤を圖の如く築き其の南方地區及び上記二川を以て緩衝地區とす。

　防浪堤を築き難き場合に於ては防潮林を設くべし、兩者を併用するを得ば更に可なり。」

　つまり、震災予防評議会の提案は、第一は乙部の高台での住宅地造成、第二は田老川の流路を変え防浪堤を築き緩衝地区を設けたうえで乙部の高台よりも多少低い位置での住宅地造成だった。

イ　岩手県

　1933 年 5 月 10 日に岩手県が発表した『住宅移転計画進捗状況』（前掲の表 4 参照）には「背面の丘陵地帯を適当地とするも日常の生活に支障ある模様なり」、「田老川の護岸を強固にし其の後方に幅員 10 間の防浪林帯を設け其の後方に防浪堤（高さ 4 間 延長 600 間）を設け乙部川の切替を行い、現在の乙部川を中心として住宅地を設定するの計画なり」と書かれており、岩手県は当初、高台を住宅適地と考えていたが、地元から日常生活に支障をきたすという反対意見が出て、護岸と防浪林、防浪堤を組み合わせて、津波を予防したうえで乙部川を中心に住宅地を設定する計画を検討し始めたことがわかる。

③　田老村における復興の方向性の確定

　関口村長は、「非常災害応急対策」について協議するために緊急村会を開催する旨、3 月 4 日に各村会議員宛てに通知している。そして、3 月 6 日午前 10 時、村役場において臨時村会が開催された。「協議案ノ一」は、罹災者が雨露を凌げるように県の指示に基づき設置する 5 戸 1 棟の仮小屋 150 戸分の位置の選択。「協議案ノ二」は堅牢な防波堤を適切な場所に築造して安全な小漁港にするという津波対策を県当局に伝えることの当否だった[31]。

　この緊急村会の会議録は残っていない。関口は村会で「漁師が山にあがって漁ができるものか。だいいち 500 戸が移転できるような場所などない」と言い、このひとことで満州総移住の議論が消え、被災者のほとんどを占める漁師たちは原地復興の機運で盛り上がっていった、と伝わっている。

　前述のように、3 月 24 日には国の昭和 8 年度追加予算に復興費が含まれないことが確定していた。岩手県は、「住宅の復旧に際しその住宅を高所に移転する為宅地造成の計画に必要なる事項を調査」するという「宅地造成調査心得」を出すな

31　「非常災害応急対策に要する件」「協議案ノ一」「協議案ノ二」田老総合事務所資料、簿冊：昭和八年三月三日以降罹災関係書類 3757, 3758, 3759

ど、罹災した住宅は浸水のおそれのない高台に移転することを基本として、住宅復旧のための調査を始めた。

しかしながら、関口が石黒県知事に宛てた 3 月 25 日付の手紙には、高台移転ではなく、田老港の修築、田老川・小田北川、長内川の護岸整備、県道の路線変更とそれに伴う市区改正からなる復興計画を検討中であることがすでに記されている[32]。

1933 年 4 月 3 日に関口は、住宅適地造成資金の配当希望を岩手県内務部長に送付した。これに添付された「住宅移転計画概要」は、「下閉伊郡田老村大字田老及乙部平坦部落」に関するもので、「移転を要する棟数」は 500 戸、「移転に要する面積」は 2 万 5000 坪、「連絡道路の延長」は 1 万間で、主に畑からなる平地に盛土をするというものだった。この計画概要では防浪堤について特に言及されていない[33]。

4 月 13 日に岩手県内務部長から関口に住宅適地造成資金配当が工事費 57,920 円、雑費 5,792 円、合計 63,712 円と通牒されている[34]。

4 月 27 日には、県土木課長、畠山技師、耕地整理太宰技手、土木主幹（宮古管区）、羽川技手（宮古管区）、耕地整理高橋技手、長岡技手補、社会課大窪主事補、属 伊藤正、総勢 9 名が田老村の実地調査に訪れた。この一行と災害復旧について協議するために、当日は村役場に村会議員、田老浜漁業組合長、摂待浜漁業組合長、小学校長、田老区長、乙部区長、摂待区長など 21 名が招集された[35]。

実地調査の後は、岩手県土木課において審査が行われた。しかし、復興計画はなかなか確定しなかった。

業を煮やした関口は、5 月 27 日付で岩手県土木課長に手紙を送り、復興を急いで半永久的建築をする罹災民が続出しているので、復興事業計画を速やかに確定するように特に配慮を求め、確定見込時期を訪ねている[36]。

6 月 10 日 11 時 20 分、宮古土木管区から「市街計画は予定の通り決定」し、12 日に測量班 3 名が田老村に出張する旨、電話で連絡が入る[37]。

このとき決定した市街計画は、同日、村長が復興委員と田老・乙部各区長に測量への協力を要請するために送った手紙によると、以前、県土木課長一行が来村したときに協議した通りの決定で、次のようなものだった[38]。

---

32 （タイトルなし）田老総合事務所資料、簿冊：昭和八年復興関係書類』4643
33 「住宅移転計画概要」田老総合事務所資料、簿冊：昭和八年 起債関係書類綴 5162
34 「住宅適地造成資金配当の件」田老総合事務所資料、簿冊：昭和八年 起債関係書類綴 5160
35 （タイトルなし）田老総合事務所資料、簿冊：昭和八年復興関係書類 4534
36 「震嘯災害善後策速進ニ関スル件」田老総合事務所資料、簿冊：昭和八年復興関係書類 4642
37 「電話受付 11 時 20 分」田老総合事務所資料、簿冊：昭和八年復興関係書類 4518
38 「市街地計画並防浪堤築造実施の件」田老総合事務所資料、簿冊：昭和八年復興関係書類 4517

「防浪堤は小林伊勢次郎氏宅地先突出部より
青砂里出羽神社に向って北東に築造するものにして
其の外部は護岸の設備を為す等理想的の
計画にして更に長内川は乙部方面に切廻し之に堅
固なる護岸を築き防水害の設備をなし市街
地は何れも防浪堤内に之を設け県道
は市街地中央を荒谷に向て縦断し支線は各所
縦横に設くるの計画」

このように、防浪堤の建設と長内川の護岸整備、防浪堤の内側での市街地整備、県道の付け替えという方針が、6月上旬に県によって認められた。しかし、この時点では、住宅地の区画整理の実現方法や防浪堤の建設費用の捻出方法などは、まだ決まっていなかった。

④ 復興計画の実現
ア 住宅適地造成と防浪堤

1933年7月15日には、岩手県内務部長から田老村長宛てに、住宅適地造成資金起債の際に添付すべき書類一覧等、取運びについて通牒があった。しかし、関口は、「防浪堤計画あるを以て造成の計画は見合せるを適当と信ずるも仍ほ考究する」として、借入手続きを差し控えた[39]。

関口は、防浪堤について、耕地整理に関する配当金より約8万円を支出し、残りは土木課より約5万円を支出し、一期計画13万円で工事施行する計画を進めようとした。しかし、農林省が、耕地に対してこのように莫大な堤防を認めないという意見で支出を拒んだため、計画実行不能になっていた。そのため、1934年度に延期し、工事費として金11万4千余円を要求したが、これを発表すると、罹災民が失望して復興に重大な影響を及ぼしてしまうかもしれなかった。

関口は1933年8月27日から30日にかけて盛岡に滞在し、県に対して時局匡救事業と災害復旧復興事業の計画・実施の速進を陳情した。このとき内務部長と佐々土木技師は、ちょうど石黒県知事が他の用事で上京中のため、何等かの善後策を講じているかもしれないので、あせらずに静観して適当な方策を講ずるように関口にアドバイスした[40]。

石黒県知事が9月7日に「海嘯災害復旧並復興状況」を視察した際に、関口が下閉伊支庁に出頭を求められ、田老村における復旧・復興状況について説明した。その際、石黒知事は防潮堤の財源について、耕地整理課の所管である約8万円を

---

[39] 「住宅適地造成資金起債に関する件」田老総合事務所資料、簿冊：昭和八年 起債関係書類綴 5157
[40] 「昭和8年8月31日庁中回覧」田老総合事務所資料、簿冊：昭和八年復興関係書類綴 4651

農林省が用意できないため、計画通りの実行は出来なくなったこと、防潮堤は1934年度実施することとし本省に対してその費用20万円を予算に計上するよう陳情したこと、復興局は大いに同情しているので、本年度は土木課関係の財源の許す範囲で工事を施行し、着々と進捗させるほかないだろうということを述べた[41]。

9月17日には、久尾県総務課長から次のような書簡が田老村に届いている[42]。

防浪堤は復旧費ではなく復興費であり、田老村以外の町村では明年度以降に実施される予定であること。しかし、田老村では防浪堤が絶対不可欠なので、政府との今後の折衝に左右される復興資金に期待するよりも、既定の復旧資金中から理由を案出して資金を捻出することとし、主務省の了解も大体得られたこと。

このように、田老村では、耕地整理の資金を防浪堤に使うことはできなかったが、1933年度の土木課関係の復旧費で可能な範囲で工事を始めることが、9月中旬には固まっていた。

1933年11月26日から第9回田老村村会が開催されたが、関口は県庁に赴いていたため、助役の木村平右ヱ門が村長代理をつとめた。

関口は県庁で「種々上司と協議交渉」の結果、住宅適地造成資金から防浪堤を築造し従前の場所に宅地を造成する案を得た。

11月25日、内務部長から田老村長宛てに、73,710円から66,000円へ住宅適地造成資金配分変更と、借入の場合は11月中に所管税務署で手続きをする旨、通牒されている。

11月26日の第9回村会では、「住宅適地造成資金起債の件」が提案されている。木村助役は提案理由を次のように説明している。

「斯種事業に対する資金の融通は本年度限り打切となる趣にして　後年該工事を施行せんとするに当りては一切村の自力に倚らざるべからざるに至るべく　是非此機会に於て利子の全額を補給せらるゝ資金の供給を受け　防浪堤の築造と共に宅地の造成を図るを得策とすべしとの上司の意見の由にして　且つ　村としても斯を信ずるを以て提案通り起債せんとするものなり」

11月26日第9回村会で「住宅適地造成起債の件」が可決され、関口が内務大臣と大蔵大臣に起債許可稟請。11月27日、内務大臣、大蔵大臣が許可した旨、岩手県知事より依命通達があった。12月28日に資金を借入れた[43]。

1934年3月に防浪堤の工事に着工している。

---

[41] 「昭和8年9月9日庁中回覧」田老総合事務所資料、簿冊：昭和八年復興関係書類綴4677

[42] （久尾総務課長の書信　昭和8年9月17日収受）、田老総合事務所資料、簿冊：昭和八年復興関係書類綴4635

[43] 「住宅適地造成資金に関する件」田老総合事務所資料、簿冊：昭和八年　起債関係書類綴5148

イ　耕地整理による市街地整備

　また、防浪堤の内側での市街地整備については、6月10日に宮古土木管区から市街地計画が予定通りに決まったと電話で知らせのあった翌11日に、「順次耕宅地等の区画整理を為し復興の基礎を確定」したいので適任者を派遣してほしいと、関口が岩手県内務部長に求めている[44]。しかし、この係官は9月上旬になっても派遣されなかった。これは、防浪堤と街路復旧計画が変更に変更を重ね定まらなかったことが第一の理由だが、それに加えて、区画整理と耕地整理、どちらの手法で市街地整備を行うかという問題もあった。久尾県総務課長は、9月17日の書簡で、都市計画法適用申請を内務大臣に提出して認可を得たうえで、さらに土地区画整理事業について内閣の認可が必要で、その事業着手までに煩雑な手続きが必要で時間もかかるので、これから都市計画法適用申請をすることに不賛成との意見を田老村に伝えている[45]。

　1933年10月15日、岩手県復興事務局と支庁耕地整理課の指示のもとに「耕地整理組合」の組織に着手し12月5日に認可申請をし、同13日に認可され、同16日創立総会を開催し定款を決定の上地主全部の賛同を得て成立した[46]。

ウ　街路復旧工事

　街路復旧工事も防潮堤の計画と同様、変更に変更を重ねてなかなか決定しなかった。1933年8月19日に、第6回村会に提出する「街路復旧工事施行の件」が立案されている。8月21日には、宮古土木管区の羽川技手が街路復旧工費を調製し、実施に当たっては種々変更の見込があると付記したうえで、木村助役に知らせている。

　9月2日の第6回村会で審議され、岩手県からの割当による1万3000円の工費で施行する路線・幅員・延長・工事方法等が議決された[47]。

　このとき決定した工事施行箇所は「田老村大字田老及大字乙部連担地にして復興市街計画地域内街路」、街路の幅員と延長は、図表4－2－10の通りだった。

---

[44]　「海嘯災害復興計画実施ニ関スル件」田老総合事務所資料、簿冊：昭和八年復興関係書類綴 4641

[45]　（久尾総務課長の書信　昭和8年9月17日収受）、田老総合事務所資料、簿冊：昭和八年復興関係書類綴 4635

[46]　田老小学校編（1934）『田老村津浪誌』p.82

[47]　「昭和八年九月二日　田老村第六回村会々議録」田老総合事務所資料、簿冊：昭和八年村会会議録綴 3484

図表4-2-10　街路復旧工事による街路の幅員と延長

街路名	幅員（m）	延長（m）	街路名	幅員（m）	延長（m）
避難一号線	8	176	避難二号線	8	676
B一号線	4	946	C三号線	4	212
B二号線	4	856	A七号線	4	113
B三号線	4	122	A八号線	4	120
B四号線	4	140	A九号線	4	100
C一号線	4	224			
C二号線	4	211.2			

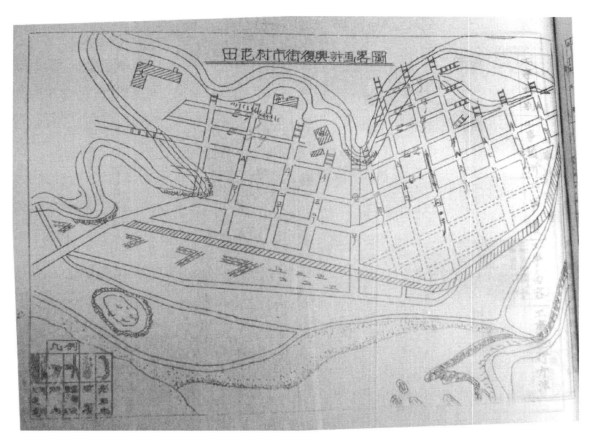

図表4-2-11　田老村市街復興計画略図（8月21日頃）

　防浪堤を貫く避難一号線と二号線は幅員8m、そして、それ以外の街路は山に一直線に向かうものと、市街地を貫く県道に並行するものがあり、いずれも幅員4mとられている。また、街路の山際には階段も描かれており、津波の際に山に逃げるための街路網となっている。なお、A一号線から六号線は災害路床復旧費によることとされた。

街路復旧工事の総工費は 1 万 3000 円で、そのうち 8 割 5 分にあたる 1 万 1050 円が県費補助だった。村負担分の 1900 円の起債も 9 月 2 日の村会で可決され、同日、岩手県知事あてに起債許可稟請が提出されている。11 月 2 日に起債が許可され、実際に資金を借り入れたのは 12 月 26 日である。

　街路復旧工事は昭和 9 年 3 月 31 日竣功を目指して、12 月 19 日に着手された。実際は年度内に完成せず、工費 1 万 3000 円のうち 6736 円 450 銭が翌年度に繰り越されている。

（5）昭和三陸津波からの教訓

　昭和三陸津波からの復旧・復興から何を読み取ることが出来るだろうか。ここでは、さしあたり二点を指摘したい。

　まずは、復旧と復興の一体性である。岩手県は、被災後の比較的早期に「復興事務局」を創設し、防波堤・防潮堤整備を含めた復旧・復興計画を立案したが、各省の省議や大蔵省の査定で大幅に関係予算は減額されることとなった。昭和三陸津波において「復旧」と「復興」は制度上峻別されており、1933 年度は復旧事業関係事業費のみが計上された。

　しかし、同年度に復興事業が全く行われなかったわけではない。津波の恐れのない高台に住宅地を移転する住宅適地造成事業を「復旧」事業として執行し、時局匡救費なども活用することによって、早期の「復興」を目指した跡が見られる。

　「復興」には速度（感）が必要だといわれるが、昭和三陸津波の場合、当初の復興施策は全般として遅れた上に、のちには「東北振興」の一環に吸収されることとなった。東日本大震災後の「地方創生」との関係を考えたとき、同経緯は示唆的である。

　二点目は、基礎自治体による復旧・復興主導の重要性である。高台移転の事例に顕著なように、中央政府や県当局による復旧・復興方針は、必ずしもそのままでは被災地全域に適応しうるものではなかった。このため個別具体的に、その計画・実施は見直される余地があった。そして本章で検討した各町村は、そのような状況のもと最大限の主導性を発揮しようとした[48]。注目すべきは、県当局に、町村の柔軟な制度利用を後押しするかのような動きが見られた点である。

　たとえば、高台移転についていえば、岩手県が測量設計調査した結果、すべての被災集落で高台に適地があるわけではなく、また住民が生業の関係などから現地復旧を主張することもあった。このような場合、岩手県は無理やり高台移転を進めたわけではなかった。山田町や大槌町、田老村、気仙町長部などで、避難路の確保を目的とした街路復旧工事・道路網整備や、住宅適地造成の一環としての防浪堤建設が認められ、低地で市街地が再建された。

---

[48] 昭和三陸津波当時は「昭和の合併」「平成の合併」前であり、町村規模も相対的に小さく、自治体内での合意形成も比較的容易であったと推測される。

関口松太郎田老村長は被災直後から一貫して、防浪堤の建設を模索した。岩手県は、1933年5月の段階で、田老村における高台移転は日常生活に支障をきたすと認め、6月には防浪堤建設とその内側における市街地整備という方針を決定した。

　本来ならば「復興」とみなされた防浪堤建設費用の工面については、岩手県（特に久尾総務課長）が、田老村における防浪堤の重要性を認め、1934年度予算に計上されるかもしれない復興事業としてではなく、既定の復旧事業資金で迅速に実現したほうが良いと判断した影響が大きい。岩手県は、高台移転という方針に沿わない田老村に反目するのではなく、よりよい現地復旧を実現するために、親身にその相談にのった。結果として、防浪堤工事に住宅適地造成の低利資金融通を充てることが認められた。どの工事にどの事業（費）を充てるかという点については、「工夫」の余地があったといえる。

参考文献

北原糸子他　1998　「昭和8年津波と住宅移転」『津波工学研究報告15』

三陸町老人クラブ連合会編　1988　『三陸のむかしがたり　第9集』

田老小学校編　1934　『田老村津浪誌』

第5章　福島における被災者の生活実態—富岡町を中心として

第1節　富岡町に関する基礎的な情報

（1）富岡町について

　双葉郡富岡町は、福島県の3地域（浜通り、中通り、会津）のうち、太平洋側にあたる浜通りの中央部に位置し、北は大熊町、西は川内村、南は楢葉町と接している。東は太平洋に面し、西側には阿武隈山地が広がっている。面積は 68.39 ㎢（平成 27 年国土地理院）で、双葉郡の8町村のうちでは双葉町（51.42 ㎢）に次いで小さい。

　町の南部には、隣の楢葉町と敷地を分け合う形で東京電力福島第二原子力発電所が立地している。国道6号線と常磐自動車道が町の南北を縦断しており、北部に常磐道の常磐富岡 IC が所在する。また、JR 常磐線が若干湾曲しながら南北に走っていて、町内には富岡駅・夜ノ森駅の二駅が立地している。現在常磐線は、富岡駅の上り方面の隣駅である竜田駅まで運行されており、竜田～富岡間は 2018年3月を目途に再開予定である。

　東北地方太平洋沖地震が発生した 2011 年3月 11 日時点における富岡町の人口（住民登録ベース）は 15937 人であったが、2016 年3月末時点では 13795 人にまで減少している。東京電力福島第一原子力発電所の事故によって町内全域が避難指示の対象地域となり、2016 年現在も全町民が町外に避難している。

　2016 年5月現在における避難者の総数は 15109 人[1]で、うち 4321 人が福島県外に避難している（避難先の都道府県別で見ると、東京都の 694 人が最多で、以下茨城県の 649 人、埼玉県の 528 人、千葉県の 457 人など、関東圏への避難が多い。関東地方以外では、新潟県の 262 人、宮城県の 246 人が目立つ）。福島県内への避難者 10788 人の避難先を市町村別に見ると、最多はいわき市の 6047 人で、それに郡山市の 2749 人が続き、大きく離れて福島市の 375 人、三春町の 269 人、大玉村の 171 人、会津若松市の 159 人などとなっている。いわき市に多くの住民が集まっているのは、同じ浜通りに所在しており、もともと地域的つながりが強く、気候風土も似た場所であるからという理由が大きいようである（郡山市や福島市は中通りに属する）。

　前述した国道6号線や常磐道は、現在、基本的に一般車両の通過が可能となっているが、町内には依然として立入禁止区域が多く設定されている。とりわけ帰還困難区域（後述）については、全面的に立入が禁じられている。ただし、原発事故前に富岡町に居住していた町民については、町が発行する通行証を提示すれ

1 　念のため付言すると、この避難者数よりも近時点の住民登録人口が少ないのは、「富岡町から避難したが、住民票をすでに他自治体に移し、その意味において「富岡町民」ではなくなっている人」が存在するためである。

ば、9時〜16時のうちの5時間以内に限り立ち入ることができる。また、2016年3月には、初めて「特例宿泊」が実施された。帰還困難区域を除く区域において、希望する町民が最大1週間、「自宅に泊まる」ことができるというもので、町に申し込みがあったのは、30世帯53人だったという[2]。

　原発事故の発生後、日本政府は順次「避難指示区域」や「屋内退避指示区域」を設定・変更した。それは続いて「警戒区域」「計画的避難区域」「緊急時避難準備区域」に再編され、現在では「帰還困難区域」（「放射線量が非常に高いレベルにあることから、バリケードなど物理的な防護措置を実施し、避難を求めている区域」）、「居住制限区域」（「将来的に住民の方が帰還し、コミュニティを再建することを目指して、除染を計画的に実施するとともに、早期の復旧が不可欠な基盤施設の復旧を目指す区域」）、「避難指示解除準備区域」（「復旧・復興のための支援策を迅速に実施し、住民の方が帰還できるための環境整備を目指す」）の3区域に再編されている[3]。

　富岡町の町域は、この3区域のいずれかに区分されている。言い方を変えれば、町内が3つに分断されたのである。区域区分の状況を示した地図が図表5－1－1、各区域の面積及び人口を示したのが図表5－2－2である。

図表5－1－1　富岡町の避難指示区域の区分図

出典）福島民友新聞社ウェブサイト

http://www.minyu-net.com/osusume/daisinsai/saihen.html）

区域	面積(約)	人口割合(約)
帰還困難区域 (年間の積算放射線量が50mSv[ミリシーベルト]を越える)	10Km^2(15%)	4,800人(30%)
居住制限区域 (年間の積算放射線量が20mSvを超え50mSv以下)	34Km^2(50%)	9,800人(60%)
避難指示解除準備区域 (年間の積算放射線量が20mSv以下)	24Km^2(35%)	1,400人(10%)

図表5－1－2　富岡町の避難指示区域の区域別面積・人口

出典）「富岡町災害復興計画（第二次）」

---

[2] 「富岡で特例宿泊　30世帯53人」『朝日新聞』2016年3月18日朝刊（福島中会）、27面。

[3] http://www.pref.fukushima.lg.jp/site/portal/list271-840.html

この区域区分は、放射線量を基本的な基準として行われているため、区域間の境界は、地形・地物的に必ずしも画然としたものではない。そのため、道路をはさんだ右側と左側であるとか、道路の向こうと手前で、同じ市街地内であっても、区域が画されている場所が多くある。とりわけ立ち入りが制限される帰還困難区域については、進入路にバリケードが設営され、「線引き」が決定的に可視化されている。区域区分は、除染の優先順位（帰還困難区域は後回しとなる）や、東京電力からの損害賠償種別の有無（帰還困難区域からの避難者に原則限られるものがある）などに結びついている。

　地方政府としての富岡町についても簡単に触れよう。現在の町長は宮本皓一で、2013 年 7 月の選挙において、4 期 16 年務めていた遠藤勝也を破って当選した。遠藤は最初の 1 期は当時の現職を破って当選し、のち 3 期はいずれも無投票再選であったため、町長選が行われたのは 16 年ぶりであった。宮本は、立候補直前は町議（4 期目）で議長を務めており、「遠藤氏は議会の提案に聞く耳を持たない。ワンマン町政で復興が停滞している」という不満を共有する町議 7 人（定数 14、うち 1 人は宮本当人であるから、過半数になる）の支持を得て立候補した[4]。選挙の投票率は 68.00%、得票数は 3916 対 3859 で、わずか 57 票差であった。なお、遠藤は選挙戦から 1 年後の 2014 年 7 月に逝去している。

　町議会議員の選挙は、震災発生後、2012 年 3 月、2016 年 3 月と 2 回実施されている。定数は上述のとおり 14 である。避難によって住民が散り散りになっている（そしてもちろん、当の候補者も避難者である）ため、候補者が有権者に対面して支持を訴える機会が減ったとしばしば指摘される。ある新聞記事によると、2012 年選挙の候補者たちは「普通なら支持者がどこにいるかが手に取るようにわかり、選挙中に 2〜3 回は会える。今回は 1 回でも御の字だ」、「富岡町内だったら 100 軒は回れると思える時間で、ようやく 1 軒ということもある」と嘆いている[5]。さらに 2016 年の選挙時には、仮設住宅からの退去が進み、ますます有権者の顔が見えなくなったという感覚を持つ候補者も多かったようである[6]。そのような状況に加えて、多くの住民が生活の先行きを見通しにくい中で、有権者の選挙に対する関心が盛り上がらないのか、投票率は 2012 年が 48.62%、2016 年はさらに下がって 44.19% となった。2012 年以前の直近で選挙戦のあった 2004 年は 80.71% であったから、棄権がいかに増えたかがわかるだろう。

　行政機構についても簡単に記しておく。副町長は 1 人である。内部組織は総務課、企画課、拠点整備課、税務課、住民課、健康福祉課、安全対策課、産業振興

---

[4] 「現職「逆風」に警戒感、新顔「話を聞く」強調　富岡町長選終盤戦」『朝日新聞』2013 年 7 月 18 日朝刊（福島中会）、23 面。

[5] 「仮設訪ね支持者探し　住民が県内外避難、富岡町議選」『朝日新聞』2012 年 3 月 22 日朝刊（福島中会）、27 面。

[6] 「（東日本大震災 5 年　ふくしま）富岡町議選　見えぬ町民、戸惑う候補」『朝日新聞』2016 年 3 月 19 日朝刊（福島中会）、27 面。

課、復旧課、復興推進課、生活支援課の 11 課に加えて、出納室、議会事務局、教育委員会教育総務課、農業委員会事務局から構成されている。部は置かれていない。一般行政職員は、平成 26 年度決算カードによると、135 人である。

（２）避難住民の生活条件
① 住宅

　町から避難を余儀なくされた住民は、避難先に住居を確保しなければならない。その際、自力で新たな住宅を建てたり、既存の物件を購入あるいは賃貸したりする以外の選択肢として、応急仮設住宅やいわゆる「みなし仮設」があるのは、津波被災自治体と同様である。ただ、津波被災自治体と原発被災自治体、それも富岡町のように町内全域が避難指示区域となっている自治体の大きな違いは、それらの仮設住宅が（当然ながら）避難元自治体の外に建設されているという点である。

　災害救助法に基づく措置である応急仮設住宅の提供は、無償で行われる。すなわち、避難住民は、家賃を支払うことなく入居することができる。しかし、法律（建築基準法）上、供与期間は原則 2 年とされている。津波被災自治体においては、2 年では住宅再建の目途が立たないため、特定非常災害指定による特例によって供与期間の延長が続いているが、原発被災自治体でも同様に延長措置が取られてきた。

　だが、現時点で福島県は、応急仮設住宅の供与期間を 2017 年 3 月までとしている。ただし、2015 年 6 月 15 日時点における避難指示区域からの避難者（強制避難者）については、それ以降の供与期間は「避難指示の解除の見通しや復興公営住宅の整備状況等を見据えながら、今後判断」するとして、さらなる延長に含みを持たせている[7]。一方、避難指示区域以外からの避難者（自主避難者）については、原則その時点で供与を終了し、「新たな支援策」に移行するとしている。その内容は、「県内の恒久的な住宅への移転費用の支援」（2015 年 12 月から実施済み）、「低所得世帯等に対する民間賃貸住宅家賃への支援」（2017 年 4 月からを予定）の外、県営住宅、県外の公営住宅、雇用促進住宅、UR 賃貸住宅など「避難者のための住宅確保の取り組み」である。

　現状において富岡町は全域が避難指示区域となっているが、後述するとおり、富岡町では 2017 年 4 月からの住民の帰還を目指しており、そうなれば避難指示区域の一部が解除されることになる。だが、今の県の方針では、強制避難者の定義を「2015 年 6 月 15 日時点」における避難指示区域からの避難者としているため、この定義自体が変わらない限りにおいては、自主避難者への仮設供与の終了問題は、少なくとも富岡町にとっての課題とはならないであろう。

　「強制避難者」のために用意される住宅には、基本的に福島県が主体となって

---

[7] https://www.pref.fukushima.lg.jp/sec/16055b/260528-kasetukyouyoencyou.html

整備する復興公営住宅がある。県が 2013 年 12 月に策定した「第二次福島県復興公営住宅整備計画」では、復興公営住宅を 4890 戸整備するとしているが、2016 年 4 月末現在で、完成戸数は 1192 戸、工事着手済みが 2511 戸である[8]。富岡町からの避難者を対象とした復興公営住宅のうち、現在すでに入居が始まっているのは 791 戸（ある戸への入居対象となる避難元自治体は複数になることがあり、したがって、この 791 戸すべてが富岡町からの避難者によって埋まるわけではないことに注意）である[9]。住宅の立地市町村別で見ると、郡山市の 329 戸が最多で、それにいわき市の 317 戸が続いている。ただしいわき市では、建設・計画中の住宅が 1329 戸であり、これからも建設・入居が続いていくであろう（郡山市では建設・計画中の住宅は 80 戸にすぎない）。また、避難者が避難元自治体外で入居するものの外、帰還者のための復興公営住宅も計画されている。富岡町内には 50 戸の整備が予定されている（2016 年度完成予定）。

② 公共サービス等

富岡町役場のほとんどの機能は、郡山市に置かれた事務所に移転しており、これが事実上の本庁舎となっている。同市の別の場所には、教育総務課が入る分室も立地している。その他、町からの避難者数が最多のいわき市に支所が所在し、その他に一定数の避難者を抱える大玉村・三春町に出張所が置かれている。また、復旧課・復興推進課の 2 課については、2013 年 7 月から南隣の楢葉町に所在する双葉地方水道企業団の事務所で業務を行ってきた（後述するように、2015 年 10 月から町内に「帰還」している）。

保育・教育関係では、保育所が郡山市、三春町、大玉村内に、幼稚園・小学校・中学校が三春町内に設置されている（小・中・幼稚園は仮設の統合校舎）。高校は、県立富岡高校がいわき市のいわき明星大、福島市の県立福島北高校（サッカー、ゴルフ専攻）、猪苗代町の県立猪苗代高校（バドミントン専攻）、静岡県立三島長陵高校（JFA アカデミー）に分散して修学している。なお富岡高校は、広野町の県立ふたば未来学園高校（2015 年 4 月開学）に事実上吸収され、2017 年 3 月に休校となる予定である。

医療関係では、町内に所在する内科・歯科・外科・眼科・消化器科の診療所はいずれも休止しており、大玉村に仮設診療所が設けられている。福祉施設としては、郡山市に町立養護老人ホーム「東風荘」の仮設施設が置かれているほか、大玉村、郡山市、三春町、いわき市に高齢者サポート拠点施設が、福島市に（大玉村から移設）グループホーム型福祉仮設住宅が立地している。

なお、いわゆる「原発避難者特例法」（平 23 法 98）の規定により、指定自治体（富岡町は含まれている）からの避難住民は、住民票を移していなくても、避難

---

[8] http://www.pref.fukushima.lg.jp/uploaded/attachment/164361.pdf
[9] http://www.pref.fukushima.lg.jp/uploaded/attachment/164076.pdf

先自治体から医療・福祉関係と教育関係の特定の行政サービスを受けることができる。具体的に例を挙げれば、医療・福祉関係では要介護認定、保育所入所、児童扶養手当、予防接種、乳幼児・妊産婦への健康診断・保健指導など、教育関係では小・中学校就学や各種の就学援助などである。

③ 東京電力による賠償[10]

富岡町は、全域が避難指示区域となっている点から当然のこととして、福島第一原発事故以前にそこに居住していた人たちは、すべて東京電力に対して損害賠償を請求することができる。東京電力が示している賠償項目は、大きく①個人への賠償、②財物に関わる賠償、③自主的避難等に関わる賠償、④法人・個人事業主への賠償、⑤自主的除染に関わる賠償に分かれる。

このうち①個人への賠償には、避難生活等による精神的損害、就労不能損害、避難・帰宅等に係る費用、家賃に係る費用、医療費や入通院にかかる交通費などの付随費用、入通院に伴う慰謝料、移住を余儀なくされたことによる精神的損害（帰還困難区域、または大熊町もしくは双葉町の居住制限区域もしくは避難指示解除準備区域の元居住者に限られる）、早期帰還者の生活上の不便さにともなう追加的費用などが含まれる。

②財物に関わる賠償は、宅地・建物・借地権、田畑その他の土地、家財、立木、墓石、自動車、償却資産・棚卸資産などの、避難指示期間中に生じた市場価値の減少分や原状回復費用に対する賠償、移住先・帰還先における住居確保費用などであり、③はいわゆる「自主避難者」への精神的損害や追加的費用に関わる定額賠償である。④は、事故による避難指示・出荷制限・風評被害にともなう営業損害、検査費用、追加的費用など、⑤は政府による除染以外で実施した除染作業の費用に対する賠償である。

個人・世帯により事情は様々であるため、各人が得られる賠償額には差があるわけだが、ここでは一つの目安として、原子力損害賠償紛争審査会に文部科学省が提出した、損害賠償額の試算を示しておく（図表5−1−3）。モデルとして想定されているのは、「かつて410.03平米の宅地に建てられた延べ面積147.54平米の家屋（築36年、新築した場合の価格2343万円）に暮らしており、福島県内の都市部に宅地250平米（950万円）、延べ面積147.54平米（2446万円）の家屋を取得して移住した、30代夫の給料で生活する夫婦と子供2人の4人家族」である。

---

[10] ここでは「避難住民の生活条件」という項の下に「賠償」を置いているが、この点に関して、ある富岡町民の次の発言に十分留意しておく必要がある。「なぜか生活再建が賠償と直結してしまっている。でも賠償は償いであり、すでに失ってしまったもの、あるいはこの原発事故で背負わせられてしまったものへの対価じゃないか」（山下・市村・佐藤 2013: 103）。

賠償項目		避難指示解除準備区域	居住制限区域	帰還困難区域
就　労　不　能　損　害		957万円	957万円	957万円
財物損害	宅　地	262万円	436万円	523万円
	建　物	469万円	781万円	937万円
	構築物・庭木	106万円	176万円	211万円
	家　財	505万円	505万円	675万円
住居確保損害	宅　地※1	330万円		440万円
	住　宅※2	1,132万円		
精神的損害（第二次追補まで）		1,440万円	2,400万円	3,000万円
故郷喪失慰謝料 総額※3		ー	ー	(2,400万円〜3,800万円)
	追加額※4	ー	ー	1,000万円〜2,600万円
相　当　期　間　（　1　年　）		480万円		ー
賠償額合計		5,681万円	7,197万円	8,875万円〜10,475万円

図表 5−1−3　原発事故にかかる損害賠償額の試算

出典）「原子力損害賠償の世帯当たり賠償額の試算について」（第 39 回原子力損害賠償紛争審査会　配付資料）[11]

（3）富岡町内の各種施設の復旧状況

　全町避難が続く富岡町であるが、町内には少しずつ諸施設が戻りつつある（それは、町が進める復興拠点整備事業〈後述〉と密接に関係している）。まず、役所の復旧課・復興推進課と 2015 年 4 月に新設された拠点整備課は、2015 年 10 月（拠点整備課は 2016 年 4 月）から町役場本庁舎に隣接する富岡町保健センターで業務を行っている。つまり、住民よりも一足先に「帰還」したわけである。センター内には環境省福島環境再生事務所富岡町相談所（除染や家屋解体などについて町民の相談に応じる）も設けられた。また、町役場本庁舎には現在、福島県警双葉署の署員が数名常駐し、業務の一部を行っている（双葉署の主要拠点は引き続き楢葉町の「道の駅ならは」にある）。

　医療関係では、町立診療所が 2016 年 10 月開設を目指して整備されている。将来の診療科増を見越して診察室が二つ作られ、血液検査室や X 線検査室、超音波検査室などを設ける。診療科は内科で、震災発生前に町内で診療していた医師や看護師 9 人が非常勤で勤務する。当面は木・金・土曜日の週 3 日で診察を行うが、避難指示区域の解除が予定されている 2017 年 4 月以降は、週 5 日に拡大する予定だという[12]。

　商業施設は、2016 年 3 月末に、町南部の国道 6 号沿いにセブンイレブンが開店している。現状では、除染・建設作業員の利用を主に見込んでおり、たとえば

---

[11] http://www.mext.go.jp/b_menu/shingi/chousa/kaihatu/016/shiryo/__icsFiles/afieldfile/2013/12/26/1342848_3_1.pdf

[12] 「住民帰還へ医療強化　富岡　町立診療所新設　浪江　仮施設から移転」『読売新聞』2015 年 12 月 9 日朝刊（福島）、35 面。

通常の店より軍手を多く取りそろえるなどしているという[13]。その他、2016 年 3 月現在で、給油所や金物店など、27 事業者が町内で営業を再開しているが、一方で、約 200 の事業者はすでに町外で事業を再開している[14]。また、震災発生前、「富岡ショッピングプラザ Tom・とむ」だった建物を改修して、新たな大型商業施設が開業する予定である。ホームセンターのダイユーエイトと、スーパーのヨークベニマルが入り、地元業者がラーメン、和定食、うどん・そば、総菜をフードコート形式で提供する[15]。現時点では、2016 年 11 月下旬にホームセンターとフードコートをオープンさせ、他に入居予定のドラッグストア・100 円ショップ・コインランドリーなどは 2017 年 4 月開業　スーパーについては開店時期を交渉中だという[16]。

　農業については、2015 年 2 月に町内の農業委員会や機械利用組合、認定農業者などの代表ら 25 人が、町産業振興課の呼び掛けを受ける形で、「富岡町農業復興組合」を結成した[17]。組合は、県の営農再開支援事業交付金を活用し、帰還困難区域を除く約 700 ヘクタールの農地のうち、除染が済んだところから除草や耕起の作業を実施。遠隔地に避難している農家の土地については、組合が作業を代行する。

　既述の通り、町には東京電力福島第二原子力発電所が立地している。第二原発は、第一原発と同様に津波に晒されたが、かろうじて事故は免れた。現在、核燃料はすべて搬出されており、東京電力はウェブサイトにおいて「福島第二原子力発電所は、安定した冷温停止を維持してまいります」と宣言している[18]。東電関係では、2016 年 3 月、町の中心部にある東京電力浜通り電力所に、福島復興本社が移転した。電力所は送電線の保守点検の拠点で、2015 年 12 月から社員 70 人ほどが働いていたところ、これまで J ヴィレッジ（楢葉町・広野町）で勤務していた復興本社の約 50 人が加わることとなった[19]。

　また、現在町役場の 3 課が業務を行っている保健センターの付近に、日本原子

13　「富岡にコンビニ開店　原発事故後初」『朝日新聞』2016 年 4 月 1 日朝刊（福島中会）、25 面。

14　「被災最前線、首長の思い　14 市町村インタビュー」『朝日新聞』2016 年 3 月 11 日朝刊（福島全県）、26 面。

15　「富岡商業施設へ 2 店が出店　ダイユーエイトとヨークベニマル」『朝日新聞』2016 年 1 月 26 日朝刊（福島中会）、29 面。

16　「富岡の商業施設　11 月下旬開業へ」『読売新聞』2016 年 5 月 25 日朝刊（福島）、33 面。

17　「富岡町農業復興組合発足　郡山で設立総会　新年度から耕起、除草」『福島民報』2015 年 2 月 6 日ウェブ版（http://www.minpo.jp/pub/topics/jishin2011/2015/02/post_11449.html）、「富岡の農家 25 人で組合」『朝日新聞』2015 年 2 月 6 日朝刊（福島中会）、21 面。

18　http://www.tepco.co.jp/nu/f2-np/index-j.html

19　「東電復興本社、富岡に　住民の安心感につなげたい」『朝日新聞』2016 年 3 月 8 日朝刊（福島中会）、29 面。

力研究開発機構廃炉国際共同研究センターの研究棟が立地することが決まった[20]。帰還開始と合わせて開所し、当初 30〜40 人、最終的には最大 150 人規模の研究者が福島第一原発の廃炉にかかる研究に従事する予定だという[21]。

　原発事故の収拾に関連して、町の南端、常磐道の西隣に立地する民間の廃棄物埋立処分場「フクシマエコテッククリーンセンター」において、福島県内で出た放射性物質を含む（10 万ベクレル/kg 以下）廃棄物を処分することが決まっている。すでに環境省が民間業者から 69 億円でこの施設を買い取り、国有化している[22]。この処分受け入れに伴い、町は福島県から 100 億円の交付金を受けると報じられている[23]。

（4）復興にむけた町の取り組み

　最後に、富岡町の復興政策について言及しておく。町は、2012 年 1 月に「富岡町災害復興ビジョン」を、同年 9 月に「富岡町災害復興計画（第一次）」を、そして 2015 年 6 月に「富岡町災害復興計画（第二次）」をそれぞれ策定して、復興に関する基本的な方針を明らかにしている。以下、現行の第二次復興計画について紹介することとしたい。

　第一次計画が策定されたのは遠藤町政の時であり、第二次計画の策定が始まったのは、現町長の宮本が就任してから 1 年ほど経過した 2014 年 8 月のことであった。策定にあたっては、公募に応じた 10〜70 代の町民 30 人と、町の係長以下の若手職員 26 人から成る検討委員会[24]が、住民意向調査や子どもアンケート、町政懇談会などで出された意見を踏まえて、100 時間におよぶワークショップを繰り返したという。

　本計画が基礎に置くのは、住民には、①「帰還する」、②「帰還しない」、③「今は判断できない、判断しない」という 3 つの道がある、という考えである。そして重要なのは、①か②かの二者択一を住民に迫るのではなく、判断留保という「第 3 の道」の存在を明確にし、その道を選ぶ住民への支援を強調している点である。この 3 つの道を踏まえて、計画は「どの道を選んでも、ふるさとに誇りを感じ、富岡のつながりを保ち続けられる町　これから加わる仲間も居心地よく親しめる地域をめざして」という「スローガン」を掲げる。

　また、以上のように「帰還する」以外の選択肢を提示し、その保障を打ち出し

---

[20] https://www.jaea.go.jp/02/press2015/p15121501/

[21] 「［震災 5 年　首長に聞く］(6)宮本皓一　富岡町長」『読売新聞』2016 年 2 月 21 日朝刊（福島）、31 面。

[22] 「エコテック、69 億円で国有化」『朝日新聞』2016 年 4 月 22 日朝刊（福島中会）、25 面。

[23] 「知事「地元に 100 億円交付」　エコテック整備計画巡り表明」『朝日新聞』2015 年 11 月 25 日朝刊（福島中会）、27 面。

[24] 「（東日本大震災 4 年　ふくしま）富岡町職員と住民らが第 2 次復興計画案」『朝日新聞』2015 年 4 月 21 日朝刊（福島中会）、29 面。

つつも、帰還時期について、「早ければ 2017（平成 29）年 4 月の帰還開始をめざします」と明言したことにもまた注目すべきだろう。これをもって、後述する復興拠点の整備事業の多くの期間目標が 2017 年 4 月に設定されることになったのである。

図表 5－1－4 は、計画が掲げる 12 の「重点プロジェクト」である。また、計画は町内を 6 種 7 つのゾーンに分けて、それぞれの施策を当てていくことを想定している。ゾーン区分を示したのが図表 5－1－5 である。

1. 生活再建支援プロジェクト
- 1-1　ふるさと富岡の心のつながりづくりの推進
- 1-2　町民ニーズの把握と自立を目指した個別支援の強化・見える化
- 1-3　公営住宅の整備と町内の土地建物管理の支援

2. インフラ復旧・拠点整備プロジェクト
- 2-1　住民のための復興拠点の整備
- 2-2　町と町民がともに考えた復興祈念公園
- 2-3　広域的な道路・鉄道交通基盤の整備

3. 産業再生・創出プロジェクト
- 3-1　農業・農地再生に向けた取り組み
- 3-2　エネルギーを中核とした産業によるまちづくり
- 3-3　「イノベーション・コースト構想」拠点施設等の誘致・具現化

4. 福祉・教育プロジェクト
- 4-1　子どもたちの意向の尊重と子供の教育環境の整備
- 4-2　心身ともに健康で安心して生活ができる医療・福祉の充実
- 4-3　町民の放射線健康管理の充実

図表 5－1－4　富岡町災害復興計画（第二次）における重点プロジェクト
出典）「富岡町災害復興計画（第二次）」

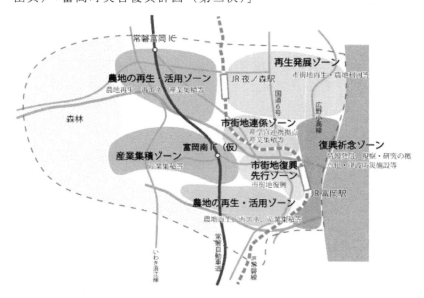

図表 5－1－5　富岡町災害復興計画（第二次）におけるゾーン区分
出典）「富岡町災害復興計画（第二次）」

　それぞれのプロジェクトに位置付けられているすべての施策を紹介する紙幅は

ないので、ここでは、この計画に基づき（すでに述べたとおり、帰還開始目標である 2017 年 4 月を目指して）先駆的に動き始めている施策である「復興拠点の整備」を見ておこう。町が 2015 年 9 月に策定した「富岡町再生・発展の先駆けアクションプラン〜復興拠点整備計画〜」によると、拠点は「市街地復興先行ゾーン」を中心に、「市街地連携ゾーンにも広がる、複数の施設の整備により形成される。

　前項で言及した、町内にすでに整備・計画中の施設のうち、大型商業施設、国際共同研究棟、町立診療所、災害公営住宅はいずれもこの計画において「復興拠点」を構成するものと位置付けられている。それ以外に、デイサービスセンターや、社会福祉協議会が入る総合福祉センター、幼稚園と小・中学校の 2017 年 4 月を期した再開が計画されており、それに合わせて役場も全面的に「帰還」する予定となっている。また、富岡駅については、常磐線の運転再開に合わせてバスロータリーや駐車場など駅前整備を行い、さらに「飲食店舗や会社事務所、イベント……に使える施設整備」や「オフィスやホテルの立地支援」を検討するとしている。ここで「バス」ロータリーの整備が挙げられているが、計画は、役場、商業施設、診療所、災害公営住宅、富岡駅、総合福祉センターなどの拠点施設間を結ぶ路線バスの運行を、これも 2017 年 4 月を目標に開始するとしている。

　第二次計画の重要なポイントは「第 3 の道」の提示と保障にあると述べたが、その流れでは、「避難指示解除後の町外生活サポート」と「富岡とつながる“ふるさと”づくり」を大きな 2 本の柱とした「「人と町とのつながり」アクションプラン」の骨子が 2016 年 3 月に示されている。骨子に示された「取組事例」の一部を挙げると、「町外生活サポート」については「自治組織やコミュニティ団体の運営支援」「町外での事業再開・開業相談」「仮設住宅等入居者の住宅再建を支援する計画づくり」「住宅・敷地の見守りや草刈りなどの最低限の維持管理支援」など、「“ふるさと”づくり」については「帰還者、長期退避者、新たな住民が一緒にまちづくりを考える場の創出」「“復興まちづくり会社”〔の設立〕」「〔夜ノ森の〕桜を通した交流の場やイベント」「子どもを対象にした富岡の歴史・文化や復興に関する総合学習」などである。プランは、2016 年夏の完成を予定している。

　また、同じ 3 月には、「富岡町帰町計画」が策定された。これは、第二次計画が示した第 1 の道＝「帰還する」に関するものであると言えよう。2015 年 11 月に設置された帰町検討委員会（町の商工や教育、福祉などの関係者、有識者らで構成）の 4 回の審議を経て決定されたもので、中央政府の「まち・ひと・しごと創生総合戦略」を受けた町の「地方創生総合戦略」に位置付けられている。検討委員会は今後、この計画に示された項目[25]に沿って、帰町可能性の評価を定期的

---

[25]　【安全の確保】
　　　町で生活する上での安全が確保されていること。
　　　　1.除染作業　2.放射線量の推移　3.放射性物質に汚染された廃棄物の管理・処分
　　　　4.放射線モニタリングの実施　5.放射線影響への対応　6.原子力発電所の安全対

に実施する予定である。なお、この計画は 2019 年度末における目標人口を 3000
〜5000 人としているが、この数字には、「町民だけでなく、廃炉や復旧作業で町
に住む人も含む」という[26]。先述の復興拠点整備計画にも、「曲田地区の土地区画
整理事業を活用して、富岡町民はもとより復興のために働く人々の住まいの環境
を整えます」と記されている。なるほど各種アンケート（次節も参照）避難者の
帰還意向が年を重ねるごとに減退していることを踏まえれば、住民の帰還のみに
による人口の回復は容易な課題ではないのである。

　最後に、富岡町の復興交付金事業の申請・実施状況を見ておこう。富岡町が初
めて復興交付金事業計画を作成・提出したのは、2012 年 8 月の第 3 回配分の時
である。この時に申請された事業は、復興まちづくり計画を策定するための「都
市防災推進事業」のみで、事業費も 2700 万円であった。以後、第 4 回（2012 年
10 月）、第 6 回（2013 年 5 月）、第 8 回（2014 年 1 月）、第 10 回（同 10 月）、
第 12 回（2015 年 6 月）、第 13 回（同 12 月）と、6 回に渡って事業計画が提出
され、漸次事業が追加されている。

　現時点において富岡町が実施した／している復興交付金事業は、基幹事業が「都
市防災推進事業（富岡町復興まちづくり計画策定）」「防災集団移転促進事業（事
業計画策定に向けた調査検討費）」「富岡町防災集団移転促進事業」「都市再生区画
整理事業（曲田地区）（都市再生事業計画案作成事業）」「都市再生区画整理事業（曲
田地区）（被災市街地復興土地区画整理事業）」「富岡町水産業共同利用施設復興整
備事業」「住宅・建築物安全ストック形成事業（がけ地近接等危険住宅移転事業）」
の 7 事業、効果促進事業が「交通インフラ検討事業」「町内地形図作成事業」「市
街地復興効果促進事業」の 3 事業で、これまでの配分額の累計は 25 億 9491 万
3000 円となっている。

　このうち、被災者の住まいの再建に関わる事業は、まず防災集団移転促進事業
である。防集事業に関する計画が初めて出されたのは第 6 回で、複数回にわたっ
て調査検討費名目の申請が続いていたが、第 13 回をもってようやく本体事業費
となった。現時点では、本事業により 33 戸が移転の意志を示しているようであ
る[27]。

　　　策 7.防災及び防犯・防火対策
　【生活に必要な機能の回復】
　　帰還開始時までに、住民の生活に必要な公共インフラや生活関連サービスの機能
　が回復する、または、その見通しが立っていること。
　　　1.ライフライン 2.道路 3.公共交通 4.住宅 5.商業 6.介護・福祉 7.医療 8.金
　　融・郵便 9.公益サービス 10.農業 11.産業 12.教育環境 13.郷土文化 14.スポー
　　ツ・レクリエーション

[26] 「［震災 5 年　首長に聞く］(6)宮本皓一　富岡町長」『読売新聞』2016 年 2 月 21
　日朝刊（福島）、31 面。

[27] 「第 13 回富岡町復興交付金事業計画　事業等個票（様式 1-3）」
　（http://www.tomioka-town.jp/living/Files/2015/12/15/10%E3%80%90%E6%A7
　%98%E5%BC%8F1-3%E3%80%91%E5%BE%A9%E8%88%88%E4%BA%A4%E4%

都市再生区画整理事業は、「復興拠点整備」と大きく関わる。これが初めて計画に乗ったのは、防集事業よりやや遅れて第8回だが、第10回にはすでに本体事業費が申請されている。本事業の実施箇所であり、防集事業の移転先地にもなっている曲田地区は、富岡駅近くにあって、1996年にすでに区画整理事業が事業認可されていた場所である。

　第13回で追加された「がけ地近接等危険住宅移転事業」も、防集事業と同様、災害危険区域からの住宅移転にかかわる事業であるが、防集と違って個別移転に助成する（建物の除却費用と、新規に取得する住居のローンの利子補給）ものであり、町外に住宅を再建・取得しても交付される（少なくとも交付要綱はそれを排除していない[28]）。事業計画書（注27）によれば、38戸への助成を予定している。

　水産業共同利用施設復興整備事業は第12回で追加された。水産業の拠点施設として、津波による被害を受けた富岡漁港内の漁業者の共同作業保管施設、上架施設、漁業研修室などを再整備する事業である。しかし現在、原発事故によって、福島県内では試験操業を除いて操業が自粛されており、漁業活動は停止してしまっている。これは（も）、他の津波被災地域と決定的に異なる条件である。漁港施設が整備されても、直ちに産業復興につながるとは残念ながら言えそうにない。

　以上、原発被災自治体であり、依然全町避難が続いている富岡町においては、津波被災自治体と比べて、当然ながら復興交付金事業の展開量は小さめである。しかし、2017年4月以降、帰還に向けた動きが軌道に乗ってくれば、今後、復興交付金事業の量と規模は増大していくはずである。

参考文献
山下祐介・市村高志・佐藤彰彦　2013　『人間なき復興』明石書店

　BB%98%E9%87%91%E4%BA%8B%E6%A5%AD%E8%A8%88%E7%94%BB.pdf）。
[28] たとえば、宮城県山元町の交付要綱には「町が造成する住宅団地又は町内の災害危険区域外の地域に住宅を建築することを目的に」（第2条）という一文があり、町外に転出する移転者への助成を排除している。

第 2 節　富岡町住民の生活実態調査

（1）調査の目的と手法

　福島原発事故から 5 年あまりが経過した現在に至っても、全国各地に避難生活を続ける住民が多数存在している。緊急であったはずの避難が長期化を余儀なくされ、住民の生活、仕事、健康、心の状態にも大きな変化が生じている。本節では、福島県富岡町出身者に対するアンケート調査結果を紹介し、その実態を明らかにするとともに、生の声を可能な限りで掲載したい。少なくない住民が、自分たちの声が届いていないと訴え、また徐々に福島の現実が忘れられようとしているのではないかと強い不安を感じている。

　アンケートは富岡町の協力を得て、町が各地に在住する町民に送付する配布物にアンケート用紙を同封して頂くかたちで実施した。調査期間は 2015 年 2 月から 3 月であり、1,567 件の回答を得た（有効回答率 21.47％）。原発事故により避難した住民へのアンケート調査や聞き取り調査はこれまでも多く実施されているため、本節ではそれらの質問項目と可能な限り同じものを使って、時系列での変化や地域別の特徴を知ることができるようにしたとともに、従来のアンケート調査では十分に明らかになっていなかった部分に焦点をあて分析した。

　従来の調査として代表的なのは、事故から半年を経た 2011 年 9〜10 月、福島大学災害復興研究所が双葉 8 町村の 1 万 3,576 世帯を対象に行ったアンケート調査である（以下、福島大調査と略す）。また、今井照は 2011 年から 2016 年まで 5 次にわたって継続調査を実施してきており、これにより時系列的な変化の状況が明らかにされてきた（以下、今井 1 次〜今井 5 次と略す）。本節では、世帯員の離散状況、地域への復帰の意志、今後の住まいの考え、これからの不安等について、これらの調査の質問項目を参考にしている。その結果、事故から 5 年という月日を経るなかで、住民の考えや生活が劇的に変化していることが分かる。政府や自治体は、こうした住民の変化を適切に施策に反映させていくことが求められる。

　一方、従来のアンケート調査では十分に明らかになっていなかった部分とは、主に仕事に関することである。従来の調査においても、住民のなかで無職の割合がかなり高いことが分かっていたが、本節で注目したのは、それが高齢者を含めているためなのか、65 歳未満のいわゆる稼働年齢層でも同じ状況なのか、男女で異なるのか、福島県内に居住する者と福島県外に居住する者の間で違いがあるのか等の点である。今後、避難した住民の生活上の安定を考える上で、仕事の問題が大きな課題となってくるに違いない。

　また、本調査では、アンケート回答者のみでなく、震災前の全世帯員の今日の状況を明らかにできるように努めた。アンケート回答者のみの場合、対象者に偏りがでてしまう恐れがあり、また、福島県内外に離散した世帯員が多数いるので、その仕事や生活状況を知るためである。特に福島県外に離散した住民の仕事や生

245

活の状況は把握が難しく、行政施策上もともすれば目が届きにくい。調査の結果によれば、仕事が見つかりにくく、将来の生活に不安と困難を抱えている状況は、福島県外に居住する場合においても同様に深刻であることが分かる。

図表5−2−1　これまでの主なアンケート調査[1]

調査名	調査掲載	調査期間
今井1次	今井（2011a）	2011年6月6日〜12日
今井2次	今井（2011b）	2011年9月20日〜28日
今井3次	今井（2012）	2012年1月30日〜2月12日
今井4次	今井（2014）	2013年10月下旬〜11月上旬
今井5次	今井（2016）	2016年1月下旬から2月上旬
福島大調査	福島大学災害復興研究所（2012）	2011年9月〜10月
本調査		2015年2月〜3月

（2）世帯の離散状況

　震災前に一緒に暮らしていた世帯員が、調査時点において同居しているのか、それとも別に暮らしているのか。図表5−2−2では、今井2〜4次の結果と本調査の結果を比較している。なお、今井2〜4次では、アンケートのなかで「震災前に暮らしていた家族といま、一緒に住んでいますか」と直接に質問しているが、本調査では、震災前の世帯員のうち、調査時点に同居している者、同居していない者をそれぞれ具体的に列挙して頂く方法をとった。図表5−2−2から分かるとおり、別々に暮らしている世帯員があるのは全体の43.4%で、今井2〜4次と比べやや減っていることが分かる。なお、本調査によれば、全体の世帯のうちの16.1%は震災前において一人暮らしをしていた（死別した場合は本調査では把握していない）。今井2〜3次では、「そのほか」として3〜4%が含まれており、それがもともとの単身世帯に該当するものと推測されるが、正確には分からない。

　福島大調査は、世帯の離散状況が震災前の世帯形態別に異なっている点を指摘している。つまり、震災前の核家族のうち離散があったのは21.1%であったのに対し、3世代以上の家族のうち離散があったのは48.9%と顕著に割合が高かったのである。今井（2011a）は、県外避難者が30歳代の子育て世代に多いことを指摘しており、放射能汚染の子どもに対する影響を強く感じた人たちが県外に避難しているようすがうかがえると述べている（今井 2011a: 7）。これは、子どもを抱える家族が、同居していた高齢の家族との別離を余儀なくされた状況を示唆している。図表5−2−3は、福島大調査と本調査の結果を比較しているが、本調査

---

[1] なお、本節において以下の「これまでの主なアンケート調査」から引用する数値は、特記なき限り、富岡町民のみが囲い出されたデータではない。

においても、核家族のうち離散があったのが 39.5%だったのに対し、3 世代以上の家族では 77.3%と倍近い違いが見て取れる。また、2011 年に実施された福島大調査と比べ、2015 年に実施された本調査では、核家族と 3 世代家族の両方において、離散した割合が大きく増えていることも見て取れる。

これらの状況を反映して、本調査の自由記述欄では、「私の父母、妻の父母のめんどうを見る為の計画で、震災前の生涯設計を立てていたが、計画倒れになり、みんなバラバラだ。同居しなくても、みんな近くにすんでいた。互いの父母も 85 才と高齢で、このまま何もできずに、死ぬのを待ってるしかない」、「震災前の生活は家族で全員で楽しい生活をしていましたが事故後、家族はバラバラになりさびしい毎日の生活です。早く全員でもとどおりの生活をできる日がくる日、楽しみにしながら前向きに考えたいと思います」等の切実な声が数多く寄せられた。

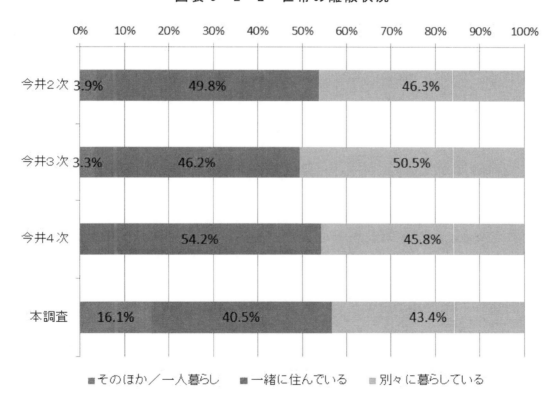

図表 5－2－2　世帯の離散状況

図表 5－2－3　家族形態別に見た世帯の離散状況

	離散あり	離散なし
核家族（本調査）	39.5%	60.5%
3世代以上家族（本調査）	77.3%	22.7%
核家族（福島大調査）	21.10%	78.90%
3世代以上家族（福島大調査）	48.90%	51.10%

■離散あり　■離散なし

（3）地域復帰について

　住民の考えに大きな変化が見られるのは地域復帰についてである。図表 5－2－4 がその変化を示している。2011 年に実施された今井 1 次では「戻りたい」と答えた割合は全体の 63.9％を占めていた。以降、この割合は徐々に下がりはじめ、今井 2 次では 45.6％、今井 3 次では 37.9％、今井 4 次では 24.2％となり、本調査では 11.4％という結果になった。それと対照的に、「あまり戻りたくない」と「戻りたくない」という否定的な回答は合わせて 47.7％と半分近くに達している。もっとも、福島大調査では、「戻る気はない」と答えた割合が 30.4％であったので、これと同年に調査された今井 1 次における「戻りたくない」の 7.6％という割合は低めにでているのかも知れない。

　地域に復帰する意志は、当然、現在居住する場所にも大きく依存している。図表 5－2－5 は調査時点で福島県内の居住者、図表 5－2－6 は福島県外の居住者について、地域復帰意思の変化を表している。県内外を問わず、「戻りたい」と答えた者の割合が大きく減っている点は同じだが、福島県内の居住者の場合、「戻りたい」は 13.0％であったのに対し、県外居住者の場合、「戻りたい」は 7.9％に過ぎない。また、福島県内居住者のうち「戻りたくない」は 35.8％であったのに対し、県外居住者は 43.1％にのぼった。

　もっとも、「戻りたくない」と答えたからと言って、これが文字通りの考えを表していると考えるべきではなく、この言葉の背景には非常に深く複雑な思いがある。丹波等（2012）もこの点に触れ、「戻る気がないという数字にとらわれることなく、なぜ多くの若い世代が帰ることをためらっているかという原因に目を向け、その障壁をとりのぞくことが肝要である」と述べている（丹波等 2012: 31）。

本調査においても、「戻りたくない」もしくは「あまり戻りたくない」を選びながら、自由記述欄においては次のような心の葛藤、傷を吐露している。

「「戻りたいか」と聞かれて、本当は戻りたいけど、もう 4 年。前のように戻れない小さな子供を連れていける環境ではないですよね…。とても難しいと言いますか、どうにもならないのかなと。私は田舎が大好きでした。出かけたスーパー、コンビニで久しぶりに会う友人などそんな生活がとても好きでした。今戻っても、周りのみんなが戻らないなら意味がないような気がします。避難した場所でも、「福島から来た」とはあまり言いたくないです。どう思われているのか不安になるからです。福島に戻れない傷はとても大きいです。今までも避難している時の夢を見ます」

一方、自由記述欄では、住民の地域復帰意志が一様ではないこと、「戻りたい」という意見ばかりではないことを訴えるものが散見された。たとえば、「「戻りたい」と言う人達の意見が全てでありそれ以外の考えはまるっきり無視されている様に思う」、「国は帰還の事だけを前面に出し、報道しているが、帰還する人が 20%しかいない」等である。また、「帰町宣言後の自宅等の固定資産税が今後の負担になるのか」、「帰らない宣言をした人の土地、家等を国か町に売却できないか」、「帰宅を断念した場合、土地、建物、墓等の売却又は買取り等は東電又は国で対応するのか、自治体が方針を明確にして欲しい」等、今後、富岡町にある自宅や田畑等の固定資産税の負担や管理、資産の売却がどうなるのかについての不安や疑問の声も聞かれた。

図表5-2-4　地域に復帰する意志の変化

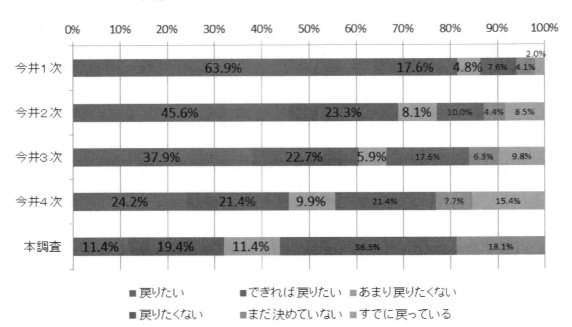

図表5-2-5　地域に復帰する意志の変化（福島県内）

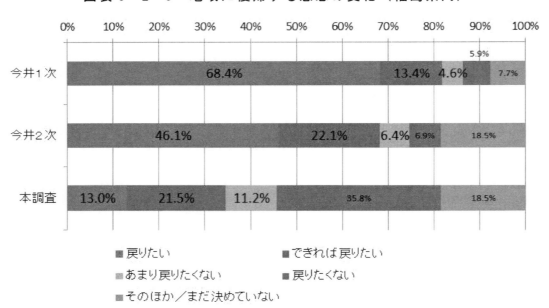

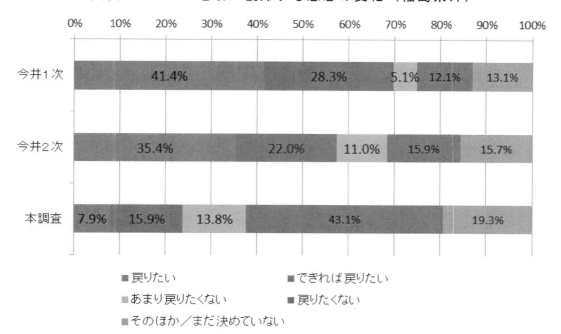

図表5-2-6 地域に復帰する意志の変化（福島県外）

（4）今後の住まいについて

今井4次では、今後の住まいについての見通しを聞いている。その結果によれば、「今の避難先に住み続ける」21.7%、「新しい住まいを見つける」33.6%、「元の住まいに戻るつもり」25.7%、「今度の見通しは立っていない」19.1%となった（今井 2014: 81）。本調査でも、これと同じ質問項目を設け、選択肢に「復興公営住宅に入居したい（既に入居している）」を付け加えた。その結果が図表5-2-7である。ここでは、福島県内の場合と県外の場合とでデータを分けて示した。

本調査と今井4次の結果とで大きく異なる点は、「震災前（もと）の住まいに戻るつもり」であり、本調査では、福島県内居住者が7.9%、県外居住者が5.2%と、今井4次と比べて大きく減っている。また、県外居住者の「今後の見通しはたっていない」は29.8%であり、県内居住者と比べ10ポイント以上も高い。後述する就労の状況と合わせてみると、県外居住者の生活が不安定化していることが見て取れる。一方、復興住宅については、県内居住者が14.3%であるのに対し、県外居住者は4.7%と、これも10ポイント近く差が開いている。しかし、県内居住者の復興住宅への思いも切実である。自由記述欄では、「復興住宅なんて夢の夢。津波にあった人のことを考えてください。みんな苦しんでます」、「現在の居住地域の復興住宅への入居を希望しているが自分の年齢や県南地区の復興住宅の戸数があまりに少なく、入居は不可能であると思うと精神的につらい！」等という声が聞かれた。復興住宅の数の少なさ、完成の遅れに、住民はいらだちを隠せない。

図表 5－2－7　今後の住まいのみとおし

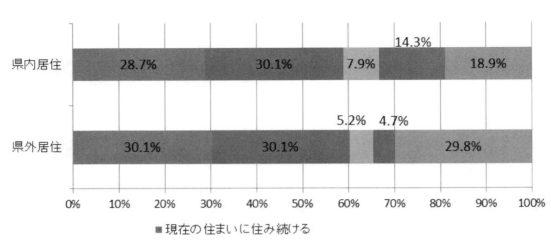

　次に図表 5－2－8 から図表 5－2－10 は、3 区域（帰還困難区域、居住制限区域、避難指示解除準備区域）別に今後の見通しについての結果を表している。図表 5－2－8 は、今後の住まいの見通しについてであるが、全体的に大きく似たような割合になっていると言える。大きく異なっている点としては、帰還困難区域に住んでいた住民のうち「震災前の住まいに戻るつもり」と答えたのが 4.2％であった一方、居住制限区域と避難指示解除準備区域に住んでいた住民の割合はそれぞれ 8.4％と 8.6％となっており、やや多い。

　図表 5－2－9 は、地域復帰への意志を表しているが、「戻りたくない」と答えた割合は、帰還困難区域 40.0％、居住制限区域 37.1％、避難指示解除準備区域 34.7％の順となっている。さらに、図表 5－2－10 は、地域復帰への意志について「戻りたい」もしくは「できれば戻りたい」と答えた場合に、震災前に住んでいた地域に戻れる時期がどれくらい先になりそうか、その見込みを聞いたものである。図によれば、「10 年以上」と答えた割合は、帰還困難区域 35.0％、居住制限区域 18.9％、避難指示解除準備区域 9.9％の順になっており、数字に顕著な差が見られる。

　将来的な帰還の見通しは、やはり帰還困難区域の住民に悲観的な傾向が見られる。しかし、全体的な割合として、3 区域間に大きな違いがあるわけではない。

図表 5-2-8　3区域別に見た今後の住まいの見通し

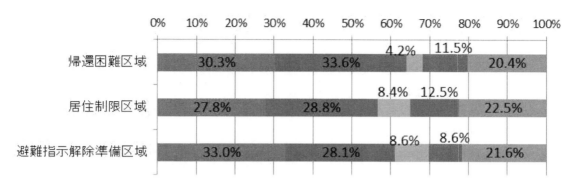

- 現在の住まいに住み続ける
- 新しい住まいをみつけたい
- 震災前の住まいに戻るつもり
- 復興公営住宅に入居したい（既に入居している）
- 今後の見通しはたっていない

図表 5-2-9　3区域別に見た地域復帰への意志

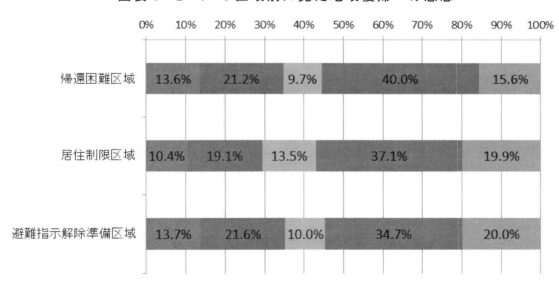

■戻りたい　■できれば戻りたい　■あまり戻りたくない　■戻りたくない　■まだ決めていない

図表5-2-10　3区域別に見た地域別に戻れる時期の見込み

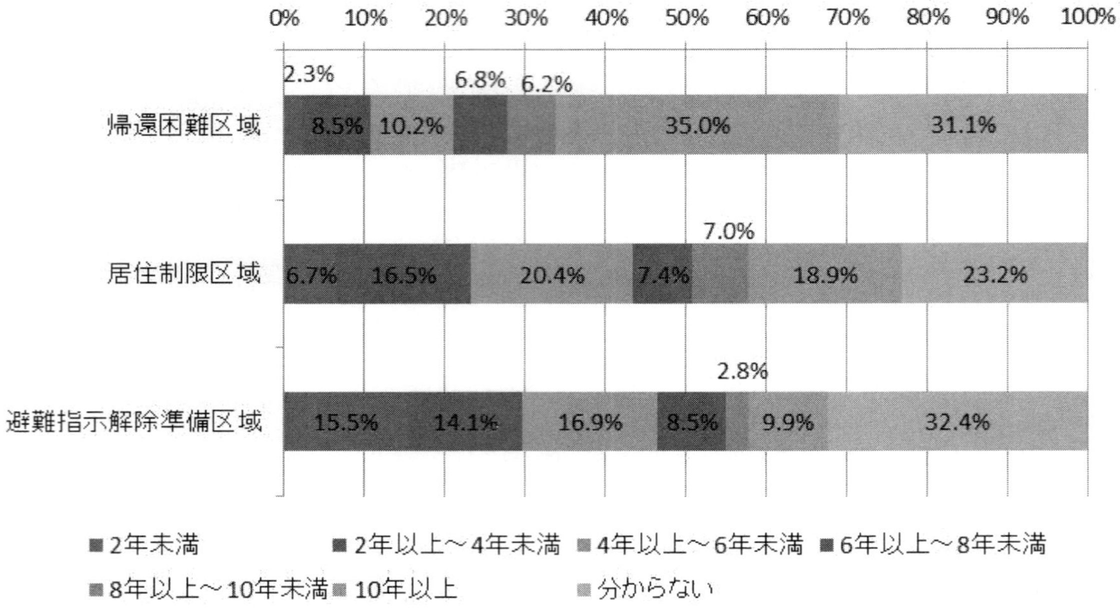

| | 2年未満 | 2年以上～4年未満 | 4年以上～6年未満 | 6年以上～8年未満 | 8年以上～10年未満 | 10年以上 | 分からない |

帰還困難区域　2.3%／8.5%／10.2%／6.8%／6.2%／35.0%／31.1%
居住制限区域　6.7%／16.5%／20.4%／7.4%／7.0%／18.9%／23.2%
避難指示解除準備区域　15.5%／14.1%／16.9%／8.5%／2.8%／9.9%／32.4%

（5）仕事について

　既存調査によれば、避難生活を続ける住民のなかで、かなりの高い割合で無職者が見いだされる報告がされている。今後、住民の生活安定を考える上で、雇用対策は非常に重要な意味を持っている。

　たとえば、福島大調査によれば、調査対象者のうち震災前に無職だった富岡町住民の割合は30.1％、震災後に無職の割合は53.8％であった。また、同じく福島大調査では震災前後の就労状況の変化についても聞いており、震災前にパート・アルバイト職であった者のうち調査時点で無職だった割合は76.4％、自営業者であった者のうち無職の割合は60.6％、会社員であった者のうち無職の割合は32.4％であった。

　また、今井1次では、「仕事をしていた人に復帰の見通し」として、「ある」が16.1％、「すでに復帰」が6.7％、「別の仕事」が3.0％であったのに対し、「ない」と答えた割合は50.5％にのぼった（今井 2011a: 24）。「ない」の割合は、以降の調査でもあまり変化を見せておらず、今井3次では、「ない」が49.4％と依然として高率であった（今井 2012: 42）。

　しかし、これらの調査は対象者に高齢者も含まれている。そこで、本調査では稼働年齢層（20歳以上65歳未満）に限って、その就労状況を見ることとした。また、福島大調査により、震災前にパート・アルバイト職であった者が調査時点に無職になっている割合がかなり高かったことから、男女別でも就労状況は大きくことなっているものと推測される。結果を示したのが図表5-2-11である。

254

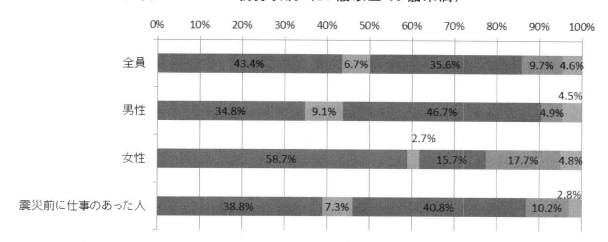

図表 5－2－11　就労状況（20歳以上65歳未満）

　図表によれば、調査時点において無職の割合は、全体が 43.4％、男性が 34.8％、女性が 58.7％となっている。稼働年齢層に限っても、やはり無職の割合は極めて高い。日本全体では、学生や主婦等、就労も求職活動もしていない層を除いた労働力率は、男性の稼働年齢層の場合 8～9 割、女性の稼働年齢層の場合 6～7 割なので、それを割り引いて考える必要はあるが、それを考慮に入れたとしても、この数字は驚くほど高い。一方、震災前に仕事のあった人の場合は、もともとは非労働力人口ではないはずである。したがって、震災前に仕事のあった人のうちの無職の割合は、一般の「失業率」に近い概念になる。図表によれば、現在の「失業率」は 38.8％と 4 割に近い。

　では、福島県外に暮らす住民における就労状況はどうだろうか。そこで、次に、福島県内に住む住民と県外に住む住民における就労状況を比べてみた（図表 5－2－12）。なお、ここでの分析対象は調査回答者のみでなく、調査回答者と同居する世帯員も含まれている。福島県外に転居した住民の就労状況は県内に居住する住民よりも数字が良いのではないかと予測していたが、図表を見ると、男性の場合の無職の割合は県内が 26.2％、県外が 29.1％、女性の場合は県内が 58.9％、県外が 58.4％とほとんど変わらない。

　調査回答者とは別に暮らす住民の就労状況はどうだろうか。先述したように、若い子育て世帯は県外に転出する確率が高い。そうであれば、こうした世帯の就労状況はより良いのではないかと予測した。その結果を図表 5－2－13 が表している。図表によれば、福島県内に暮らす男性の無職の割合は 39.1％であるのに対し、県外に暮らす男性の無職の割合は 43.9％とむしろ若干高く、女性の場合、県内の無職の割合は 58.9％であるのに対し、県外の無職の割合は 58.4％とやや低いが、その差はごくわずかである。全体的に見て、場所を問わず、住民の就労状況はかなり厳しいと言わざるを得ない。

255

図表5－2－12　調査回答者と同居する世帯全員の就労状況（20歳以上65歳未満）

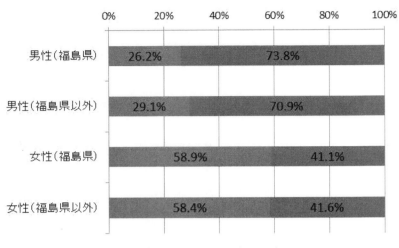

図表5－2－13　調査回答者と別に暮らす世帯全員の就労状況
（20歳以上65歳未満）

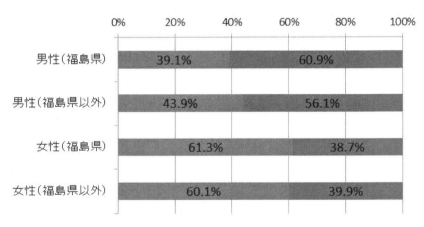

（6）今後の不安について

　今井4次では、これからの不安について複数回答で3つの項目まで聞いている。その結果によれば、回答者のうち「収入」を答えたのが38.4％、「住まい」27.0％、「病気」26.5％、「放射能」36.2％、「介護」7.0％、「近所つきあい」5.4％等であった（今井 2014: 101）。本調査でも、これとほぼ同じ選択肢を使い、さらに「住宅ローン等」、「今後の見通しが立たない」等を付け加えた。その結果を表したのが図表5－2－14である。

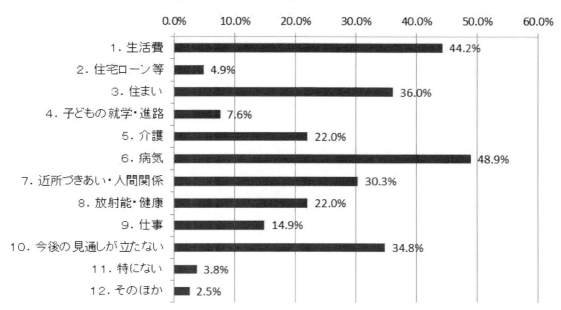

図表5-2-14　今後の不安について

今井4次と大きく異なるのは、「病気」を選択した者の割合であり、全体の48.9％と半数近くに達した。自由記述欄においても、病気を心配する声が多く聞かれた。「これから出てくるであろう、人々の健康被害を誰が責任を持てるというのですか、こつこつと積み上げてきた多くの人々の人生を何もかも奪い去り、古里を無くした人々の悲しみが解りますか」、「家族の中にも震災後に体調をくずし今なお通院及び一緒にいないとだめです。今後の生活が不安である」、「不安は沢山あります。震災以来体調が悪くなり、仮設での生活が長いのでストレスも多くあります。今病院に通院しております。孫がこれから先どうなっていくのかとても不安に思っています」、「「復興公営住宅に入りますが1人なので、これから先病気になった時などとても心配です。富岡にいた時は1人でも友達が近くにいました！」等である。避難生活が長引くなかで、徐々に健康が奪われていく状況や不安が語られている。

また、住民の健康に関し、行政の積極的な対応を求める声も聞かれた。「知人も友人もいない地に転居して一番に不安を感じるのは健康。富岡町や県からは健康調査、実態調査だと色々なアンケートや調査物が届くが町や県からは何ら健康に関する支援を受けたことはないし、所詮、健康を害したら自の責任で病院をさがし自分の足で受診しなければならない」。

身体面での健康のみならず、精神面で追い詰められた状況にあることを訴える声も多い。たとえば、「3年以上がまんして市のアパートに住んでいるが会社の都合で/借り上げ住宅にも入れてもらえず、仮設住宅へも入れず、せっぱつまった状態でいます！！一回も早く福島県いわき市へ帰れるよう手配をお願します！！精神状態がとても悪い状態が続いています。よろしくお願します」、「精神病で仕

事ができなくなったから不安・病気ばかり増えても東電で認められないから病院に行くのも大変」、「12才の子供の心の傷がなかなか治らないので心配です。富岡町にもどりたいと言う子供にどう説明してあげれば良いのかいつも考えています」、「自分を含む家族数人、精神面で体調をくずしている人がいます。仕事の事、これからのこと考えると不安になります。ごく普通の生活をしたいです」等、自由記述欄は叫びにも似た声で溢れていた。

（7）アンケート調査結果のまとめ

自由記述欄に以下のような声があった。「生きているのがつらく、対人恐怖になりました。生活のためにこの先社会で仕事をしたいのですが、こわいです。助けて！といつも心の中で叫んでいます。この声、生かしてほしいです。おねがいします。」

本調査を通じ、ひとつ言えるのは、住民個別の事情に寄添った支援が求められているということである。住民の生活や考えが、帰還困難区域、居住制限区域、避難指示解除準備区域といった3区域で大きな違いが生じているわけではない。世帯それぞれの状況により様々な困難が生じている。安定した住居、安定した仕事をみつけることは今後の大きな課題である。最後に、自由記述欄に以下のような書き込みがあったので紹介したい。「神仏様　一日も早く家族が震災前のような楽しい暮らしが来ることを願うことです。住民の目線に寄り添った対応が少ない、心のケアがほしい」。長い避難生活に疲れ切った人々への、生活面、健康面、精神面での積極的な支援が求められる。

参考文献

今井照　2011a　「原発災害避難者の実態調査（1次）」『自治総研』393号
──　2011b　「原発災害避難者の実態調査（2次）」『自治総研』398号
──　2012　「原発災害避難者の実態調査（3次）」『自治総研』402号
──　2014　「原発災害避難者の実態調査（4次）」『自治総研』424号
──　2016　「原発災害避難者の実態調査（5次）」『自治総研』450号
丹波史紀・除本理史・根本志保子・土井妙子　2012　「福島原発事故による双葉郡避難住民の実態調査」『経営研究』63(2)。
福島大学災害復興研究所　2012　『双葉8か町村災害復興実態調査　基礎集計報告書（第2版）』。

単純集計結果

質問1　あなたの年齢と性別について教えてください。

20歳未満	2
20歳以上30歳未満	31
30歳以上40歳未満	101
40歳以上50歳未満	172
50歳以上60歳未満	277
60歳以上70歳未満	453
70歳以上	523
小計	1,559

男性	990
女性	555
小計	1,545

質問2　あなたの最終学歴について教えてください。

1．小・中学校卒業	288
2．高校中退・卒業	763
3．専門学校・各種学校を中退・卒業	185
4．高専・短大を中退・卒業	96
5．大学を中退・卒業	205
6．大学院を中退・修了	8
小計	1,545

質問3　あなたが現在お住まいの場所について教えてください。

北海道	6
青森県	2
岩手県	3
宮城県	28
秋田県	5

山形県	0
福島県	1,172
茨城県	46
栃木県	21
群馬県	7
埼玉県	49
千葉県	41
東京都	71
神奈川県	38
新潟県	15
富山県	0
石川県	2
福井県	0
山梨県	0
長野県	1
岐阜県	0
静岡県	8
愛知県	3
三重県	2
滋賀県	1
京都府	2
大阪府	3
兵庫県	1
奈良県	0
和歌山県	1
鳥取県	0
島根県	1
岡山県	0
広島県	1
山口県	1
徳島県	1
香川県	1
愛媛県	0
高知県	1
福岡県	3
佐賀県	0

長崎県	1
熊本県	3
大分県	1
宮崎県	1
鹿児島県	2
沖縄県	2
小計	1,567

質問4　あなたの現在の職業について教えてください。

１．無職（退職を含む）	1,016
２．学生	2
３．自営業	86
４．正規職員・正規従業員	299
５．パート・アルバイト	89
６．そのほか	63
小計	1,555

質問5　現在お住まいになっている住宅の種別を教えてください。

１．応急仮設住宅（プレハブ型）	222
２．応急仮設住宅（民間住宅、公営住宅などの借り上げ型（家賃無償））	482
３．民間賃貸	272
４．復興公営住宅	51
５．知人・親戚宅	60
６．新たに購入した住居	402
７．そのほか	66
小計	1,555

質問6　現在の世帯収入額（年収：平成２６年１月１日から平成２６年１２月３１日）はどのくらいか教えてください。（年金・賠償金を含む）

１．２００万円未満	381

2. 200万円以上～300万円未満	307
3. 300万円以上～400万円未満	222
4. 400万円以上～500万円未満	127
5. 500万円以上～600万円未満	103
6. 600万円以上～700万円未満	86
7. 700万円以上～800万円未満	53
8. 800万円以上～900万円未満	34
9. 900万円以上～1000万円未満	30
10. 1000万円以上	103
小計	1,446

質問7　現在の主な収入は何ですか。上位3つまで選び、番号を記入してください。

1番

1. 給与	465
2. 事業所得	27
3. 年金	572
4. 預貯金のとりくずし	53
5. 東電からの補償金・賠償金	326
6. 義援金	1
7. 親類・知人の支援	1
8. そのほか	16
小計	1,461

2番

1. 給与	70
2. 事業所得	38
3. 年金	174
4. 預貯金のとりくずし	242
5. 東電からの補償金・賠償金	573
6. 義援金	31
7. 親類・知人の支援	9
8. そのほか	10
小計	1,147

３番

1．給与	30
2．事業所得	17
3．年金	59
4．預貯金のとりくずし	268
5．東電からの補償金・賠償金	182
6．義援金	128
7．親類・知人の支援	22
8．そのほか	29
小計	735

質問8　2013年7月に実施されました富岡町長選挙は投票に行かれましたか。

1．投票に行った	1,181
2．投票に行っていない	374
小計	1,555

質問9　2012年3月に実施されました富岡町議会議員選挙には投票に行かれましたか。

1．投票に行った	1,086
2．投票に行っていない	467
小計	1,553

質問10　これからの生活で不安に感じていることは何ですか。上位3つまで選び、番号を記入してください。

１番

1．生活費	450
2．住宅ローン等	31
3．住まい	273
4．子どもの就学・進路	37
5．介護	95
6．病気	235

7．近所づきあい・人間関係	67
8．放射能・健康	67
9．仕事	53
10．今後の見通しが立たない	132
11．特にない	37
12．そのほか	14
小計	1,491

2番

1．生活費	136
2．住宅ローン等	36
3．住まい	197
4．子どもの就学・進路	58
5．介護	164
6．病気	325
7．近所づきあい・人間関係	170
8．放射能・健康	125
9．仕事	94
10．今後の見通しが立たない	108
11．特にない	5
12．そのほか	6
小計	1,424

3番

1．生活費	103
2．住宅ローン等	9
3．住まい	92
4．子どもの就学・進路	23
5．介護	84
6．病気	202
7．近所づきあい・人間関係	235
8．放射能・健康	151
9．仕事	85
10．今後の見通しが立たない	302
11．特にない	17
12．そのほか	19

小計	1,322

質問11　あなたの震災前の職業について教えてください。

1．無職（退職を含む）	487
2．正規職員・正規従業員	598
3．学生	4
4．パート・アルバイト	138
5．自営業	255
6．そのほか	55
小計	1,537

質問12　震災前に住んでいた住居についての心配事を教えてください（複数回答可）。

1．損害賠償の問題	713
2．登記の問題	53
3．相続の問題	86
4．住宅維持管理の問題	452
5．そのほか	126
小計	1,430

質問13　あなたは内部被ばく検査を受けましたか。

1．はい	731
2．いいえ	823
小計	1,554

質問14　あなたは甲状腺検査を受けましたか。

1．はい	241
2．いいえ	1,309
小計	1,550

質問１５　【事故当時、ご家族に未成年者がいらっしゃった方にお聞きします】
　　　　　　未成年者だったご家族は、内部被ばく検査を受けましたか。

１．はい	369
２．いいえ	182
小計	551

質問１６　【事故当時、ご家族に１８歳以下の方がいらっしゃった方にお聞きします】

　　　　　　１８歳以下だったご家族は、甲状腺検査を受けましたか。

１．はい	343
２．いいえ	119
小計	462

質問１７　震災時にご自宅があった地域は、現在どの区域に指定されていますか。

１．帰還困難区域	480
２．居住制限区域	874
３．避難指示解除準備区域	193
小計	1,547

質問１８　震災前に住んでいた地域に戻りたいですか。

１．戻りたい	178
２．できれば戻りたい	304
３．あまり戻りたくない	179
４．戻りたくない	569
５．まだ決めていない	283
小計	1,513

質問１８－１ 【質問１８にて［１．戻りたい］［２．できれば戻りたい］を選択された方にお聞きします】

ご自分の感覚では、震災前に住んでいた地域に戻れる時期は、どのくらい先のこととお考えですか。

１．　２年未満	35
２．　２年以上～４年未満	73
３．　４年以上～６年未満	89
４．　６年以上～８年未満	40
５．　８年以上～１０年未満	33
６．　１０年以上	123
７．　分からない	144
小計	537

質問１９　今後の住まいについて、どのようにお考えですか。

１．現在の住まいに住み続ける	430
２．新しいすまいをみつけたい	446
３．震災前の住まいに戻るつもり	107
４．復興公営住宅に入居したい（すでに入居している）	175
５．今後の見通しは立っていない	322
小計	1,480

質問２０　現在、あなたと同居している方について、以下の項目を教えてください。

性別

男性	789
女性	1,374
小計	2,163

年齢

20歳未満	463
20歳以上30歳未満	184

30 歳以上 40 歳未満	187
40 歳以上 50 歳未満	204
50 歳以上 60 歳未満	272
60 歳以上 70 歳未満	341
70 歳以上	480
小計	2,131

震災前の仕事の有無

あり	932
なし	1,107
小計	2,039

現在の仕事の有無

あり	497
なし	1,518
小計	2,015

質問２１　震災後、別々に暮らしているご家族の方はいらっしゃいますか。いらっしゃれば、その方について下記の項目を教えてください。

性別

男性	695
女性	697
小計	1,392

年齢

20 歳未満	233
20 歳以上 30 歳未満	268
30 歳以上 40 歳未満	227
40 歳以上 50 歳未満	202
50 歳以上 60 歳未満	163
60 歳以上 70 歳未満	88
70 歳以上	181
小計	1,362

仕事の有無

あり	1,026
なし	963
小計	1,989

避難先の都道府県

北海道	5
青森県	0
岩手県	0
宮城県	15
秋田県	0
山形県	0
福島県	402
茨城県	17
栃木県	4
群馬県	7
埼玉県	37
千葉県	25
東京都	67
神奈川県	19
新潟県	9
富山県	1
石川県	0
福井県	2
山梨県	3
長野県	3
岐阜県	0
静岡県	2
愛知県	3
三重県	0
滋賀県	0
京都府	1
大阪府	5
兵庫県	0
奈良県	0
和歌山県	0

鳥取県	0
島根県	0
岡山県	0
広島県	0
山口県	0
徳島県	0
香川県	0
愛媛県	0
高知県	0
福岡県	0
佐賀県	0
長崎県	0
熊本県	0
大分県	0
宮崎県	0
鹿児島県	0
沖縄県	0
小計	627

質問２２　今後の生活に向けての不安や困難など、ご自由にお書き下さい。

終章　各章の結論と本報告書の課題

（1）本書の要約

　未曾有の複合災害に直面した被災市町村はどのような立場に置かれたのか。人口減少と高齢化による地域需要減退が見通される中で、全国的な建設需要増加による資材価格高騰にも直面しつつ、厳しい住環境に住むことを余儀なくされている被災住民からの切望の声に応えるために、被災市町村は復興への道筋をどのように切り開いていったのだろうか。県・中央省庁にも目配りしながら、本書の分析結果を簡単に要約しておこう。

　まず、「復興の司令塔」と目された復興庁である。復興庁の設置過程を見ると、菅内閣期におけるねじれ国会の中で、野党政治家が企画立案・事業執行権限を持つ強力な行政機関設置を構想し、与党内の被災地出身議員からも支持を得ていた。しかし、「二重行政」を嫌う官邸・各省庁は強い難色を示した。結果、復興基本法は野党側の主張を組み込む形で成立したものの、野党案が求めていた権限集中型のスーパー官庁の設置は見送られた。

　さらに、野田内閣期における復興庁設置法案の策定過程においては、官邸・復興相・各省庁の元で、復興庁の権限を復興施策の企画、調整に限定する法案作りが粛々と進められた。復興庁は産まれ出でる前から両翼をもぎ取られていたのである。各省庁が「東日本大震災からの復興の基本方針」を利用して従前のあらゆる補助事業を総花的に盛り込んだにもかかわらず、復興庁は各省庁から事務事業の立案・執行権限を委譲されることはなかった。各省庁（特に国交省および農水省）それぞれが所管する補助事業を残置したまま、その「総合調整」を担うのみに留まった。

　さらに、復興庁幹部人員の三分の一、歴代次官の四分の三を国交省出身者が占めた。復興交付金制度の所管事業はほぼハード事業に限定された。加えて、復興交付金制度自体が社会資本総合整備交付金制度の影響を強く受けている。これらの事実を踏まえれば、復興事業の立案、執行において大きな役割を果たした中央省庁が国交省であったことは確かである。

　他方、国交省自身も未曾有の複合災害に手さぐりで対応していた。国交省自らが地区担当者を置くに留まらず、「津波被災市街地復興手法検討調査」を民間コンサルタントに発注するとともに、現地入りしたコンサルタントに自治体の復興計画策定を支援するよう要請した。国交省地区担当―（有識者）―受注コンサルタントが復興計画の策定に果たした役割は大きい。その反面、コンサルタントの調査期限が事実上復興計画策定期限として機能するなど、復興計画の策定時における被災市町村の意思決定を画する効果があったことも否めない。

　被災市町村の職員不足を支援したもう一つの軸は、市町村間の災害時相互応援協定や、全国知事会・全国市長会・全国町村会のマッチングに基づく派遣――水

平的支援である。特に都道府県、政令市などの応援は、被災市町村の質的な職員不足を補い、復興計画の策定・執行に多大な貢献を成した。

他方、水平的支援を含む人的支援は、少なくとも発災2年間は仙台市などの大都市に相対的に集中し、被災規模の大きな町村への人的支援は遅れることとなった。このため、被災規模の大きな町村は、家族や同僚の死を悼む暇もないまま、通常の10倍を超える未経験の事業執行を迫られた。

津波被災地に大半が配分された復興交付金事業のうち、大きな事業規模比率を占めるのは生活基盤再建事業である。生活基盤再建事業の中で、比較的整備の早い災害公営住宅を例に取ると、被災市町村は、2012年時点では、平均して発災後4年以内の完成を目指していた。しかし、現実には、2016年時点において完成までに平均5.4年まで延びている。津波被災市町村の単相関分析からは、人的被害率と課税所得の回復に密接な負の相関がある。そして、課税所得の回復が低い（≒被害の大きかった）津波被災市町村ほど、公営住宅の執行が遅れている。データが示唆するもう一つの大きな論点は事業規模である。事業規模が小さければ小さいほど、発災後の復興が早いのである。

データの分析結果、特に被災規模・事業規模と復興速度の逆相関を頭の片隅に置いた上で、事例分析を「問題発見的」にまとめていこう。論点は大きく分けて以下の四点である。

第一に、東日本大震災は、被災地の特質上、「市町村内」の意思決定主体——集落単位、あるいはそれを束ねていた平成の合併前における市町村（旧市町村）単位が重要なアリーナとなる。そして、集落単位・旧市町村単位において住民意思を集約／決定することができたのか、が重要なポイントとなる。

第二に、「地域」の意見集約を阻む要因として、集落内・旧市町村内住民の意向分裂と、時間経過による意向変化を挙げておかなければならない。「被災住民」の間には、被災の有無（被災者／非被災者）、職業、性別、年齢、子どもの有無、被災従前地の土地保有状況、現在／将来の経済状態、健康状態、被災時の心情など様々な要因によって亀裂が生じる。さらに、発災から時間が経過するにつれ、被災者（および支援者）から発災時の強烈な記憶が薄れていく。加えて、経済状態／健康状態、職業は、被災者それぞれの立場によって大きく変動する。

第三に、集落内・旧市町村内の住民意向と市町村における復興方針の関係である。市町村が旧集落、あるいは平成の合併前旧市町村単位の（発災直後／時間経過を経た）住民意思に対し、どのような態度で対応したかと言い換えても良い。

第四に、市町村の復興方針を巡る市町村と県、中央省庁（及びコンサルタント）との関係である。市町村の復興方針を県、中央省庁がどのように支援し、或いは阻んだのかと言い換えることができる。

以上四点を比較軸として、それぞれの地区ごとの復興計画策定・実施過程を比較分析の手法で叙述していこう。

まず、市町村が住民意志の集約を後押しし、集落単位での住民意志集約に最も

成功し、発災後4年以内という相対的に早い復興を成し遂げたのが大船渡市の「差し込み型」事例である。「差し込み型」は、大船渡市における「地域公民館」などの集落単位の地縁団体に代表される強力なコミュニティの存在と、それを知悉していた地元出身である復興計画策定委員の存在があったからこそ可能であった。発災わずか2か月以内に意向調査が行われるなど集落単位の地縁団体は極めて活発に活動した。さらに、発災4か月後に合併前市町村内単位である地区公民館によって行われた懇談会成果が復興計画骨子に反映されるなど、大船渡市自身の復興計画策定と密接に連動した。さらに、地域住民に自主的な復興の動きがわき起こると、大船渡市は希望世帯の取りまとめや移転候補地の選定、買収の内諾取り付けに至るまで地域住民に委ね、地域住民は有識者の紹介による専門家の支援を受けながら独自に復興を進めることとなった。他方、強力なコミュニティを欠いた「都市型」とされる大船渡地区において、市主導型で進められた防集事業では、市は交渉すべき地域住民を欠き、地域住民内の意見集約も進まずに事業執行が停頓するなど、「差し込み型」とは対照的な事例となっている。

　大船渡市の「差し込み型」事例と比べると、岩沼市玉浦西地区、宮古市田老地区、山元町はいずれも事業規模の大きな――復興速度が停頓する要因となる――事例である。

　まず、岩沼市玉浦西地区では、被災住民の意見が個別再建や現地再建に希望者の半分が出るなど、住民意見は分裂していた。しかし、区長や町内会長によって意見集約が進められ、岩沼市が強いスピード感を持って執行した結果、比較的早い事業執行（公営住宅の建設では4年以内）を実現した。ただし計画戸数の減少率（△10.8%）に住民意見分裂の爪痕を、住民の1/3が高齢者となった新市街地に現役世代の流出を見ることができる。

　次に、宮古市田老地区である。宮古市の「地区復興まちづくり計画」は、被災住民の「意見反映」を容認する仕組みであり、国交省直轄調査のコンサルタントが住民を支援した。しかし、地区復興まちづくり計画の住民案策定主体である田老地区復興まちづくりの会において、検討会委員の意見は、被災現地での再建と高台移転で大きく分裂した[1]。防災集団移転は被災地のみが移転跡地として買い上げられるため、全戸移転が困難であった。これに、商業者内においても、被災後の商業見通し（定住人口需要と通過交通需要）の利害対立が加わった。高台移転派と現地再建派は、診療所設置位置を巡っても対立し、地縁団体の代表者は意見を集約することが難しくなった。最終的に、田老地区復興まちづくりの会は、住民意志の分裂を反映した提言（一部移転案）を宮古市に提出することとなった。宮古市は住民の意思を尊重しつつ、被災地の現地復興と、被災地と連担性を持つ乙部高台への移転の双方を実施した。結果として「住民の意思通り」に市街地は

---

[1] 室崎（2013: 216-217）は、従前の防災集団移転の成功例は利便性と安全性の双方が満たされる高地から低地への移転であるとし、高台移転は利便性と安全性が対立することを指摘している。

分裂し、旧田老町の地区を越えた住民移転が進められた。ただし、宮古市の決定は、復興速度を優先したとみることもできる。

　以上の事例に比べると、宮城県山元町は特異なケースである。首長、宮城県、派遣自治体職員・国交省直轄調査コンサルタントから成る山元町執行部グループは、震災復興計画を、震災前に検討して来た町の将来課題を解決する機会として捉え、コンパクトシティ化を全面的に打ち出すとともに、被災従前地に対して災害危険区域指定を行った。この決定は、鉄道敷設地・駅立地の移転は震災前の旧市街地で生業を営む住民の生活を直撃した。これに対し、山元町執行部グループは、現地再建を容認すると共に、現地再建に対しても独自の支援メニューを準備していた。しかし、災害危険区域指定と復興交付金がリンクしなかったために、山元町の独自支援は遅れ、住民間の不公平感を増幅することになった。さらに、従前の行政区内への移転を望む地縁団体からの要望などが噴出し、首長の対応をめぐって政治的に大きな分断を来たすに至った。この結果、山元町の計画戸数は大幅な減少を余儀なくされている。他方、震災前の問題意識を反映し、被災住民以外の居住も容認し得る津波復興拠点整備事業を選択していること、同事業が換地を要する土地区画整理事業に比べて執行速度が速いこともあり、災害公営住宅の達成率、想定事業年数ベースで見た場合には、山元町のパフォーマンスは（同規模の被災があった陸前高田や大槌町と比較しても）必ずしも悪くはない。

　山元町の事例を踏まえた時、昭和三陸津波における田老町の復興、中でも県が果たした役割は重要である[2]。まず、大蔵省が「復旧」と「復興」を峻別し、復旧事業関係費のみを予算計上した。にもかかわらず、高台移転（住宅適地造成事業）が「復旧」事業として容認されている。さらに、復旧・復興方針が必ずしも各被災地に適用できない内容であったことを奇貨として、各町村は自らが目指す復興の実施めがけて最大の主導性を発揮した。さらに、県が町村の柔軟な制度利用を後押した。県は自らの高台移転案（「復旧」事業で可能であった復興策）に固執せず、大蔵省との折衝を通じて「復興」枠であるはずの防浪堤建設に関する起債許可を大蔵省に容認させたのである。

　「複合災害」としての東日本大震災からの「復興」を考える上で、原発被災地をどのように考えるかは重要である。原子力災害対策特別措置法に規定された帰宅困難区域、居住制限区域、避難指示解除準備区域の三区域が一町にまたがる富岡町における住民アンケートからは、「戻りたくない」と答えた住民が半数近くに達していること、住民の半数近くが失業し、病気、生活費、住まいの不安を抱えながら暮らしている現実が浮かび上がる。中でも、内閣府が指定した区域と住民の帰郷要望に差がないことは極めて重要なインプリケーションを持つ。

---

[2] もちろん当時の県が、現在のように「完全自治体」ではなかった点に留意が必要である。

（2）本書の結論と提言

①　本書の結論

本書の含意は大きく以下の三点に要約できる。

第一に、震災復興、特に生活基盤整備において、なによりも重要なのはスピードである。冒頭にも書いたように、多種多様な属性を持った被災住民は、住環境に優れているとは言えない仮設住宅で、将来への希望が霞んでいく暮らしを余儀なくされている。都市計画における住民参加は平時を想定したものであり、被災後の暮らしの見通しに怯える生身の人間には虚ろに響く。

第二に、しかしながら、震災復興においては、現実には一定の歳月を要することに強く留意すべきである。災害公営住宅ですら平均で発災後5年以上を要する。整地が完了した後の民間住宅の建設にはさらに多くの歳月を要することを覚悟しなければならない[3]。

第三に、現実に被災地の生活再建を担うのは、市町村であり、さらに狭域の地域（旧市町村、集落）単位である。震災時における行政システムは、生活再建を担う人々を支援するために構築されるべきであり、いやしくもその逆であってはならない。

②　提言

以上を踏まえ、本書では、震災復興にあたっての将来の行政システムのあり方として、以下の三点を提言する。

第一に、市町村において、復興計画・復興政策の事前策定を奨励する。

本書の分析で明らかとなったように、復興計画の策定には半年から一年以上の期間を要する。この期間を少しでも縮めることが好ましい。

すでに愛知県では津波避難シミュレーションに基づき市町村津波避難計画策定指針を設けており、これを参考にしながら津波避難シミュレーションを実施している市町村もある。これに復興計画・執行まで想定するシミュレーションを実施する。もちろん、シミュレーション自体が複数想定され、また現実の被災はシミュレーションとはほど遠い結果になる。それでも、被災後の復興計画策定・実施の手順を自家籠中の物とすれば、発災時においていささかなりとも計画期間を短縮することが期待できる。

さらに、シミュレーションにおいて地域住民や多様な専門家の参加を促すことが強く望まれる。本書の分析にもあるように、発災後は平常時とは異なり、被災

---

[3] 生活基盤整備に掛かる時間、資金を踏まえれば、被災住民に現金給付を行い、自由な移転を認めるべきだとの考え方もあり得る。しかし、現金給付を行った場合、総供給量の低い状態で総需要が増加することになり、土地価格の暴騰、それを見越した事業者による投機的行動が予想される。さらに、被災住民は人間関係資本を喪失することになるため、移転先での生活困難に陥る住民が増えることが容易に予想される。

275

住民は自らの生活維持に注力せざるを得ず、住民の属性が抱える利害関係が激しく衝突する。平時のシミュレーションであれば、住民間の利害衝突と復興速度のトレードオフを緩和すると共に、復興までの道程を行政・住民の双方が共有することができる。また、被災期間の長さを前提とするならば、発災後の住環境の良好化を想定することが出来るとともに、住民参加を通じたソフト事業の充実（被災時の社会関係資本の維持や生活困窮者への支援など）を復興事業に盛り込むことができる。

　第二に、第一を支援する恒久的な機関を中央政府内に創設することである。2016 年現在、震災復興にあたり、復興庁、内閣府防災担当、原子力防災担当の三組織が設置されている。このうち、復興庁は設置法第 21 条により 2021 年 3 月に廃止されることが規定されている。

　しかし、我が国は地震・津波国であり、想定の有無にかかわらず深刻な災害と隣り合わせである。震災のたびに中央政府内の知見が分散化し、発災のたびに各省庁事業が縦割りに執行されることが、日本国民の希望を維持することに資するとは必ずしも言えない。そこで、災害・被災・復興に関する知見を集約するとともに、「復興」のための施策・事業構想・設計を市町村と共に構想、立案する恒久的な行政機関を中央政府内に創設することが好ましい。恒久的な機関は、市町村との人的な相互交流を通じ、事前復興計画の策定や改訂、災害に際して必要となる政策・制度の企画・立案に従事する。将来的には、応急・復旧・復興に際して所管法が分かれている災害関連法制を調整・統一することが好ましい。

　第三に、第一、第二を前提とし、応急・復旧・復興を含めた震災関連財源を将来的に一般財源化する。復興庁職員をはじめとする中央省庁職員が、総定員管理の縛りの中で懸命に事務事業の執行に従事していることは疑う余地はない。しかし、それでもなお、市町村における震災復興計画の立案・実施の阻害要因として復興庁が浮かび上がる事例を仄聞せざるを得なかった。市町村にとって、復興庁との折衝が、国庫補助金の配賦をめぐる典型的な取引費用となってしまった時、復興の速度を祈念する被災住民にとって、中央省庁の一翼を担う復興庁が怨嗟の種となってしまうことは統治構造のあり方として好ましくない。

　もちろん、災害および災害費用には多様性があり、原理的には、一意に測定単位、単位費用を決定できるものではない。しかし、震災復興に際しての事業需要、手順は、災害・市町村を越え、一定の類型化が可能である。不幸にして我が国は地震・津波の多発国である。復興事業の経験が蓄積されるに連れ、類型化はより精緻にならざるを得ない。なによりも復興速度を加速化させることが被災住民の意に叶うことを考えるならば、市町村条例、情報公開、議会統制による自己規律および適切な監査制度を前提として、震災関連財源においても、地方分権改革の大原則である一般財源化に向けた困難な道を開拓する必要があるのではないか。

参考文献

室崎益輝　2013　「防災集団移転再考」日本住宅会議編『東日本大震災住まいと生活の復興　住宅白書 2011 - 2013』ドメス出版所収。

執筆者
後藤・安田記念東京都市研究所研究室

序章　　　　　棚橋匡
第 1 章
　　第 1 節　　川手摂
　　第 2 節　　川手摂
　　第 3 節　　川手摂
　　第 4 節　　川手摂
第 2 章
　　第 1 節　　棚橋匡、和田武士
　　第 2 節　　木村佳弘
第 3 章
　　第 1 節　　田中暁子、川手摂
　　第 2 節　　田中暁子
　　第 3 節　　渡邉克利、木村佳弘、池原真
　　第 4 節　　小石川裕介、田中暁子
第 4 章
　　第 1 節　　小石川裕介
　　第 2 節　　田中暁子
第 5 章
　　第 1 節　　川手摂
　　第 2 節　　五石敬路
終章　　　　　木村佳弘、川手摂

東日本大震災からの復興と自治—自治体再建・再生のための総合的研究—
都市調査報告 17

発行日　2017 年 3 月 11 日

編集・発行　公益財団法人　後藤・安田記念東京都市研究所
〒100-0012　東京都千代田区日比谷公園 1-3　市政会館
電話（販売）03-3591-1262　　FAX　03-3591-1266
　　　（研究室）03-3591-1393
URL　http://www.timr.or.jp　　E-mail　toshimondai@timr.or.jp

印刷：日本印刷株式会社